本著作获茅台学院学术著作出版资助

中国橡塑产业集群效率
及其与企业价值关系研究

孙宗帝／著

西南财经大学出版社

中国·成都

图书在版编目（CIP）数据

中国橡塑产业集群效率及其与企业价值关系研究/孙宗帝著.—成都：
西南财经大学出版社,2023.9
ISBN 978-7-5504-5941-0

Ⅰ.①中⋯　Ⅱ.①孙⋯　Ⅲ.①橡胶工业—产业集群—研究—中国
②塑料工业—产业集群—研究—中国　Ⅳ.①F426.7

中国国家版本馆 CIP 数据核字（2023）第 177027 号

中国橡塑产业集群效率及其与企业价值关系研究
ZHONGGUO XIANGSU CHANYE JIQUN XIAOLÜ JI QI YU QIYE JIAZHI GUANXI YANJIU

孙宗帝　著

责任编辑:石晓东
责任校对:王甜甜
封面设计:墨创文化
责任印制:朱曼丽

出版发行	西南财经大学出版社(四川省成都市光华村街 55 号)
网　　址	http://cbs.swufe.edu.cn
电子邮件	bookcj@ swufe.edu.cn
邮政编码	610074
电　　话	028-87353785
照　　排	四川胜翔数码印务设计有限公司
印　　刷	郫县犀浦印刷厂
成品尺寸	170mm×240mm
印　　张	15
字　　数	260 千字
版　　次	2023 年 9 月第 1 版
印　　次	2023 年 9 月第 1 次印刷
书　　号	ISBN 978-7-5504-5941-0
定　　价	78.00 元

前　言

　　2022 年 10 月 16 日，习近平总书记在中国共产党第二十次全国代表大会开幕会上指出："高质量发展是全面建设社会主义现代化国家的首要任务。发展是党执政兴国的第一要务。没有坚实的物质技术基础，就不可能全面建成社会主义现代化强国。"

　　橡塑产业是传统制造业，存在着环境污染严重、人工成本上升、原材料价格上涨等诸多问题，亟待转型升级，走高质量发展道路。产业集群是传统产业走向集约化、专业化的重要形式，效率是影响中国橡塑产业转型升级的重要因素，企业价值是集群企业竞争力的根本体现。本书通过研究橡塑产业集群效率及其与企业价值之间的关系，以期为实现中国橡塑产业的高质量发展、可持续发展提供可供参考的建议和实现路径。

　　本书在对产业集群效率、企业价值等进行理论分析的基础上，通过对中国橡塑产业集群效率进行测算与分析，探索影响中国橡塑产业集群发展的内在因素；通过对中国橡塑产业集群效率及其与企业价值的关系研究，探索企业价值对集群效率的影响和作用机制，以便通过创新和整合企业资源要素，提高橡塑产业集群的效率，促进橡塑产业的转型升级和高质量发展。本书主要包括以下研究内容：

　　第一，对相关理论进行了分析，并对研究的思路、原理和方法进行了设计和阐述。阐述了产业集群效率的概念、企业价值的概念及其测算方法，分析了产业集群的形成机理和集群效率的影响因素。同时，对橡塑产业集群效率进行了测算，并说明变量选择、数据处理、模型选择的原因及过程。

　　第二，运用区位熵法确定本书的样本。鉴于《中国统计年鉴》《中国工业统计年鉴》的数据均未包括香港特别行政区、澳门特别行政区和台湾地区数据，因此本书仅使用31个省（自治区、直辖市）的数据①。本书以2012—2020年各省（自治区、直辖市）的规模以上工业企业和规模以上橡胶和塑料制品业的资产为指标，利用区位熵法对31个省（自治区、直辖市）的橡塑产业集聚度进行测算，发现中国橡塑产业主要集中在东部沿海地区，并结合产业集聚度和地理位置进行分析，最终选择浙江等9个省（自治区、直辖市）的橡塑产业作为本书的研究样本。

第三，利用数据包络分析方法和熵值法分别对中国橡塑产业集群的效率和企业价值进行测算，为后续研究提供基础数据。

第四，利用综合方法对中国橡塑产业集群效率进行分析。首先，进行了集群效率的时空分析；利用 Origin 软件绘制各集群效率随时间变化的趋势并进行时间分析，还对各集群效率进行了空间分析，以便正确把握中国橡塑产业集群发展的整体态势和趋势。其次，进行了产业集群效率要素分析。

第五，利用面板数据模型对中国橡塑产业集群效率与企业价值关系进行分析。

（1）考虑到橡塑产业集群的个体效应和时间效应，设置了面板数据模型，并通过 F 检验和 Hausman 检验对面板数据模型的具体形式进行选择，利用双向固定效应模型研究中国橡塑产业集群企业价值对综合效率、纯技术效率、规模效率的影响，利用混合回归模型研究中国橡塑产业集群企业价值对全要素生产率的影响。

（2）对面板数据模型进行内生性分析。对于橡塑产业集群个体异质性引起的内生性问题，直接利用固定效应变换法进行控制；对于由橡塑产业集群效率与企业价值之间的双向因果关系产生的内生性问题，选择橡塑产业集群企业数作为工具变量，利用工具变量法和滞后一期的解释变量来对中国橡塑产业集群效率与企业价值之间的内生性问题进行处理。

（3）利用双向固定效应模型以及联立方程方法对集群企业价值影响中国橡塑产业集群效率的机制进行分析，发现集群企业价值通过橡塑产业集群规模、橡塑产业集群研发投入水平、橡塑产业集群资本水平等因素对中国橡塑产业集群综合效率、规模效率产生部分中介效应或者完全中介效应。橡塑产业集群规模集聚度对中国橡塑产业集群规模效率与企业价值之

---

① 中国统计数据库中所涉及的全国性统计指标，除行政区划、国土面积、森林资源和降水量外，均未包括香港特别行政区、澳门特别行政区和台湾地区数据。具体说明请详见国家统计局官网。

间的关系具有一定的调节效应。

（4）对面板数据模型进行稳健性分析，主要包括以下三个方面：第一，改变控制变量，重新代入面板数据模型进行计算分析；第二，采用其他模型进行计算分析（本书采用 Tobit 模型和空间计量模型进行计算分析）；第三，从集群个体层面分析集群效率与企业价值之间的关系。实证结果表明，面板数据模型具有稳健性。

本书针对中国橡塑产业集群的发展，提出需要从整体上加大技术研发力度、提高创新驱动能力、合理配置要素、提高资源利用率等建议；针对具体的橡塑产业集群，提出需要因地制宜，在规模方面和技术方面进行不同程度的调整等建议。

感谢西南财经大学出版社编辑为本书的出版所付出的辛勤劳动。由于时间和水平的限制，在中国橡塑产业集群效率及其与企业价值关系的研究中，还有许多问题没有完全弄清楚，笔者将在后续研究中做进一步的补充。

茅台学院教师　孙宗帝

2023 年 5 月

目 录

第1章 绪论

1.1 研究背景

当前我国经济正发生着深刻的变革，经济发展由要素、投资驱动逐渐向创新驱动转变，内涵式发展成为企业发展的主基调（童红霞，2021）。

橡胶和塑料制品业简称为橡塑产业，是我国重要的制造业。橡塑产业为社会提供了丰富的橡胶和塑料制品，极大地方便了人们的生活。橡塑产业的发展对于改善人民生活，促进交通运输业、建筑工程业等各行业的发展起到了非常重要的作用，对中国经济发展做出了突出的贡献。

改革开放以来，我国橡塑产业发展速度很快，呈现出集群化发展的态势。随着国内外经济社会环境的变化，原材料价格、人工成本不断上升，政府对环境保护日趋重视，橡塑产业的集群发展受到一定程度的影响。

要素投入增加和生产效率提升是促进产业发展的动力（胡佳澍和黄海燕，2021）。当前，我国经济发展正在从要素、投资驱动向创新驱动转变。橡塑产业属于传统制造业，我国的橡塑产业仍然主要靠要素驱动发展，在发展过程中过度依赖资本、能源等要素，因此造成橡塑产业技术滞后、规模收益低等问题。此外，资源消耗大、环境污染严重、创新投入不足等因素，也严重影响了我国橡塑产业的转型升级和高质量发展。

在资源短缺、原材料价格动荡的情况下，研究产业效率的时空分布情况，可以使企业更为合理地配置资源，减少资源的浪费。本书通过比较不同橡塑产业集群的效率差异，从而提出有针对性的措施，以促进橡塑产业的发展。

企业价值代表着企业的绩效和发展水平，对集群效率有很大的影响。根据科斯定理可知，集群效率与企业的价值有密切的关系，而橡塑产业集群是由集群内部所有的相互联系的橡塑企业共同形成的，因此，橡塑产业集群效率会受到集群内部企业价值的影响。企业价值在多大程度上影响橡塑产业集群效率以及如何影响橡塑产业集群效率，是本书的研究重点。

因此，本书以我国橡塑产业集群为研究对象，利用数据包络分析（data envelopment analysis，DEA）方法对橡塑产业集群的效率进行测算和分析，利用熵值法对橡塑产业集群的企业价值进行评估，并利用面板数据模型分析橡塑产业集群效率与企业价值之间的关系，探索集群企业价值对橡塑产业集群效率的影响及其作用机制。

1.2 研究目的与意义

1.2.1 研究目的

如何提高橡塑产业集群效率，进而促进橡塑产业的转型升级和高质量发展是非常重要的研究课题。

本书通过对中国橡塑产业集群效率进行测算与分析，探索影响中国橡塑产业集群发展的内在因素，提出以创新为驱动的方式来提高资源的利用效率，以期为橡塑产业转型升级提供理论借鉴。

本书希望通过对中国橡塑产业集群效率及其与企业价值的关系研究，探索企业价值对集群效率的影响和作用机制，以便企业通过创新和整合资源要素等方式，提高橡塑产业集群效率，促进橡塑产业集群的转型升级和高质量发展。

1.2.2 研究意义

橡塑产业集群效率对橡塑产业的高质量发展有很大的影响。对橡塑产业集群效率及其与企业价值关系进行研究，具有重要的理论意义与现实意义。

1.2.2.1 理论意义

中国橡塑产业集群效率及其与企业价值之间的关系研究，是一个崭新的研究方向。目前，学术界在这方面的理论研究还比较薄弱。本书的研究具有以下理论意义：

（1）本书从产业集群视角，将橡塑产业集群、价值链、产业经济学、系统动力学等理论相结合，归纳总结国内外学者对产业集群效率测算、企业价值评估等方面的研究现状，丰富了橡塑产业集群效率、企业价值评估等方面的理论内容。

（2）本书运用数据包络分析方法、Malmquist 生产率指数，对橡塑产业集群的综合效率、纯技术效率、规模效率、全要素生产率进行测算和分析，从综合的视角对橡塑产业集群效率进行定量与定性分析。

（3）本书利用面板数据模型研究我国橡塑产业集群效率及其与企业价值之间的关系，探索集群企业价值对橡塑产业集群效率的影响以及作用机制，这对丰富产业集群效率的研究方法具有重要的意义。

1.2.2.2　现实意义

本书的研究是围绕提高橡塑产业集群效率、提升企业价值、实现橡塑产业转型升级等现实问题提出的，目前有关橡塑产业集群的研究内容较少，因此本书的现实意义如下：

（1）随着原材料价格、人工成本的上升，中国橡塑产业的要素投入方式需要改进。本书提出，在要素既定的条件下，企业可以通过提升橡塑产业效率来促进橡塑产业结构调整，进而推动橡塑产业的转型升级。

（2）对中国橡塑产业集群效率及其与企业价值关系的研究，有助于政府深化对橡塑产业发展现状和规律的认识，从而有助于政府从规划层面引导橡塑产业转型升级。

（3）研究橡塑产业集群效率与企业价值之间的关系，有利于从企业价值层面为提高橡塑产业集群效率提供路径借鉴，进而为橡塑产业的转型升级提供建议。

1.3　国内外研究综述

1.3.1　产业效率的研究

在产业效率方面，相关学者进行了大量的研究，主要集中于产业效率测算方法、产业效率时空分布等方面。

1.3.1.1　产业效率测算方法

产业效率测算方法主要包括综合评价方法、参数化的随机前沿方法（Dong et al.，2020；刘津和李平，2020）和非参数化的 DEA 方法（Wu et al.，2020）。

综合评价方法利用熵权法、层次分析法、平衡记分卡等建立效率综合评价模型（林拥军 等，2022；Fang et al.，2020；Awad，2022；Crespo 和 Hernandez，2020），但是在指标的选择和权重的确定方面具有一定的主观性。

参数化的随机前沿方法的优点是可以设置随机噪声的分类，从而有助于提高效率（Lin 和 Luan，2020a；XL 和 HH，2020；Hong et al.，2016；Chen et al.，2015）。Lin 和 Luan 利用随机前沿分析（SFA）模型对中国风电行业进行研究。Qiao 等利用 SFA 模型对可再生能源行业的效率进行研究。Xu 和 Chen 利用 SFA 模型对新能源汽车行业进行效率研究。Lin 和 Luan 利用 SFA 模型对光伏企业的效率进行研究。张云凤和王雨根据2008—2013 年中国 30 个省（自治区、直辖市）的物流产业面板数据，运用基于柯布–道格拉斯（C–D）生产函数的异质性随机前沿模型评价我国物流产业效率。黄辰洋等基于中国 31 个省（自治区、直辖市）的文化产业面板数据，构建时空随机前沿模型对我国文化产业的技术效率进行测算。

非参数化的 DEA 方法比较灵活，可以有效避免主观因素的影响（Charnes et al.，1978；Chen et al.，2004）。DEA 方法包括很多种模型，如CCR 模型、BCC 模型、Malmquist 指数模型等。DEA 方法能够支持多变量输入和输出，避免由函数形式造成的误差，在效率评价中得到广泛应用。

张夏恒运用区位熵指数分析跨境电子商务产业集聚水平，采用 BCC 模型对跨境电子商务产业进行效率测算。侯琴利用 DEA 模型、Malmquist 指数模型研究关中平原城市群、兰西城市群中的生态经济效率。Yongxiu 等使用核密度估计和 Moran's I 指数对 2006—2015 年中国 30 个地区的电力效率的动态演化特征和空间聚集特征进行分析。Yang 等采用基于松弛的数据包络分析模型，利用层次聚类方法，评估中国 31 个生态工业园区中的 44个燃煤热电联产工厂的 160 个单元的生态效率。Yue 等利用城市聚类指数探讨 273 个城市的空间分布，利用 DEA 方法测算城市生态效率。Anyu 等利用改进的基于松弛的数据包络分析方法和空间聚类分析方法来研究城市能源效率。Jiang 和 Ma 利用 DEA 方法测量中国各地区服务业的能源效率。谭建伟等利用 DEA 模型对重庆市的旅游产业效率进行测算并分析其相关影响因素。

基于传统的 DEA 模型和 SFA 模型，学者们还提出了一些改进的方法，具体包括：两阶段 DEA 模型（Min et al.，2020；Wang et al.，2020）、三阶段 DEA 模型（Zhao 和 Wei，2019）、四阶段 DEA 模型（Li et al.，2019）、网络 DEA 模型（Chen et al.，2021）、SBM 模型等。

贾乐鹏利用两阶段 DEA 模型对中国 2014—2017 年的工业经济和环境效率进行评价研究。Jing-Min 等利用改进的 Bootstrap-DEA 模型来衡量 2005—2012 年北京工业部门的能源效率，并利用 Tobit 模型分析影响能源效率的因素。Song 和 Kuang 利用 SBM 模型测量考虑非期望产出的中国各地区的服务业的能源效率。夏继晨利用三阶段 DEA 模型研究剔除环境因素和随机误差前后的南京市物流产业的效率。韩海彬和王云凤运用 MinDS 模型和 Malmquist 指数分析中国文化产业效率的全要素生产率特征。陈美华和陈伟良采用 Super-DEA 模型对中国电子信息产业的技术效率进行测算。Meirui 等采用三阶段 DEA 模型和 Tobit 模型研究中国锂离子电池上市企业的实际创新效率，并分析外部环境因素和管理因素对企业创新效率的影响。

1.3.1.2 产业效率时空分布

在对效率测算的基础上，许多学者对效率结果进行了时空分析。

程钰等利用空间计量模型研究我国沿海地区城市产业生态化时空分布规律。张新林等利用 Moran's I 指数构建不同的空间权重矩阵，分析工业生态效率的空间分异特征。王家庭和梁栋针对中国 1998—2018 年的文化产业效率，使用 SBM 模型、核密度估计法等进行效率测算和时空特征分析。王梓瑛和王兆峰针对 2011—2017 年长江流域的旅游产业的效率进行计算。唐建荣和田雨利用 DEA 模型和 Malmquist 指数模型测算中国区域物流产业静态效率、动态效率变化，并分析产业效率的空间相关性。

王兆峰和赵松松基于 DEA-Malmquist 指数方法对湖南省旅游产业效率进行效率时空动态分析。姚远对城镇生态效率的空间分布特征进行分析。程慧等利用社会网络模型，分析旅游生态效率的空间网络特征。张玉芳等利用 Super-SBM 模型和 Malmquist 指数等对山西省 11 个地级市的 2009—2018 年绿色发展效率进行综合测度和时空分析。阎晓等分析了中国省域工业生态效率的时间效应和空间效应。李锦宏和肖林运用超效率 SBM 模型，测度贵州省各城市的生态效率和旅游产业效率。

1.3.2 产业集群效率的研究

针对产业集群效率的测算，不同的学者对集群效率的测算做出了不同程度的研究。

在第一产业方面的产业集群效率研究中，王丽明针对农业产业集群，利用 DEA-Tobit 模型分析其效率及影响因素。皇甫天琦等选取 2015—2019 年河北省不同区域葡萄产业集群的指标数据，研究不同区域葡萄产业集群的集中化程度和集群竞争力水平。刘晓莉运用 BCC 模型和 Malmquist 指数法对农业产业集群中的龙头企业的带动效率进行研究。吴聘奇等利用层次分析法构建评价体系，对福建省安溪县专业化茶区产业集群效率进行研究。

在第二产业方面的产业集群效率研究中，闫鑫和王俭平运用 CCR 模型、BCC 模型测算汽车产业集群的效率。李军训和朱繁星分别运用区位熵方法和 DEA-Malmquist 指数对中西部地区纺织产业集群的集聚状况和效率进行分析。徐萌分析了各地区制造业产业集群对区域经济效率的影响。龙开元利用层次分析法分析了昆山磨具产业集群的效率。张盼盼和张永庆利用数据包络分析方法的 CCR 模型和 BCC 模型，研究中国汽车产业集群的效率，并分析其投入产出方面存在的问题。简晓彬等利用 DEA-Malmquist 指数模型和超效率 DEA 模型测算江苏省的装备制造业集群的创新效率，并利用面板数据模型分析影响创新效率的因素。Jingkun 等研究了电力产业集群的集聚度对区域环境的影响。

在第三产业方面的产业集群效率研究中，李烨等利用三阶段仁慈型 DEA 模型计算我国 10 个高新技术产业集群的研发效率。张冀新和王怡晖运用三阶段 DEA 方法测度战略性新兴产业集群的创新效率。施纯志对福建省中小体育用品产业集群进行了不同维度的效率分析。娄策群和王方从成本、规模经济、范围经济以及技术创新等角度对信息产业集群的运行效率进行研究。潘小炜利用 DEA 方法对中国东部、中部、西部地区的高新区的产业集群效率进行测算。李巍分析了北部湾电子信息产业集群的创新效率。张延平等分析了广州物联网产业集群的人力资本效率。孙艺珊利用 DEA 方法分析上海文化创意产业集群的效率。廖名岩等利用四阶段 DEA 模型针对软件产业集群的技术效率和规模效率等进行测算。张强等利用空间计量方法以及 DEA 模型将产业发展指标效率化，分析了西部大开发以来中国西部地区三次产业集群发展的空间经济特性。

在区域产业集群效率的研究方面，陆红娟、何程等利用三阶段 DEA 模型，对各省（自治区、直辖市）创新型产业集群的效率进行测算。王松和聂菁菁利用 DEA 方法和 Malmquist 指数法计算各省（自治区、直辖市）的产业集群创新效率。姚山季等基于三阶段 DEA 模型和 Malmquist 指数模型，分析长江经济带各省（自治区、直辖市）产业集群技术创新效率的时间差异和空间差异。沙德春等运用 DEA 方法对中国区域创新型产业集群效率进行研究。吴中伦利用三阶段 DEA 模型对中国西部地区产业集群的技术创新效率进行测算分析。Wu X 等研究了城市中制造业集群、服务业集群等对新型城市化进程的影响。Li M 等研究了智能制造产业集群对区域绿色创新效率的影响。

根据学者的有关研究结果可知，在产业集群效率方面的研究中，学者们针对第二、第三产业的研究较多，但是针对具体的细分产业的研究相对较少。

1.3.3　企业价值的研究

企业价值能体现企业的发展潜力，追求价值最大化是企业生产的目的，生产要素是形成企业价值的基础。企业通过对要素的管理实现创造价值的目的。

于辉认为企业价值源于现金流量的投资回报能力。朱莲美等认为企业价值由企业可持续的盈利能力和企业整体资源的整合价值组成，与企业的成长性有密切的关系。Toshiya 从不同角度对生产价值进行研究，分析了生产过程中价值创造的过程，认为企业通过为社会提供产品和服务来创造价值。Kunfu 等认为企业价值是财务因素和非财务因素相互作用的结果。

在企业价值方面的研究中，学者们在企业价值的影响因素、企业价值的评价方法方面得出一些结论。

1.3.3.1　企业价值的影响因素

企业价值评估是指在综合考虑影响企业获利能力的各种因素的基础上，对企业的公允市场价值进行评估的过程（郑小惠 等，2018）。企业价值评估包含企业业务计划分析、企业财务状况分析、企业价值分析、企业价格设定等环节（Stefano 和 Giulia，2018）。

影响企业价值的因素有很多，大致可以分为外部影响因素和内部影响因素。

（1）企业价值的外部影响因素。

企业价值的外部影响因素主要有行业性质、社会环境、信息技术、外汇风险、经济政策等。

黄日雄发现企业生命周期、发展战略、所处行业性质等非财务指标对企业价值有一定的影响。Rajesh 利用相对估值法分析企业价值，并分析同行业背书对企业价值的影响。周银研究了上市企业财务报告质量、投资效率及企业价值之间的关系。

企业环境责任对企业价值具有双重影响（王宇菲，2021）。Xiang 和 Chen 以中国 2008—2014 年的重污染行业为研究对象，检验企业治理、社会责任信息披露与企业价值之间的关系，其研究结果表明，社会责任信息披露有助于提高企业管理水平，进而提高企业价值。Jia-Lang 和 Lai 认为互联网企业中存有大量的信息，信息提取对正确评估企业的价值有着非常重要的作用。Wolfgang 等利用托宾 Q 值作为衡量企业价值的指标，研究企业价值与上市企业衍生品套期保值增值之间的关系。

经济政策会对企业价值产生一定的影响，Yanli 等以 2004—2018 年中国 A 股上市企业财务数据和绩效指数为依据，研究经济政策不确定性对企业价值的影响，发现经济政策的不确定性在总体上会对企业价值具有显著的负向抑制作用。

Izabela 等研究了矿业企业价值的影响因素，发现煤炭价格及替代品价格对企业价值有显著的影响。Zhenyuan 等研究了知识产权保护制度对中国先进制造业的中小企业的企业价值的影响，发现两者之间存在着倒 U 形关系。

（2）企业价值的内部影响因素。

企业价值的内部影响因素主要有商誉、企业成长性、财务因素等。

Jennings 等认为商誉和企业价值正相关。Henning 和 Shaw 发现，持续经营商誉、协同商誉以及剩余商誉对企业价值的影响各不相同。商誉是企业无形资产的重要组成部分，在一定程度上能对企业财务状况和经营成果有较好的体现（李根红，2019）。Adelin 等利用回归模型研究收入、企业利润率与企业运营指标之间的关系，发现收入是软件企业估值的关键指标。

朱莲美等通过建立回归模型，研究企业成长性与企业价值之间的关系。谢赤等利用多元线性回归方法研究创新型企业成长性与企业价值之间的关系，发现创新型企业成长性与期权价值有显著的关系。童红霞以 2011—2018 年上市企业数据为样本，研究财务柔性、非效率投资对企业价值的影响。申瑞芳研究上市企业的首席财务官（CFO）财务执行力、投资效率与企业市场价值之间的关系。企业价值主要与企业投资项目的收益有关，是对企业价值的公允反映（陈良振，2016）。Xu 等研究了中国国有企业的首席执行官（CEO）的晋升激励机制对企业现金持有价值的影响。

对上述文献进行梳理后，本书认为，企业价值是企业在社会服务过程中创造的价值，包括有形资产和无形资产。企业价值的影响因素主要包括社会责任、企业文化、信息不对称性、公司治理、信息技术、金融衍生品等。

1.3.3.2 企业价值的评价方法

评估企业价值的常用方法有成本法、收益法、市场法、期权定价法（孙秀弘，2018；吴东晟，2018；陈瑶 等，2018；冯钰，2018；李瑞娟，2018；李文静，2022）、层次分析法、熵值法等。

崔劲和贺晓棠根据市场法，建立可比公司法估值模型对企业价值进行评估。张宁宁以市盈率为评估指标，对医药企业价值进行评估。王赵亮等利用经济增加值（EVA）法、自由现金流量折现法、市盈率法、因子分析法、层次分析法对上市企业价值进行分析。Kumar 比较了互联网企业、金融企业、银行企业、保险公司、生物制药公司等的企业价值评估方法和指标。赵世芝利用经济增加值模型对电子商务企业价值进行测算。

不同行业的企业由于所处的行业性质、市场环境不同，因此在对企业价值评估方法的选择上会有所不同。郭崇在自由现金流折现模型的基础上，引入情境分析方法对水泥等周期性产业的企业价值进行评估。马媛迪分别利用企业现金流折现法、股权现金流折现法、相对估计法对化工企业价值进行评估比较。于辉利用贴现现金流量法对沈阳橡胶企业并购前后的情况进行价值评估。高春玲和刘永前引入人力资源、创新和技术能力等非财务指标，利用层次分析法对生物医药企业进行估值。王娅斐引入竞争值、成长值、盈利值、营运值、创新值等指标，对小微电商企业价值进行评估。

檀雅静运用现金流量折现法、实物期权法对互联网企业的价值进行评估。朱莲美等利用实物期权法中的 Black-Scholes（B-S）模型对 23 家中小企业的企业价值进行评估。谢赤等利用折现现金流法和 B-S 期权定价公式计算企业资产价值和期权价值，进而测算创新型企业价值。曾怡平以中国船舶重工集团有限公司（中国重工）并购海外企业为例，综合运用自由现金流贴现估值法、实物期权法、相对估值法对目标企业价值进行评估。刘绍辰对氟化工行业高技术含量、高成长性、高不确定性等的特点进行了分析，利用实物期权法对氟化工行业企业进行估值。

李昱和牟仁洁运用收益法对东方航空进行企业价值评估。陈玉琳利用自由现金流贴现法、EVA 估值法、剩余收益法、实物期权法对电子商务企业的价值进行评估，并进行比较分析。唐琦采用资产基础法、收益法与概率法对在线教育企业价值进行评估。李晶选择收益法中的自由现金流折现模型并分两阶段对化工企业价值进行评估。李文静对企业价值的表现形式和评估方法进行分析，并利用收益法对橡塑产业的企业价值进行测算。

企业价值测算的方法有多种，如现金流折现模型、股利折现模型、相对估值模型、托宾 Q 值等（曹文婷，2021）。托宾 Q 值是从投资者预期的角度反映企业价值的综合指标（童红霞，2021），该比值越高表明企业价值越大（李根红，2019；陈良振，2016）。

综上所述，国内外学者运用市场法、收益法、层次分析法、实物期权法等多种方法对医药、化工、生物等不同产业的企业价值进行评估。

1.3.4　橡塑产业集群的研究

橡塑产业由橡胶制品产业和塑料制品产业组成。橡胶制品产业是指以生胶为主要原料和各种配合剂为辅料，经炼胶、压延、成型和硫化等工序，制造各类产品的行业（孙启猛，2014）。塑料制品产业的主要原料为合成树脂，经过挤塑、吹塑、压延、层压等工艺加工成塑料制品，以及将废旧塑料再加工的产业（李文静，2020）。

学者们主要从橡塑产业集群的发展状况、环境安全、影响因素等方面对橡塑产业集群进行研究。

1.3.4.1　橡塑产业集群的发展状况

产业集群是提高县域经济竞争优势的重要途径（杨茜和梁琳琳，2013）。高新惠研究西双版纳橡胶产业集群的发展状况，并提出发展建议。章一多对台州市三门县橡胶制品企业的发展状况及存在的问题进行研究，并提出建议。邓丹针对铁岭市橡塑产业集群的发展现状及存在问题进行分析，并提出集群发展建议。李文静对橡塑产业的发展现状和行业特点进行分析。李雪艳以康得新公司为例，对橡塑产业的营运资金管理进行研究。李清和马泽汉以 2018 年橡塑产业、软件和信息技术服务业沪深 A 股上市公司为样本，对其会计信息质量进行评价。钱富灵等阐述了橡塑产业的发展趋势和市场前景，以期实现橡塑产业的绿色发展。

1.3.4.2 橡塑产业集群的环境安全

针对橡塑产业集群的生产过程以及橡塑产品自身可能存在的环境安全问题，不同的学者也从不同方面进行了研究。

高建对中国出口的食品包装材料的卫生安全性等方面的问题进行了调查分析。赵晓明利用计量经济方法研究了橡胶制品出口遭遇贸易摩擦对国内产业安全的影响及其对国内宏观经济的效应。王海林研究了衡水市橡胶制品企业的挥发性有机物的排放特征及其对周边环境的影响。田羽以橡胶制品（轮胎）业为例，选择生产工艺及设备、废气治理技术、污染物等指标，建立橡胶制品业的清洁生产水平评价体系。庄琦从绿色供应链管理的角度，提出实现橡胶制品中有害物质的可控可追溯机制，以期促进橡胶制品企业的绿色发展。

1.3.4.3 橡塑产业集群的影响因素

对于橡塑产业集群的影响因素，相关学者主要分析集群发展政策、商誉、社会责任等因素对集群发展的影响。

任国升等针对保定市博野县、蠡县橡胶机带产业发展呈现出的集群式发展态势进行了分析。丁必广以衡水工程橡胶产业集群为研究对象，分析宏观政策、地区经济发展水平等外部因素对产业集群的影响。李墀欣运用Pearson相关系数方法以及主成分分析方法识别影响塑料制品价格波动的因素。

刘树艳和马贵凤采用单因素方差分析方法，研究商誉对橡胶与塑料制品上市企业收益的影响。张家铭分析了橡胶与塑料制品上市企业履行社会责任对财务绩效的影响。徐霞和陆雨婷研究社会责任对石油化工、塑胶塑料企业的财务绩效的影响。

部分学者针对橡塑产业集群的成长路径做出了一定程度的探索。王清源以山东省广饶县橡胶轮胎产业集群为研究对象，探索通过金融方法支持产业集群发展的路径。

对于橡塑产业集群的探索，国内外学者主要用定性研究方法介绍橡塑产业集群的概念、发展状况、存在的问题及解决方案，很少有学者从定量研究的角度对橡塑产业集群进行效率测定并分析橡塑产业集群的效率与企业价值之间的关系。从定性和定量相结合的角度对橡塑产业集群效率和企业价值关系的研究还需要进一步完善。目前，国内外学者对于橡塑产业集群效率测算、橡塑产业集群企业价值评估及两者之间关系的研究还比较欠缺，且尚未形成统一的理论体系，这也正是本书的研究重点。

1.3.5 国内外研究现状评述

国外学者对产业集群、企业价值相关概念的研究内容比较少，更加重视对产业集群、企业价值的形成机理与影响因素等内容进行分析，侧重从微观的角度定性分析产业集群、企业价值的影响因素。

国内学者对产业集群的概念、产业集群的特点、产业集群效率的影响因素、企业价值的内涵、企业价值的形成机制等展开深入的研究，从不同的角度对产业集群效率、企业价值等进行分析，偏重于宏观角度的定性分析。

1.3.5.1 产业集群效率的研究评述

对于产业集群效率的测算，国外学者主要针对软件产业集群、矿产资源产业集群、工业园产业集群的能源效率、环境效率、生态效率、管理效率、生产效率等进行了测算，主要运用了博弈论、产业集聚、系统论等相关理论知识。

国内学者对汽车产业集群、制造业产业集群、农业产业集群、软件产业集群、高新技术产业集群的经济效率、技术效率、能源效率等进行了测算，运用博弈论定性描述集群效率。在定量研究方面，国内学者主要运用改进的数据包络分析模型、Tobit 模型、层次分析法等分析产业集群效率。

从总体上讲，国外学者主要定性分析产业集群效率，定量研究相对少一些。国内学者在产业集群效率的测算方面做了非常深入的定量研究工作。目前，学者们针对产业集群的概念、形成机理、优势、效率测算、影响因素等方面做出了一定程度的探索。在理论研究方面，学者们主要运用产业集聚理论、产业链理论；在研究对象方面，学者们主要集中于第二、第三产业；在产业集群效率测算方面，学者们主要利用 DEA 方法、SFA 方法以及层次分析法进行分析；在产业集群的影响因素方面，学者们主要利用 Tobit 模型、线性回归方法进行分析。但是，综合利用 DEA 方法和 Malmquist 生产率指数方法对橡塑产业集群效率及影响因素的研究还较少。

1.3.5.2 产业集群效率与企业价值关系的研究评述

对于企业价值的研究，国外学者主要从企业内部具体业务价值、不同行业的企业价值等方面，运用相对估值法、期权法、企业价值随机方法进行分析评估，对博彩业、矿产业、软件业等企业进行价值评估。

国内学者对企业价值的评估研究，主要聚集于化工行业、农业行业、软件行业、信息技术行业等，从企业生命周期、社会责任等多个角度对企业价值进行评估。

从总体上讲，国外学者对企业价值形成机理的定性分析较多。在定量研究方面，国外学者从企业具体业务、企业层次、区域层次进行价值评估。国内学者对企业价值定量方面的研究很多，但是定量研究一般只限定于企业层面，对于区域层面、企业业务层面的价值研究非常少。目前，国内外学者对于产业集群效率与企业价值关系方面的研究较少。

通过梳理现有的研究成果可以发现，目前，对中国橡塑产业集群的运作机制、橡塑产业集群效率的测算、企业价值的评估，以及橡塑产业集群效率与企业价值关系方面的研究比较欠缺，橡塑产业集群效率方面的理论尚未形成统一的理论体系。因此，本书的研究有利于丰富橡塑产业集群效率、橡塑产业集群企业价值以及对橡塑产业集群效率与企业价值的关系的理论研究，以期为中国橡塑产业的转型升级提供理论支持。

1.4 研究内容、思路和方法

1.4.1 研究内容

本书以中国橡塑产业集群为研究对象。具体而言，本书的研究内容如下：

第一，对中国橡塑产业集群效率与企业价值这一课题的意义、内容、方法进行简要说明，介绍研究对象、研究思路及创新之处；进行文献综述，整理集群效率、企业价值的理论内容、测算方法、相关影响因素以及它们之间关系的研究方法，从而为本书的研究做好基础工作和寻找合适的切入点。

第二，介绍产业集群、产业集群效率、企业价值的概念等。

第三，对中国橡塑产业集群研究样本选择进行分析；利用区位熵方法分析目前中国各省份橡塑产业的集聚程度，选择集聚程度高的省份的橡塑产业作为中国橡塑产业集群的研究样本；对中国橡塑产业集群效率测算、企业价值评估、中国橡塑产业集群效率与企业价值关系等实证内容的变量、数据与模型进行阐述。

第四，对中国橡塑产业集群效率与企业价值进行测算。利用 DEA 方法中的 CCR 模型、BCC 模型、Malmquist 指数分别测算中国橡塑产业集群的综合效率、纯技术效率、规模效率、全要素生产率；选取各橡塑产业集群规模以上企业的工业成本费用利润率、产品销售率、总资产贡献率、流动资产周转率、资产负债率等指标，利用熵值法对中国橡塑产业集群企业价值进行评价。

第五，对中国橡塑产业集群效率进行分析。进行时空分析和效率要素分析，对中国橡塑产业集群的综合效率、纯技术效率和规模效率分别进行时间分析和空间分析；对中国橡塑产业集群的要素贡献度、投入要素改进率进行分析，并对全要素生产率进行时间分析和空间分析。

第六，对中国橡塑产业集群效率与企业价值关系进行分析。利用面板数据模型对中国橡塑产业集群效率与企业价值之间的关系进行研究，主要包括面板数据模型具体形式的选择、内生性问题的处理、集群效率与企业价值关系的中介效应和调节效应机制分析以及多角度的面板数据模型稳健性分析。

1.4.2　研究思路

第一，梳理国内外有关学者针对产业集群效率、企业价值及它们之间关系的研究成果，指出产业集群效率与企业价值分析的必要性与可行性，确定中国橡塑产业集群效率分析、橡塑产业集群效率与企业价值关系分析的切入点。

第二，对产业集群、企业价值相关概念进行辨析与界定，并阐述产业集群效率与企业价值关系的分析框架，为本书的研究做好理论分析基础工作。

第三，选择从业人员数量、固定资产投资额、工业增加值等投入产出指标，利用 DEA 方法对中国橡塑产业集群的效率进行测算，分析中国橡塑产业集群的企业价值内涵；选择工业成本费用利润率、产品销售率、总资产贡献率、流动资产周转率、资产负债率等指标，利用熵值法对中国橡塑产业集群的企业价值进行深入分析。

第四，从时间和空间角度分析中国橡塑产业集群的综合效率、纯技术效率、规模效率、全要素生产率，并对橡塑产业集群的效率要素改进率、要素贡献度等进行了分析。

第五，分析中国橡塑产业集群效率与企业价值之间的关系，利用面板数据模型对产业集群效率与企业价值关系进行研究，这些数据模型包括固定效应模型、随机效应模型、混合回归效应模型；采用工具变量法和滞后一期的解释变量对面板数据模型的内生性问题进行处理；利用联立方程方法和双向固定效应模型研究集群效率和企业价值关系的中介效应和调节效应；通过改变控制变量并将其重新代入面板数据模型的方法，从集群效率与企业价值之间的关系等方面对面板数据模型进行多角度的稳健性分析。

第六，对全书进行总结，并说明有待进一步研究的问题。

本书的技术路线图如图 1-1 所示。

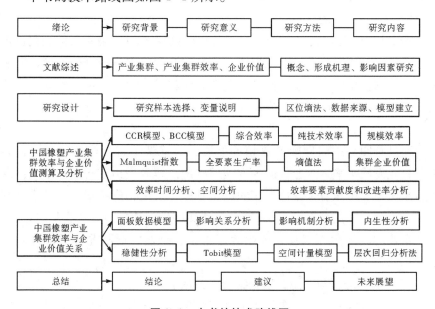

图 1-1　本书的技术路线图

1.4.3　研究方法

本书的目的是分析中国橡塑产业集群效率以及探索企业价值对橡塑产业集群效率的影响及其作用机制，既要详细分析相关理论，又要通过实证分析对假设进行验证。本书采用的研究方法如下：

（1）文献分析法。

为了厘清橡塑产业集群效率和企业价值之间的内在影响机理，笔者阅读了大量的相关文献，从中整理出研究的主题和切入点。笔者通过中国知网、Sciencedirect 等中英文期刊论文检索库，搜集产业集群效率和企业价值方面的论文，整理国内外学者对产业集群效率和企业价值等方面的研究状况，为后续研究打好理论基础。

（2）规范分析与实证分析相结合的方法。

本书为分析产业集群效率与企业价值之间的影响机理，利用规范分析方法对已有文献中的集群效率和企业价值的理论内容、研究方法进行梳理和整合。

本书利用《中国统计年鉴》《中国科技统计年鉴》《中国人口和就业统计年鉴》等数据库，整理集群效率和企业价值等方面的指标数据，并根据中国实际状况实证分析产业集群效率与企业价值之间的关系。

（3）计量经济方法。

本书利用 DEA 方法测算效率，利用熵值法对橡塑产业集群的企业价值进行评估，利用区位熵法对橡塑产业集群的企业集聚程度进行评价，并利用面板数据模型分析企业价值对橡塑产业集群综合效率、纯技术效率、规模效率、全要素生产率的影响及其作用机制。

（4）调查研究法。

通过查阅与中国橡塑产业相关的资料，笔者了解到橡塑产业集群效率、企业发展水平、企业价值等方面的状况。笔者去山东省潍坊市、河北省石家庄市、山东省董家口港区的橡塑企业，实地调研橡塑企业的生产状况，与橡塑企业人员进行深入交流，分析橡塑企业内部营运状况，从而对橡塑企业的具体生产流程、企业运营水平、企业发展状况有更加深刻的认识。

（5）静态分析与动态分析相结合的方法。

产业集群的发展是动态的。本书不仅仅局限于静态分析，而且结合产业集群发展过程从动态角度对产业集群的效率进行时间和空间分析。本书采用静态分析与动态分析相结合的研究方法，从而使产业集群的研究具有全面性。

1.5 研究的重点、难点及创新点

1.5.1 研究的重点

本书以中国橡塑产业集群为研究对象，分析中国橡塑产业集群效率以及研究企业价值对中国橡塑产业集群效率的影响及其作用机制。本书的研究重点如下：

（1）橡塑产业集群研究样本的选择。

（2）橡塑产业集群效率的测算和分析，需要考虑到橡塑产业集群自身的特点，如从哪一个角度研究橡塑产业集群的效率以及选择什么样的方法进行研究。

（3）对集群效率的时空分析和效率要素分析。

（4）探索集群效率与企业价值的关系。

1.5.2 研究的难点

本书的研究难点主要包括：

（1）橡塑产业集群效率测算指标的数据搜集。橡塑产业属于化工产业的细分产业，数据的搜集是本书的一大研究难点。

（2）橡塑产业集群企业价值的指标选择。集群内部的企业与集群外部的企业有着不同的特点，针对中国橡塑产业集群内部的企业价值衡量，需要结合橡塑产业集群的特点来确定分析指标。

（3）橡塑产业集群效率与企业价值的关系分析方法的选择、指标的确定、控制变量的选择都会对研究结论产生一定的影响。

1.5.3 研究的创新点

针对中国橡塑产业集群效率分析及其与企业价值之间的关系分析这一研究课题，本书的创新点如下：

（1）从多个方面综合分析中国橡塑产业集群的效率。本书分别利用CCR 模型、BCC 模型、Malmquist 指数法测算中国橡塑产业集群的综合效率、纯技术效率、规模效率和全要素生产率，进行效率时空分析、效率投入要素改进率分析等。

（2）利用面板数据模型分析中国橡塑产业集群效率与企业价值的关系及影响机制。本书考虑到不同橡塑产业集群的个体性可能产生的内生性问题，利用面板数据模型将集群个体因素进行控制，并进一步利用联立方程方法对中国橡塑产业集群效率与企业价值关系的中介效应和调节效应进行分析。

（3）进一步利用工具变量法和滞后一期的解释变量分析由集群效率和企业价值双向因果关系产生的内生性问题；从集群效率与企业价值之间的关系等方面对面板数据模型进行多角度的稳健性分析。

第2章　概念界定和理论基础

2.1　相关概念界定

2.1.1　产业集群概念

国外学者对于产业集群的关注，最早是从经济活动的空间形式——产业集聚开始的。近代工业区位理论的奠基人韦伯认为技术设备专业化、劳动力组织专业化、地区市场化、减少经常性开支等是产业集聚的原因。基于产业在地理空间的集聚基础，马歇尔在1890年提出了以外部经济为集聚动因的产业集群理论。

针对产业集群的概念，不同的学者基于不同的视角提出了不同的观点。这些观点可以归纳为以下三种：

（1）产业集群是一种产业组织形式。

产业集群是指相互关联的企业、法人机构在一定集聚空间内从事生产活动的形式（廖名岩 等，2018）。产业集群是一种可以吸引生产要素、资源集聚在特定区域的产业组织形式，有利于发挥集群主体的静态优势和动态优势（莫凌云 等，2015）。

产业集群是企业建立的介于纯市场、层级模式之间的组织（仇保兴，1999）。产业集群是由处于同一价值链上并且存在着横向、纵向联系的企业及其相关支持机构集聚组成的，具有强大创新能力的中间性组织（龙振来和刘应宗，2008）。产业集群是以企业高度地理集中为主要特征的产业空间组织形式（吴意云 等，2022）。产业集群是资本、土地、劳动力等要素的空间集聚，具有竞争与合作关系的企业能够共享技术、信息、人才、政策的一种组织（Yanan et al.，2022）。

（2）产业集群是一种集聚现象。

产业集群是指为了降低成本、提高竞争力，许多具有关联性的企业在一定区域空间内形成的集聚现象（吴聘奇 等，2018）。产业集群是具有关联性的企业针对特定产业制造产品、提供服务、共享资源和知识的集聚现象（徐萌，2016）。产业集群是相关联的产业由于知识、投入产出、需求等多方面联系而产生的地理集中现象（高虹和袁志刚，2021）。产业集群是在特定产业领域，由企业、相关机构在空间上集聚形成的具有持续竞争优势的现象（王缉慈，2001）。

产业集群是由具有竞争或合作关系的企业、相关机构在一定区域集聚起来的群体，具有外部经济效应、学习与创新效应、节约交易成本的特点（孙晴，2016）。产业集群可以分为具有技术、业务竞争关系的产业集群和具有互补关系的产业集群（凌志鹏，2016）。产业集群是创新投入要素聚集整合的载体（吴中伦，2020）。产业集群是许多相关联的企业为了提高产业竞争力在空间上形成的一种集聚现象（CATINI et al.，2015；Delgado et al.，2015）。产业集群是某一产业的企业及相关机构，考虑到自然、历史、制度等因素，集中于某一地区结成的相互合作与竞争的网络结构现象，从而降低风险，减少成本，提高收益（陈柳钦，2008）。

（3）产业集群是一种网络组织。

产业集群是推动企业和产业持续发展的一种有效模式（张延平 等，2019）。产业集群是相互关联的产业集聚在一起形成的网络组织。产业集群是基于专业化分工，大量不同规模的企业、机构在特定区域中形成，且具有网络形态特征的中间组织（李凯和李世杰，2007）。

产业集群是许多企业、机构在特定区域基于分工协作，围绕某个产业聚集形成的具有复杂结构、独特属性的网络组织（纪玉俊，2009）。产业集群是建立在同域性、专业化分工、协调行动基础上的组织化网络（王永龙，2008）。

产业集群是由各个网络相互嵌入而成的具有复杂功能的网络系统（夏兰，2008），具有动态创新的特点（杜军和王许兵，2015）。产业集群是把相互关联的企业与配套的企业、科研机构、金融机构等融为一体的区域创新网络（简晓彬 等，2018）。

本书认为，产业集群是由企业及相关支持机构形成的复合分工网络（如图2-1所示）。集群内部企业之间形成支持集群运转的企业网络，包括核心产品生产的制造商，提供原材料、配件的供应商，以及提供互补产品、替代产品制造商等。

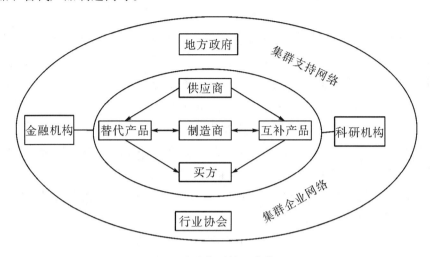

图 2-1　产业集群的组成关系图

集群内部支持机构之间形成集群支持网络，从而为企业提供服务。其中，地方政府负责制定各项制度，营造良好产业发展环境，规范市场行为，引导企业往正确的集群方向发展；科研机构为产业集群提供人才储备；行业协会负责规范企业行为；金融机构可以在资金方面为企业发展提供支持。

橡塑产业包括橡胶制品业和塑料制品业。橡胶制品主要包括轮胎、减震制品、密封制品、化工防腐材料、电缆绝缘材料等（东利超，2012），在铸造、道路、机械器材、医疗、生活等方面有着广泛应用（施晓亮 等，2016）。塑料制品是以塑料为主要原材料并通过一定的工序制造的生活、工业用品的总称（李墀欣，2020），其主要制品包括聚乙烯、聚丙烯、聚氯乙烯、ABS 塑料等。

本书的橡塑产业集群是指橡胶和塑料制品业为降低交易成本、提高竞争力，在一定区域中高度集聚，并具有知识、技术共享效应，资源、信息、能源充分流动的网络组织形态。

2.1.2　产业集群效率概念

以亚当·斯密和大卫·李嘉图为代表的古典经济学家从专业分工的角度研究效率理论；以杰文斯和瓦尔拉斯等为代表的经济学家运用"边际"

和"均衡"的思想来研究有效的资源配置方法；基于社会福利的视角，帕累托和萨缪尔森等对帕累托效率的资源配置方法进行研究（马瑞阳，2020）。

效率是衡量资源利用水平高低的指标，要素的投入产出比即为效率。在投入一定的条件下，产出越高，效率越高；同样，在既定产出条件下，投入越小，效率越高（张令娟，2017）。产业集群效率是以人力、资金、配套设施等资源投入获得的产出（王欢和张玲，2022）。

产业集群效率是集群内部企业专业化分工和知识技术溢出产生的外部经济和共同竞争优势（吴聘奇 等，2018）。生产效率是指投入要素在一定的条件下，实际产出与最优产出之间的比率（高鸣 等，2017），单个企业的生产效率也称为经济效率。Farrell 在经济效率的基础上利用边界分析法分离出技术效率与配置效率。

技术效率为生产点与生产前沿之间的距离，是在一定技术水平下忽略要素投入的成本，是企业利用现有投入资源取得的实际产出与理想最优产出的比值。技术效率通过投入产出比来衡量企业是否充分利用了现有的生产要素。技术效率代表产业内部对现有技术的市场推广和应用能力（黄辰洋，2022）。谭建伟等认为，综合技术效率可以反映在现有技术条件下企业能达到的最大产出能力。配置效率是指在给定的投入成本、技术水平和要素价格下，通过资源优化配置所获得的最优产出和投入要素组合与企业实际产出的比值（马瑞阳，2020）。

Banker 等进一步放宽了企业生产规模报酬不变的假设，并提出纯技术效率与规模效率共同组成技术效率的观点。纯技术效率是指企业规模的可变收益，即为生产点与生产边界距离下的技术效率。纯技术效率是从技术经济的角度反映是否在现有的科技水平上实现了产出最大化（谭建伟等，2021）。

规模效率是衡量企业规模经济程度的一个指标，可以测度规模报酬率的可变生产边界与规模报酬率连续的生产边界之间的距离，是与企业规模有关的生产效率。规模效率反映了生产规模大小与投入产出的匹配程度（谭建伟 等，2021）。全要素生产率反映了产业技术进步、技术应用及要素配置的整体效率（黄辰洋 等，2022）。全要素生产率用产出增长率与各种投入要素增长率的差来表示除要素投入外的经济增长（Solow，1957）。

本书对中国橡塑产业集群效率的分析，是中国橡塑产业集群的综合效率、纯技术效率、规模效率和全要素生产率等方面的集群效率综合分析。

2.1.3 企业价值概念

企业价值的表现形式有内在价值、账面价值、市场价值、清算价值和重置价值等（李文静，2020）。针对企业价值的概念，基于不同的研究对象，不同的学者对企业价值的划分不同。

（1）企业价值包括股权价值和债权价值。

现代企业追求企业价值的最大化，企业价值的不断提升是企业财务管理的最终目标，也是企业实现可持续发展的基础（申瑞芳，2017）。

在财务管理领域，从股权和债券的角度出发，企业价值通常包括股权价值和债权价值。一般来讲，债权价值相对固定，所以企业价值的变化主要来自股权价值的变化（陈良振，2016）。

（2）企业价值包括市场价值和账面价值。

企业价值通常是企业现有资产的市场价值，通常用企业未来的收益率乘以相应风险的资本成本折现率来表示（陈良振，2016）。企业价值包括账面价值和市场价值，账面价值主要反映企业的绩效，总资产、净资产收益率是测算企业账面价值的常用方法，托宾 Q 值、股票收益率等是测算企业市场价值的常用方法（张燕，2020）。

（3）企业价值包括有形价值和无形价值。

企业价值代表未来各年企业收入现金流净值的现值之和。从广义上讲，企业价值是市场对于企业的认可程度。陈玉琳认为，企业价值由有形价值和无形价值构成，有形价值在企业资产账面价值反映出来，无形价值主要包括企业商誉、人力资源、客户关系等难以量化的价值。

企业价值创造由无形资产和有形资产共同组成，其中，无形资产包括品牌资产、技术创新、知识产权、产品功能和人力资源等。各无形资产要素对企业价值创造具有多维度的复杂影响（王成东和徐建中，2019）。

本书的橡塑产业集群企业价值是在对橡塑产业集群企业的绩效、发展水平和发展潜力进行综合衡量后得到的。

2.2 产业集群特点及形成机理

2.2.1 产业集群特点

产业集群的形成和发展受到区位、市场、产业链、文化传统、价值观、社会关系等因素的影响，如图 2-2 所示。

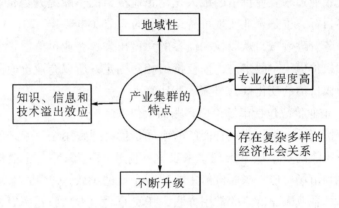

图 2-2 产业集群的特点

（1）产业集群具有地域性。

产业集群具有地域性的特点，并在一定地理范围内产生正外部性或者负外部性（Bo et al.，2021）。产业集群是企业为了实现利润最大化而集中选址布局的一种经济现象，是资本、劳动等生产要素的空间集中（王春晖，2015）。产业集群是基于产品链、增值链的基础，由许多相同或者不同类型的产业在一定区域范围的集中，包含产业从分散到集中的空间转变全过程，反映产业的空间分布状态（周林，2014）。

产业集群的集聚类型有专业化集聚、多元化集聚（Shen 和 Peng，2020）。专业化集聚有利于降低成本（Shen et al.，2019；Cainelli et al.，2014）。多元化集聚分布特征不同，不同的行业更有可能减小外部环境的差异（Hu et al.，2015；Cainelli et al.，2015）。产业集群是企业在动态迁移和演化过程中获得最优资源的过程（Van et al.，2018）。

（2）产业集群专业化程度高。

产业集群内部不同规模企业之间分工高度灵活，联系十分紧密。企业与支持机构之间的有序合作，有利于劳动力、资本、信息、技术等生产要素顺畅流动、扩散和创新。

产业集群中的企业具有专业化的分工和协作的特点（高新惠，2015）。产业集群可以促进知识溢出，优化劳动力市场流程，降低劳动强度，提高劳动效率（Cainelli et al.，2018）。

（3）产业集群具有知识、信息和技术溢出效应。

产业集群企业位置邻近，知识、信息扩散快，可以实现技术、资源共享，有利于提升企业之间的创造力与竞争力（张志康和赵明浩，2017）。集群内部企业之间相互学习，可以促进产业高质量发展（Jiangfeng et al.，2022）。

产业集群通过内部企业集聚，能够使劳动力有更多的选择，促进产业链上下游产业协调发展（Qiangyuan et al.，2021）。集群可以产生规模效应，提高企业竞争力（Jang et al.，2017；Cainelli 和 Iacobucci，2009）。产业集群可以产生各种溢出效应，促进企业之间知识、资源的交流与传播（Cainelli et al.，2018；Kim et al.，2021）。

产业集群通过内部企业集聚，有利于企业之间共享劳动力市场、供应商、中间商品、专业的商业服务，允许知识、技术溢出（Malmberg，2000）。产业集群可以使企业之间共享技术、信息、人才、政策等资源（Yu et al.，2021），增强区域竞争力。

（4）产业集群存在复杂多样的经济社会关系。

在产业集群程度较高的区域，企业主要通过非契约化的方式交流，形成市场交易、知识、技术正式合作关系，以及基于共同社会文化的非正式合作关系。

企业之间具有关联性，各企业在一定区域集聚后，关系变得复杂多样，各企业的管理能力、技术创新能力更强（李军训和朱繁星，2015）。产业集群中的企业通过互动可以获得更多净收益（Song 和 Lie，2018）。产业集群可以促进集群内部企业劳动生产率的提高（Grillitsch 和 Nilsson，2019）。

（5）产业集群具有不断升级的特点。

产业集群升级贯穿于产业集群发展的全过程，是一个从量变到质变的可持续发展过程，包括每一个发展阶段中创新能力与效率的提升（张焕勇，2007）。产业集群中的企业的生产能力、竞争力不断提升，有利于提升创新能力和产业价值（周林，2014）。产业集群具有跨企业和跨链条的特点，能够推动全产业链价值提升（张冀新和张俊龙，2021）。

2.2.2　产业集群形成机理

产业集群是由企业及其相关的支持机构组成的网络机构（纪玉俊，2009；曹丽莉，2008）。

产业集群具有区域性、创新性、动态开放性等特点，集群内部人才、信息、技术等资源丰富，企业之间主要是通过非特定合约的方式合作。产业集群的形成受到很多因素的影响。

（1）产业价值链不断延伸促进集群的形成。

集群化的发展需要具备一定的初始条件（杨俊生和杨玉梅，2009），产业集群的形成需要有主导产业，并且会受到外部环境的影响（王丽明，2017）。

产业价值链的延伸可以为企业之间进行分工合作提供基础，可以为新企业的进入提供空间，从而促进产业集群的形成。产业价值链的不断延伸，有利于企业深化分工合作（惠宁，2006），从而提高生产效率。

（2）企业之间的分工协作会促进集群的形成。

产业集群的形成和发展是一个劳动分工不断深化、交易效率不断提高的过程（何雄浪，2006）。为了实现经济价值最大化，企业之间会加大协同创新力度，提高产业的分工程度（Shen 和 Peng，2020）。

随着劳动分工的深化和交易频率的提高，企业为了节省交易成本、促进企业之间分工协作，往往倾向于在本地寻找交易对象（孙洛平和孙海琳，2006；张元智和马鸣萧，2006），促进企业之间职能分工交换、资源优化配置，促进产业集群的形成。

（3）企业集聚是产业集群形成的空间基础。

企业集聚能够带来外部性收益，扩大产业规模能够降低平均生产成本，而且能够使企业更加便利地获得原材料、信息、技术等资源，共享水力、电力、运输等公共基础设施。不同企业的竞争优势也不同，企业可以协调整合不同的产品生产技术，改进现有产品或者创新全新产品（纪玉俊，2009）。

不同的企业集聚后，企业之间的横向、纵向分工联系更加密切，加深了企业之间的分工与协作，促进了信息、技术、知识等资源的流动，从而促进了产业集群的形成。

（4）要素流动促进产业集群的形成。

要素流动的形式主要有两种：要素聚集和要素扩散。要素聚集是指要素从区域外部向区域内部转入；要素扩散是指要素从区域内部向区域外部转出。

在企业生产运作过程中，要素聚集与要素扩散两种形式不断运转，随着企业分工的深化，企业之间的交易更加广泛，从而形成企业之间的内部市场；要素通过这些内部市场流入效率高的企业，从而促进要素的高效利用。产业集群具有经济、规模、技术溢出效应，能够降低交易成本，促进生产要素的流动（Zhang et al., 2020）。

随着要素的不断流动，要素通过非均匀流动形成聚集点，慢慢扩展为轴，逐渐发展为面和极，进而推动产业集群的形成（苏江明，2004）。当要素集聚到一定程度后，随着平均成本的升高，要素不再进一步集聚，达到相对稳定的状态。

（5）外部性促进产业集群的形成。

在产业集聚过程中，企业通过物质资源流通，呈现出一种共生状态（LiXin et al., 2022）。地理位置上的邻近性，使企业具有外部性，如交易成本的降低、知识溢出效应（L. Y. Xu 和 D. M. Zeng, 2021）。企业间的知识、技术、资源共享，可以降低研发成本、减少企业风险（Shao et al., 2018）。

产业集群可以使企业共享公共基础设施（Han et al., 2018），有利于降低成本，提高企业的效率。企业空间集聚可以带来更高的平均生产率，即集群的生产率溢价（Chen et al., 2016）。

2.3 产业效率和产业集群效率的影响因素

2.3.1 产业效率的影响因素

在对效率结果分析的基础上，许多学者利用 Tobit 模型、空间计量模型等展开对效率影响因素的研究。

在效率影响因素的分析方面，冯俊华和臧倩文利用 Tobit 模型分析相关因素与重污染工业企业生态效率之间的关系。张新林等利用空间计量模型分析影响工业效率的因素。王学军对甘肃省区域文化产业效率及其影响因素进行分析。朱广印和王思敏利用空间杜宾模型分析省际层面绿色发展效率的影响因素。

蒋伟和张丽琼利用主成分分析方法对产业效率进行评价，选择东北、华北、华中、华南四大板块 12 个省份的产业数据，并利用空间面板数据杜宾模型评价效率与经济发展水平之间的关系。肖挺分析了城市地铁开通对城市产业全要素生产率的影响。宁靓等构建面板模型研究环境规制对海洋产业效率的影响。张兵兵等运用双重差分方法研究低碳城市试点政策对中国地级以上城市全要素能源效率的影响。Chen 等研究了全球价值链的嵌入性对企业生产效率的影响。

2.3.2 产业集群效率的影响因素

产业集群效率可以反映产业竞争力的状况（黄辰洋等，2022）。针对不同的研究对象，不同的学者做出了不同程度的探索。许多学者利用 DEA 方法、结构方程模型等研究品牌、政府政策、知识溢出、服务能力、发展水平、经济政策、成长路径等因素对产业集群效率的影响。

李丹实证分析了我国服装产业集群品牌效应与产业集群之间的互动关系。任国升等分析了政府决策对博螯橡胶机带产业集群的影响。周婵利用 DEA 方法对战略性新兴产业集群的效率进行测定。方清运用结构方程模型研究创业产业园区知识溢出、服务能力对产业集群效率的影响。丁必广研究国家宏观经济政策、地方经济发展水平等外部环境因素对衡水工程橡胶产业集群的影响。产业集群的区域定位是影响产业集群效率的重要因素（Russo et al.，2022；Bo et al.，2021）。

技术、市场、环境等因素都会对智能制造产业集群效率产生一定的影响（Limeng et al.，2021）。土地空间规划、环境调控、劳动力成本等因素均会对产业集群的效率产生一定的影响（Liu et al.，2021）。经济、能源和环境因素都会对产业集群的效率产生影响（Wang et al.，2022）。环境因素对产业集群的能源效率有重要的影响（Wang et al.，2021；Yuan et al.，2022）。区域规模以及金融因素等都会对产业集群的效率产生影响（Qu et al.，2020）。

陈建军和杨书林分析了产业集群分工对企业生产效率的影响。张冀新和张俊龙针对创新性产业集群的集聚效应采用三阶段 DEA 方法分析创新环境对产业集群的影响。梁永福等采用双向固定效应模型实证分析集群企业并购行为对集群全要素生产率的影响。田颖等研究了产业集群政策与区域创新能力的关系。张延平等研究了产业链协同创新对产业集群效率的影响。Hu 等研究了企业所有权对产业集群效率的影响。

2.4　集群效率与企业价值关系理论分析

产业集群是指由相关企业、机构围绕某个产业在一定地域内集聚形成的专业生产某类产品的网络组织。

产业集群的行为主体是企业以及提供支持服务的各种机构，如政府、大学、科研机构、行业协会等（见图 2-3）。企业与各支持机构之间存在着各种正式与非正式的关系，从而形成产业集群网络组织。

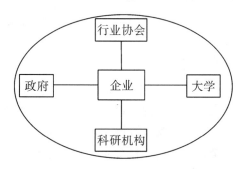

图 2-3　产业集群的行为主体

2.4.1　产业集群促进生产效率的提高

产业集群可以通过规模经济效应、创新驱动效应、信息溢出效应和结构调整效应来提高企业效率（Feng et al., 2022）。产业集群可以通过促进集群内部企业的专业化分工、推进内部企业获得外部性收益、提升企业之间的协作创新水平等方式来提高集群企业的生产效率，如图 2-4 所示。

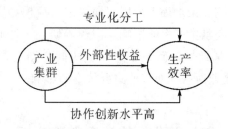

图 2-4　产业集群促进生产效率的途径

（1）产业集群促进专业化分工，从而提高集群效率。

产业集群的形成与分工有密切的关系。产业集群有利于分工的深化和数字网络的形成（Xiong et al.，2021）。

分工有利于生产效率的提高，集群效率是由集群内部企业和机构之间的分工协作关系决定的（张元智和马鸣萧，2008）。产业集群有助于企业生产专业化、集中化，从而提高企业生产效率（Cao et al.，2016）。集群内部企业的专业化分工与协作程度较高。当专业化企业进行分工时，产业集群内企业的生产效率更高。

产业集群内的企业之间通过空间集聚形成企业网络来协调分工，通过前向、后向产业关联进行分工，具备企业、市场双重优势，分工协调效率更高，从而提高劳动生产率。产业集群促进了生产过程中的劳动分工，有利于克服资本和技术的增长限制（Zuhui et al.，2008），进而提高企业生产效率。产业集群内部企业存在产业链关系，可以整合资源，通过创新提高产业竞争优势（张延平 等，2019）。

产业集群的网络组织对集群效率影响较大，集群内部企业分工较细，产业分工可以进一步细化整个产业的生产流程，从而提高生产力以及生产效率。产业集群可以促进内部企业生产运作的标准化和模块化，提高企业之间的合作效率和信息交换效率（Chen et al.，2009）。

（2）产业集群推进企业获得外部性收益，从而提高集群效率。

产业集群可以通过技术溢出提高集群内部企业的生产效率（吴意云等，2022）。各种生产要素的流动与经济学上的外部性密切相关。产业集群为每一个企业提供了生存与发展的环境，企业通过这种外部环境可以获得外部性收益，如技术、知识、信息等资源，从而促进各种生产要素的流动，提高集群效率。

产业集群内部企业地理位置邻近（Xu 和 Zeng，2021），产业集群中的上下游企业之间的联系更加紧密，企业之间的运输成本、信息成本、交易成本降低，企业的管理能力和技术创新能力更强（李军训和朱繁星，2005）。企业在集群内部共享技术、信息、人才、政策等资源（Wang et al.，2021），降低原材料和产品的运输成本（Wang et al.，2020a；Huang et al.，2020），促进集群内部企业要素结合，从而提高生产效率。

产业集群内部企业间的互动学习有利于实现知识创新（周林，2014）。产业集群通过企业之间的集聚有利于知识溢出，获得金融外部性收益，促进规模经济发展，提高生产力（Combes et al.，2012；Greenstone et al.，2010；Saito 和 Gopinath，2009），从而为企业带来更高的平均生产率（Chen et al.，2021）。

产业集群的空间组织模式有助于知识溢出、技术扩散，促进企业发展（Jiangfeng et al.，2022）。产业集群具有技术溢出效应，加速生产要素的流动（Zhang et al.，2020），促进产业集群内企业间知识和资源的流动和传播（Kim et al.，2021；Cainelli et al.，2018）。产业集群地区的知识溢出深化了劳动力之间的竞争与合作程度，优化了劳动力市场流程（Cainelli et al.，2018），并通过扩散效应促进了集群效率的提升。

（3）产业集群提升企业间协作创新水平，从而提高集群效率。

技术创新是集群发展的重要推动力量，产业集群对企业创新具有促进作用（张冀新和李燕红，2019）。竞争与合作关系在集群内部企业一直存在，有利于企业改善创新条件，提高创新能力，降低风险，进而提高集群效率。

集群内部企业间巨大的购买力、发展潜力和现实影响力，催生出许多集群内的市场，各种市场的自我调节功能使资源流向效率更高的企业，从而提高集群的效率。产业集群是由不同行为主体结成的网络，集群内部分工协作程度高，加速了劳动力、信息、技术等生产要素在不同行为主体之间的顺畅流动和扩散，实现了"1+1>2"的效果，提高了集群效率。

产业集群中，企业通过物质资源的流通，呈现出一种共生状态（Lixin et al.，2022）。企业之间可以进行协同创新，加深产业分工的程度（Shen 和 Peng，2020），从而加快要素的流动，提高集群的效率。产业集群可以通过要素高效流动、联动创新平台以及外部性效应等实现创新低成本、技术集成创新和扩散，从而提升技术创新效率（邢会等，2018）。

产业集群可以促进集群内部企业之间的相互学习和信息交流，减少资源获取和转换过程中的问题，资产转换的便利性加快了集群要素的内部流动，提高了集群整体的效率。

2.4.2　产业集群推动企业价值的提升

产业集群可以通过提高资源整合能力、降低交易成本、获得外部规模经济等方式来提高企业价值，如图2-5所示。

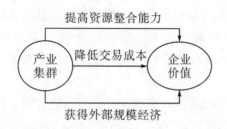

图2-5　产业集群促进企业价值的途径

（1）产业集群可以提高企业资源整合能力，从而提高企业价值。

企业价值的形成基础是生产要素，产出越大，企业价值越高。

产业集群是一种区域内有效的资源组织方式。产业集群内部可以利用的资源与活动越多样化，企业竞争力越强。产业集群内知识、信息资源扩散速度快，可以实现技术、资源共享，有利于提升集群内部企业的创造力和竞争力（张志康和赵明浩，2017）。

产业集群中的企业能够容易、低廉地获得生产所需要的原材料、中间产品等，进而提高企业的价值。产业集群通过内部市场配置资源，可以将许多闲置的资源有效地组织起来，从而提高资源的利用率和企业的价值。

产业集群可以促进知识的交流和共享，增进要素之间的相互流动，提高企业价值。产业集群能够优化劳动分工，有利于克服资本和技术的增长限制（Huang et al.，2008）。

（2）产业集群可以降低企业交易成本，从而提高企业价值。

产业集群的形成基础是分工。产业集群内的企业文化相似，有利于集群企业间的商业交流（宁军明，2008）。

资产专用性、不确定性和交易频率等因素会影响交易成本的大小。通常情况下，交易成本与地理距离正相关，产业集群内部企业距离市场比较近，有利于降低原材料和产品的运输成本（Wang et al.，2020a；Huang et al.，2020），从而降低企业之间的交易成本，提高企业价值。

产业集群通过企业之间的网络结构来协调分工与合作，能够克服企业规模过大、组织管理成本过高等问题。产业集群内部企业具有共同的基础设施，如水力、电力、物流运输等设施，可以降低企业的生产运作成本，促进集群内部企业与机构的联系，提高集群企业价值。

产业集群内部企业形成区位品牌后，就可以吸引新的客户、生产者前来，内部企业也可以获得批发零售等方面的纵向一体化利润，从而提高企业价值。产业集群可以使企业以较低成本获得所需人才，降低人才招聘成本。集群内部不同企业通过分享基础设施、技术、劳动力资源，便可以节约成本，提高企业价值。

（3）产业集群通过促进企业获得外部规模经济来提高企业价值。

集群中的企业能够共享基础设施（Han et al., 2018）、劳动力市场（Malmberg et al., 2000）、技术、商贸机构等资源，允许知识、技术溢出，从而降低生产经营成本（Cainelli et al., 2006）。

产业集群内部企业有更多可以选择的劳动力、知识溢出以及产业链上下游之间的相互作用（Qiangyuan et al., 2021），可以带来外部规模效应，降低成本，提高企业竞争力，从而提高企业价值（Jiang et al., 2018；Cainelli 和 lacobucci，2009）。

2.4.3　企业价值是提高集群效率的核心要素

集群企业是提高集群效率的主体，企业价值是集群效率的载体和集中体现，集群效率的高低取决于集群企业价值的高低。

效率是衡量资源利用水平高低的指标，在投入一定的条件下，产出越高，效率越高；同样，在既定产出条件下，投入越小，效率越高（张令娟，2017）。生产效率是指投入要素一定时，实际产出与最优产出的比率（高鸣 等，2017）。集群效率表示集群企业投入与产出的转换程度。产业集群内部各行为主体之间具有专业化的优势和协作效应。

企业价值可以反映企业的绩效、发展水平和发展潜力。追求价值最大化是企业的目的。生产要素是形成企业价值的基础，企业通过对要素的管理实现创造价值的目的。

根据科斯理论可知，集群效率与企业价值有着密切的关系。提高集群效率的主要途径是：提高劳动力、劳动工具、资本等要素利用率，降低要素的配置成本。具体而言，企业可以通过提高产业集群的人力资本来提高劳动力素质，通过改善设备来提高劳动工具的利用效率，通过提高生产技术水平来改善要素组合比例和工艺流程，通过改善资本的利用效率来提高要素的配置水平。

要素是企业价值的基本组成部分，产业集群的企业价值越高，要素的流动性越强，信息、知识流通速度越快，集群企业的创新能力越强，越能够提高集群要素的利用效率。产业集群内部企业之间的知识模仿和技术学习，企业间的资源共享和匹配、操作方法优化、研发成本和企业的创新风险降低，能够促进企业在科学领域和技术方面的创新升级。

科学知识和技术能够对劳动力、劳动工具、资本等要素进行优化。随着企业价值的提升，企业通过在科学领域和技术方面的创新升级，研发出先进的生产工具，提高资本要素的效率，进而提高产业集群的效率。

企业价值的提高，说明企业的经济效益、发展水平得到了提高，从而促使企业增加要素投入。因此，企业可以通过提高生产技术水平、改善设备、提高人力资本、增加资本要素投入等方法来提高集群效率，如图2-6所示。

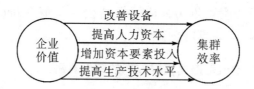

图2-6　企业价值促进集群效率的途径

（1）企业价值的提升有助于企业改善设备，从而提高集群效率。

随着企业价值的提升，企业绩效也逐渐增加。之后，企业淘汰落后设备，购置新设备，生产工具得到改善，进而提高集群效率。

（2）企业价值的提升有助于企业增加人力资本，从而提高集群效率。

企业价值代表着企业的绩效、发展水平和发展潜力。企业在人力资本方面增加投入，则可以通过人才引进、对员工进行培训等方式来提升劳动力素质，从而提高集群效率。

（3）企业价值的提升有助于企业增加资本要素投入，从而提高集群效率。

企业价值代表着企业的绩效、发展水平和发展潜力，企业价值提升后，企业会增加资本的投入，提高资本的效率，进而提升集群效率。

（4）企业价值的提升有助于企业提高生产技术水平，从而提高集群效率。

随着企业价值的提高，企业绩效也随之增加，企业便有更多资金投入研发，从而提升集群企业生产技术水平，改进生产工艺流程。

橡塑产业集群企业价值代表着橡塑产业集群的企业绩效、发展水平和发展潜力。橡塑产业集群的企业价值越高，越有可能投入更多的资金用于研发，提高生产技术水平，改善要素投入组合比例和生产工艺流程，引入新设备，淘汰落后设备，并通过内部培训、人才引进等方法改善劳动力素质，进而提高橡塑产业的集群效率。

2.5 本章小结

本章主要对产业集群、产业集群效率、企业价值进行概念界定，分析产业集群的特点和形成机理，阐述产业集群效率的影响因素，并深入地分析产业集群效率与企业价值之间的影响机理，重点阐释了产业集群促进效率的提高、产业集群促进企业价值的提升、企业价值促进产业集群效率等方面的内容。

第3章 研究设计

本书主要对中国橡塑产业集群效率进行分析并对集群效率与企业价值关系进行研究。首先，运用区位熵方法对研究样本进行选择；其次，对中国橡塑产业集群效率和企业价值进行测算和分析；最后，利用面板数据模型分析橡塑产业集群效率与企业价值之间的关系。

在本章中，研究设计思路如图3-1所示。首先，对本书研究的样本进行选择；其次，对橡塑产业集群效率测算、企业价值评价及其两者关系研究中所用到的变量及数据来源进行说明；最后，对橡塑产业集群效率测算、企业价值评估、集群效率与企业价值之间的关系研究中所运用的 DEA 模型、面板数据模型、空间计量模型等进行描述。

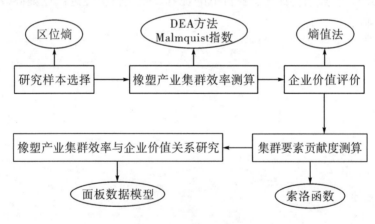

图3-1 研究设计思路

3.1 研究样本选择

我国是橡塑产业大国，然而各区域的橡塑产业呈不均衡的发展态势。本书在考虑橡塑产业区域集聚效应的基础上，选择集聚度高的区域作为本书的研究样本。常用的测量集聚的方法有埃里森-格莱赛指数、赫芬达尔-赫希曼指数、空间基尼系数、经济密度、企业密度等指标。

3.1.1 样本选择方法：区位熵模型

区位熵是衡量产业空间集中的重要指标，又称生产的集中度指标。我们可以利用产值、产量、从业人员数量来计算区位熵，从而判断地区产业的集中化程度。若区位熵大于1，说明该地区产业相对集中（周林，2014），计算方法见式（3-1）。

$$LQ_i = \frac{e_i / \sum_{i=1}^{n} e_i}{E_i / \sum_{i=1}^{n} E_i} \quad (3-1)$$

其中，e_i、E_i 分别表示某区域和整体区域产业 i 的产值（产量、从业人员数量等），n 表示产业的种类数，LQ_i 表示区域的产业集中度。

区位熵指数可以较好地解释区域集聚变化（Yuan et al., 2020），我们可以用它来衡量橡塑产业集群的企业集聚状况。本书选择区位熵方法对中国橡塑产业集群的企业集聚进行评价，选择的区位熵测算指标为中国各省份规模以上橡胶和塑料制品业企业的资产、规模以上工业企业的资产。

3.1.2 数据来源

2012—2020 年中国整体及各省份规模以上橡胶和塑料制品业企业的资产数据源于中国各省份统计年鉴和《中国工业统计年鉴》。针对个别年份数据缺失的情况，本书采用该年份前后相邻年份数据的均值进行插值填补。西藏自治区 2012—2013 年缺乏规模以上橡胶和塑料制品业企业的资产数据，这可能是由于 2012—2013 年西藏自治区没有达到规模以上橡胶和塑料制品业的企业，因此本书采用 2012—2013 年西藏自治区规模以下橡胶和塑料制品业企业的资产数据进行填补。2012—2020 年中国整体及各省份规模以上工业企业的资产数据源于《中国统计年鉴》。

3.1.3 区位熵测算与样本选择

本书利用区位熵方法，计算出中国各省份规模以上橡胶和塑料制品业的区位熵作为橡塑产业集聚度的指标，计算方法见式（3-2）。

$$Z = \frac{p_1/q_1}{p_0/q_0} \tag{3-2}$$

其中，Z 表示橡塑产业的资产集聚度或者规模集聚度，p_1 表示各省份规模以上橡胶和塑料制品业企业的资产或企业数，q_1 表示各省份规模以上工业企业的资产或企业数，p_0 表示全国规模以上橡胶和塑料制品业企业的资产或企业数，q_0 表示全国规模以上工业企业的资产或企业数。

本书把 2012—2020 年中国整体及各省份规模以上工业企业企业的资产数据和规模以上橡胶和塑料制品业企业的资产数据代入区位熵公式中，可以得到 2012—2020 年中国各省（自治区、直辖市）橡胶和塑料制品业的集中度状况，如表 3-1 所示。

根据表 3-1 的结果可知，橡塑产业区位熵大于 1 的共有 9 个省（自治区、直辖市），说明这 9 个省（自治区、直辖市）的橡塑产业比较集中。根据区位熵的大小，9 个省（自治区、直辖市）排序为：浙江、山东、广东、福建、安徽、上海、辽宁、江苏、天津。可以发现，这 9 个省（自治区、直辖市）主要集中在中国东部沿海地区。本书将选择这 9 个省（自治区、直辖市）的橡塑产业作为研究中国橡塑产业集群效率与企业价值关系的样本。

表 3-1　2012—2020 年中国各省（自治区、直辖市）橡胶和塑料制品业的集中度状况

年份	2012	2013	2014	2015	2016	2017	2018	2019	2020	均值
浙江	1.956	2.021	1.822	1.734	1.737	1.675	1.665	1.618	1.652	**1.765**
山东	1.584	1.791	1.719	1.732	1.747	1.570	1.664	1.543	1.551	**1.656**
广东	1.829	1.774	1.603	1.539	1.498	1.506	1.551	1.643	1.621	**1.618**
福建	1.794	1.789	1.610	1.485	1.461	1.465	1.567	1.544	1.596	**1.590**
安徽	1.347	1.398	1.307	1.376	1.556	1.573	1.637	1.437	1.514	**1.460**
上海	1.437	1.400	1.347	1.501	1.312	1.270	1.308	1.284	1.306	**1.352**
辽宁	1.286	1.356	1.306	1.231	1.213	1.166	1.259	1.072	0.668	**1.173**
江苏	0.893	0.964	0.936	0.982	0.974	1.052	1.251	1.427	1.465	**1.105**

表3-1（续）

年份	2012	2013	2014	2015	2016	2017	2018	2019	2020	均值
天津	0.839	0.865	0.881	0.940	0.956	1.106	1.145	1.125	1.176	**1.004**
河南	0.809	0.941	1.021	1.057	1.028	0.838	0.870	0.726	0.691	0.887
河北	0.726	0.842	0.815	0.930	0.928	0.859	0.896	0.857	0.931	0.865
重庆	0.789	0.833	0.834	0.827	0.824	0.864	0.853	0.812	0.761	0.822
湖北	0.689	0.777	0.767	0.789	0.829	0.766	0.759	0.692	0.734	0.756
江西	0.485	0.493	0.555	0.617	0.790	0.821	0.827	0.776	0.818	0.687
贵州	0.577	0.712	0.669	0.648	0.647	0.631	0.722	0.633	0.645	0.654
四川	0.589	0.604	0.524	0.513	0.578	0.599	0.692	0.541	0.534	0.575
陕西	0.386	0.416	0.457	0.547	0.562	0.534	0.592	0.516	0.558	0.507
湖南	0.437	0.488	0.459	0.492	0.547	0.606	0.482	0.510	0.515	0.504
广西	0.507	0.683	0.597	0.537	0.441	0.420	0.463	0.383	0.369	0.489
黑龙江	0.351	0.445	0.453	0.514	0.603	0.622	0.657	0.563	0.173	0.487
吉林	0.343	0.401	0.423	0.433	0.484	0.495	0.487	0.433	0.464	0.440
新疆	0.436	0.387	0.368	0.324	0.344	0.391	0.481	0.425	0.528	0.409
海南	0.364	0.385	0.408	0.286	0.328	0.348	0.398	0.431	0.528	0.386
甘肃	0.230	0.288	0.311	0.341	0.382	0.374	0.414	0.383	0.506	0.359
宁夏	0.242	0.349	0.220	0.208	0.195	0.221	0.288	0.261	0.224	0.245
云南	0.196	0.250	0.290	0.243	0.243	0.240	0.265	0.239	0.226	0.243
北京	0.257	0.259	0.247	0.143	0.120	0.109	0.111	0.096	0.066	0.156
内蒙古	0.130	0.150	0.144	0.138	0.167	0.162	0.170	0.175	0.057	0.144
山西	0.150	0.160	0.163	0.153	0.112	0.118	0.119	0.102	0.094	0.130
西藏	0.018	0.011	0.012	0.013	0.079	0.017	0.031	0.103	0.202	0.054
青海	0.011	0.032	0.043	0.040	0.048	0.032	0.056	0.037	0.026	0.036

　　本书绘制了浙江、山东、广东、福建、安徽、上海、辽宁、江苏、天津9个省（自治区、直辖市）的橡塑产业2012—2020年区位熵变化情况，如图3-2所示。

　　从图3-2中可以看出，2012—2020年江苏、天津的橡塑产业区位熵呈现上升的趋势，浙江、山东、广东、福建、安徽、上海、辽宁的橡塑产业区位熵呈现下降的趋势。

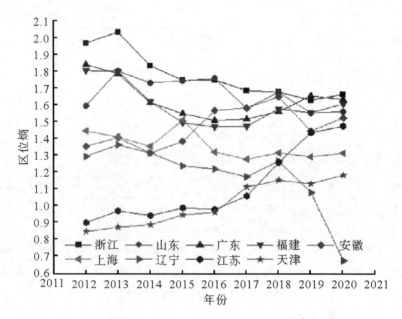

图3-2　2012—2020年部分省（自治区、直辖市）的橡塑产业区位熵

考虑到图3-2中除安徽的橡塑产业不位于沿海地区，其他省份的橡塑产业均位于东部沿海地区，产业集聚是产业集群的充分条件，更重要的是集群网络内部之间的有机联系；虽然河北的橡塑产业资产集聚度年均值为0.865，但是它的橡塑产业规模集聚度年均值为1.167（见表3-2），且其他橡塑产业规模集聚度高的省份均位于东部沿海地区。因此本书最终选择浙江、山东、广东、福建、上海、辽宁、江苏、天津、河北9个省（自治区、直辖市）的橡塑产业作为研究中国橡塑产业集群效率的样本。

3.2　变量指标选择与数据来源

本节主要针对中国橡塑产业集群效率测算、要素贡献度测算、企业价值评估的变量选择和数据来源进行说明，并说明中国橡塑产业集群效率与企业价值关系的不同模型的变量选择和数据来源。

3.2.1　集群效率测算

在中国橡塑产业集群效率测算的变量指标选择方面，本书参考学者们

（刘津，李平，2020；侯琴，2020；姚振等，2020；沈伟腾 等，2020；王旭等，2020）对产业效率指标的选择，并结合橡塑产业的特点（劳动密集程度高，实际生产过程中需要耗费大量的水、土地、电力等资源，需要大量的劳动力投入生产），同时考虑到数据的科学性、可获得性的特点，选择橡塑产业从业人员数量、固定资产投资额作为中国橡塑产业集群效率测算的投入指标，选择橡塑工业产业总产值作为产出指标。

橡塑产业从业人员数量可以反映橡塑产业的劳动力投入规模；橡塑产业固定资产投资额可以反映橡塑产业的基础设施建设状况，用来表示橡塑产业资本投入状况；橡塑产业工业总产值可以反映橡塑产业的产出状况。

针对不连续年份个别指标数据的缺失问题，本书采用前后相邻年份数据的均值进行填补；针对连续几个年份固定资产、从业人员指标数据缺失的问题，本书采用该省份城镇橡胶和塑料制品业的固定资产、从业人员数据进行填补。数据源于《中国统计年鉴》以及中国各省份统计年鉴。

3.2.2 要素贡献度测算

要素投入是产业增长的基础。在对中国橡塑产业集群的要素贡献度进行测算时，我们将要素分为两组进行比较分析。

（1）本书选择规模以上橡塑企业总资产作为资本要素投入 K，选择规模以上橡塑企业从业人员数量作为劳动力投入要素量 L，选择规模以上橡塑企业主营业务收入作为产出 Y。把要素投入数据和生产产出数据代入索洛经济增长函数，可以得到中国橡塑产业集群的效率状况。

（2）本书以橡塑产业集群的主营业务收入作为资本要素投入 K，以橡塑产业集群的企业数量作为劳动力投入要素量 L，以中国橡塑产业集群的工业总产值作为产出 Y。

3.2.3 企业价值评估

橡塑产业集群的企业价值受到生产要素成本、市场销售、研发水平、产业规模等方面因素的影响。橡塑产业集群的企业价值越高，说明橡塑产业的资金利用水平越高，资金流、信息流运转更加顺畅。因此，橡塑产业集群的企业价值可能会促进橡塑产业集群效率的提升。本书选择橡塑产业工业成本费用利润率、产品销售率、总资产贡献率、流动资产周转率、资产负债率5个指标，利用熵值法计算中国橡塑产业集群的企业价值。

（1）工业成本费用利润率。

工业成本费用利润率是指在一定时期内实现的利润与成本费用之比，是反映工业生产成本及费用投入的经济效益指标。工业成本费用利润率越高，利润与成本费用之比越大，是一个正向指标。工业成本费用利润率的计算方法见式（3-3）。

$$\xi_1 = \varphi_1 / \varphi_2 \qquad (3\text{-}3)$$

其中，ξ_1 表示工业成本费用利润率，φ_1 表示利润总额，φ_2 表示成本费用总额。

（2）产品销售率。

产品销售率是指报告期工业销售产值与当期全部工业总产值之比，反映工业产品实现销售的程度，即生产与销售的衔接程度。产品销售率越大，说明工业产品已实现销售的程度越高。因此，它是一个正向指标。产品销售率的计算方法见式（3-4）。

$$\xi_2 = \varphi_3 / \varphi_4 \qquad (3\text{-}4)$$

其中，ξ_2 表示产品销售率，φ_3 表示工业销售产值，φ_4 表示工业总产值。

（3）总资产贡献率。

总资产贡献率能够体现企业的经营业绩和管理水平。其数值越大说明企业获利能力越大，因此，它是一个正向指标。总资产贡献率的计算方法见式（3-5）。

$$\xi_3 = (\varphi_5 + \varphi_6 + \varphi_7) / \varphi_8 \qquad (3\text{-}5)$$

其中，ξ_3 表示总资产贡献率，φ_5 表示利润总额，φ_6 表示税金总额，φ_7 表示利息支出，φ_8 表示平均资产总额。

（4）流动资产周转率。

流动资产周转率是指企业一定时期内主营业务收入净额与平均流动资产总额的比率。流动资产周转率是评价企业资产利用率的一个重要指标，流动资产周转率越高，说明企业资产利用程度越高，因此，它是一个正向指标。流动资产周转率的计算方法见式（3-6）。

$$\xi_4 = \varphi_9 / \varphi_{10} \qquad (3\text{-}6)$$

其中，ξ_4 表示流动资产周转率，φ_9 表示主营业务收入净额，φ_{10} 表示平均流动资产总额。

（5）资产负债率。

资产负债率又称举债经营比率，是用以衡量企业利用债权人提供的资金开展经营活动的能力以及反映债权人发放贷款的安全程度的指标。资产负债率越大，说明企业利用资金进行经营活动的能力越强，因此，它是一个正向指标。资产负债率的计算方法见式（3-7）。

$$\xi_5 = \varphi_{11} / \varphi_{12} \tag{3-7}$$

其中，ξ_5 表示资产负债率，φ_{11} 表示总负债，φ_{12} 表示总资产。

工业成本费用利润率、产品销售率、总资产贡献率、流动资产周转率、资产负债率 5 个指标的相关数据源于中国各省份统计年鉴。对于指标数据缺失的部分，本书根据相关公式进行计算，以及利用前后均值进行插值填补。中国橡塑产业集群的企业价值评估的指标数据见附录 1。

3.2.4　集群效率与企业价值关系实证分析

本书在研究中国橡塑产业集群效率与企业价值关系时，主要利用面板数据模型研究企业价值对中国橡塑产业集群综合效率、纯技术效率、规模效率、全要素生产率的影响及其作用机制。面板数据模型中所用到的被解释变量、核心解释变量、控制变量、中介变量等指标变量如下：

（1）被解释变量。

①橡塑产业集群综合效率（$Y1$）。

②橡塑产业集群纯技术效率（$Y2$）。

③橡塑产业集群规模效率（$Y3$）。

④橡塑产业集群全要素生产率（$Y4$）。

橡塑产业集群效率是利用 DEA 方法中的 CCR 模型、BCC 模型和 Malmquist 生产率指数计算出来的。效率投入产出指标为：效率产出指标用橡塑产业工业总产值表示；效率投入指标用橡塑产业从业人员、橡塑产业固定资产投资额表示；橡塑产业集群综合效率、纯技术效率、规模效率、全要素生产率数据分别见第 4 章中的表 4-1、表 4-2、表 4-3、表 4-4、表 4-5。

（2）核心解释变量：橡塑产业集群企业价值。

橡塑产业集群企业价值由熵值法计算得出，具体数据见第 4 章中的表 4-6。

（3）控制变量。

为提升准确度，本书选取对橡塑产业集群效率有重要影响的变量作为控制变量，主要包括橡塑产业集群规模集聚度（$Z1$）、集群资产集聚度

（Z2）、集群地区研发水平（Z3）、集群地区工业化水平（Z4）、集群地区基础建设水平（Z5）、集群地区人力资本水平（Z6）、集群地区城镇化水平（Z7）、集群地区经济发展水平（Z8）8 个指标。

橡塑产业集群规模集聚度（Z1）和橡塑产业集群资产集聚度（Z2）是根据区位熵方法计算得出的，具体数据见表 3-2 和表 3-3。

表 3-2　2012—2019 年中国橡塑产业集群规模集聚度

年份	浙江	山东	广东	福建	上海	辽宁	天津	江苏	河北	均值
2012	1.250	0.957	1.712	0.849	1.581	1.042	1.192	0.842	1.150	1.175
2013	1.307	1.014	1.789	0.907	1.665	1.105	1.198	0.903	1.199	1.232
2014	1.247	0.944	1.670	0.861	1.634	1.030	1.170	0.871	1.171	1.178
2015	1.252	0.935	1.648	0.884	1.646	1.068	1.191	0.896	1.201	1.191
2016	1.253	0.936	1.609	0.891	1.776	1.150	1.225	0.907	1.193	1.215
2017	1.249	0.827	1.630	0.909	1.768	1.082	1.367	0.947	1.128	1.212
2018	1.216	0.782	1.619	0.905	1.746	0.803	1.254	0.930	1.179	1.160
2019	1.200	0.889	1.644	0.919	1.552	0.767	1.136	1.069	1.115	1.144
均值	1.247	0.911	1.665	0.891	1.671	1.006	1.217	0.921	1.167	1.188

从表 3-2 中可以看出，2012—2019 年中国橡塑产业集群规模集聚度整体上变动不大。各省份的橡塑产业集群的规模集聚度有所差异，浙江、广东、上海、天津、河北、辽宁等橡塑产业集群的规模集聚度比较高，山东、福建、江苏等橡塑产业集群的规模集聚度比较低。

表 3-3　2012—2019 年中国橡塑产业集群资产集聚度

年份	浙江	山东	广东	福建	上海	辽宁	天津	江苏	河北	均值
2012	1.956	1.584	1.829	1.794	1.437	1.286	0.839	0.893	0.726	1.372
2013	1.994	1.732	1.736	1.769	1.400	1.332	0.853	0.941	0.807	1.396
2014	1.822	1.719	1.603	1.610	1.347	1.306	0.881	0.936	0.815	1.338
2015	1.734	1.732	1.539	1.485	1.501	1.231	0.940	0.982	0.930	1.342
2016	1.737	1.747	1.498	1.461	1.312	1.213	0.956	0.974	0.928	1.314
2017	1.675	1.570	1.506	1.465	1.270	1.166	1.106	1.052	0.859	1.297
2018	1.639	1.637	1.492	1.515	1.250	1.238	1.126	1.095	0.890	1.320
2019	1.618	1.543	1.643	1.544	1.284	1.072	1.125	1.427	0.857	1.346
均值	1.772	1.658	1.606	1.580	1.350	1.231	0.978	1.038	0.852	1.341

从表 3-3 中可以看出，2012—2019 年中国橡塑产业集群资产集聚度整体上变化不大，均值为 1.341，集中度比较高。各省份的橡塑产业集群的资产集聚度并不相同，浙江、山东、广东、福建、上海、辽宁等橡塑产业集群的资产集聚度年均值大于 1.2，说明这 6 个省（自治区、直辖市）的橡塑产业的资产集聚度非常高；江苏省橡塑产业集群的资产集聚度均值为 1.038，相对集中；天津市、河北省橡塑产业集群的资产集聚度年均值分别为 0.978、0.852，均小于 1，说明这两个省（自治区、直辖市）的橡塑产业集群资产集聚度不高。

①集群地区研发水平（Z3）。

集群地区研发水平越高，说明企业创新的投入越多，越有利于企业技术进步。集群地区研发水平采用研发经费与 GDP 的比重来表示。

②集群地区工业化水平（Z4）。

集群地区工业化水平越高，说明工业化方面的要素积累越多，技术水平越高，越有利于橡塑产业集群效率的提高。集群地区工业化水平采用第二产业增加值占 GDP 比重来表示。

③集群地区基础建设水平（Z5）。

集群地区的基础建设水平越高，说明物流运输越便捷，越有利于缩短物料运输时间、降低交易成本，实现规模经济和要素高效流动，促进橡塑产业集群效率的提高。集群地区基础建设水平采用各橡塑产业集群地区单位面积的铁路、公路里程来表示。

④集群地区人力资本水平（Z6）。

集群地区人力资本水平越高，说明人员的素质水平越高。集群地区人力资本水平采用就业人员平均受教育年限来表示，计算方法见式（3-8）。

$$Z_6 = \text{Mid} * 6 + \text{Jun} * 9 + \text{Sen} * 12 + \text{Col} * 15 + \text{Uni} * 16 \qquad (3-8)$$

式（3-8）中，Z_6 表示人力资本水平，Mid、Jun、Sen、Col、Uni 分别表示小学水平、初中程度、高中程度、大专程度、大学程度的人员占总的就业人员的比例，按照小学 6 年、初中 9 年、高中 12 年、大专 15 年、大学 16 年的教育年限进行计算。

⑤集群地区城镇化水平（Z7）。

集群地区的城镇化水平越高，说明这个集群地区的发展状况越好。因此，城镇化水平的提高能够有利于促进橡塑产业集群效率的提高。集群地区城镇化水平用集群地区城镇人口占总人口的比重来表示。

⑥集群地区经济发展水平（$Z8$）。

集群地区经济发展水平越高，说明区域要素的流动性越快，越有利于提高集群效率。集群地区经济发展水平用各橡塑产业集群地区人均生产总值来表示。在计算过程中，为保证数据的平稳性，本书已经对数据进行了对数化处理。

集群地区经济发展水平、集群地区研发水平、集群地区工业化水平、集群地区基础建设水平、集群地区人力资本水平、集群地区城镇化水平等控制变量的原始数据见附录1。

（4）中介变量。

在分析中国橡塑产业集群效率与企业价值的关系时，本书采用的中介变量为：橡塑产业集群企业资本（$G1$）、橡塑产业集群企业研发投入（$G2$）、橡塑产业集群规模（$G3$），采用的调节变量是橡塑产业集群规模集聚度（$Z1$）。

橡塑产业集群企业资本是用橡塑产业集群中规模以上橡胶和塑料制品企业的主营业务收入来表示的。橡塑产业主营业务收入数据源于中国各省份统计年鉴，橡塑产业主营业务收入越多，橡塑产业经营状况、技术水平越高，企业可以有更多的资本用于研发，有利于橡塑产业效率的提升。想要增加主营业务收入，可以采用增加固定资产投资、改善要素配置方式、提升要素品质等方式。本书采用极差法对橡塑产业主营业务收入数据进行标准化处理，结果见表3-4。

表3-4　2012—2019年中国橡塑产业集群的主营业务收入

年份	浙江	山东	广东	福建	上海	辽宁	天津	江苏	河北	均值
2012	0.065	0.423	0.221	0.165	0.217	0.103	0.295	0.013	0.202	0.189
2013	0.089	0.540	0.233	0.140	0.214	0.078	0.289	0.006	0.182	0.197
2014	0.101	0.637	0.329	0.123	0.207	0.107	0.274	0.036	0.162	0.220
2015	0.088	0.689	0.385	0.110	0.217	0.199	0.267	0.087	0.148	0.243
2016	0.085	0.697	0.422	0.092	0.211	0.284	0.259	0.135	0.144	0.259
2017	0.074	0.412	0.496	0.092	0.199	0.293	0.278	0.170	0.199	0.246
2018	0.064	0.127	0.493	0.073	0.204	0.303	0.298	0.211	0.255	0.225
2019	0.095	0.029	0.454	0.042	0.195	0.301	0.299	0.090	0.247	0.195
均值	0.083	0.444	0.379	0.105	0.208	0.209	0.283	0.093	0.192	0.222

从表3-4中可以看出，2012—2019年中国橡塑产业集群的主营业务收

入波动较小，山东、广东、天津、辽宁、上海 3 个省（自治区、直辖市）的橡塑产业集群的主营业务收入比较高，浙江、福建、江苏等橡塑产业集群的主营业务收入比较低。不同橡塑产业集群的主营业务收入状况不同，浙江、天津、上海等橡塑产业集群的主营业务收入波动较小，山东省橡塑产业集群的主营业务收入先上升后下降，广东、辽宁、江苏、河北 4 个省份橡塑产业集群的主营业务收入逐步上升，福建省橡塑产业集群的主营业务收入逐步下降。

本书利用面板数据模型分析中国橡塑产业集群效率与企业价值关系时主要运用的变量符号说明如表 3-5 所示。

表 3-5　符号说明

符号	变量说明	符号	变量说明
$Y1$	橡塑产业集群综合效率	$Z1$	橡塑产业集群规模集聚度
$Y2$	橡塑产业集群纯技术效率	$Z2$	橡塑产业集群资产集聚度
$Y3$	橡塑产业集群规模效率	$Z3$	橡塑产业集群地区研发水平
$Y4$	橡塑产业集群全要素生产率	$Z4$	橡塑产业集群地区工业化水平
$X1$	橡塑产业集群企业价值	$Z5$	橡塑产业集群地区基础建设水平
$G1$	橡塑产业集群企业资本	$Z6$	橡塑产业集群地区人力资本水平
$G2$	橡塑产业集群企业研发投入	$Z7$	橡塑产业集群地区城镇化水平
$G3$	橡塑产业集群规模	$Z8$	橡塑产业集群地区经济发展水平

3.3　模型选择及介绍

3.3.1　集群效率测算与分析模型

本书根据规模报酬可变和规模报酬不变两种情况，分别测算综合效率、纯技术效率和规模效率，三者之间的关系如图 3-3 所示。

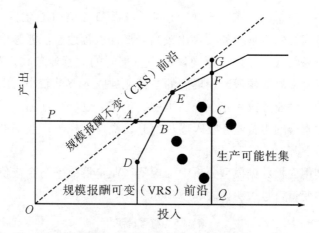

图3-3 综合效率、纯技术效率、规模效率关系图

规模报酬不变时，可以得到综合效率，见式（3-9）：

$$TE_C = PA/PC \qquad (3-9)$$

规模报酬可变时，可以得到纯技术效率，见式（3-10）：

$$PTE_C = PB/PC \qquad (3-10)$$

规模效率表示规模报酬引起的差异，见式（3-11）：

$$SE_C = PA/PB = TE_C/PTE_C \qquad (3-11)$$

可以看出，规模效率在数值上等于综合效率与纯技术效率的商。

3.3.1.1 CCR 模型

CCR 模型是 Charnes、Cooper 和 Rhodes 在 1978 年基于固定规模收益（CRS）提出的生产效率评价模型（CHARNES A et al., 1978）。利用 CCR 模型可以计算出产业综合效率。设有 n 个决策单元（DMU），每个 DMU 具有 m 种投入 $x_i(i = 1, 2, \cdots, m)$ 和 s 种产出 $y_r(r = 1, 2, \cdots, s)$，且 x_i，$y_r > 0$，则有：

$$\max TE_{ko} = \frac{\sum_{r=1}^{s} u_r y_{rko}}{\sum_{i=1}^{m} v_i x_{iko}} \qquad (3-12)$$

$$\text{s. t. } \frac{\sum_{r=1}^{s} u_r y_{rk}}{\sum_{i=1}^{m} v_i x_{ik}} \leqslant 1, \ k = 1, 2, \cdots, n \qquad (3-13)$$

$$v_i, u_r \geqslant 0, \quad i = 1, 2, \cdots, m; \quad r = 1, 2, \cdots, s \qquad (3\text{-}14)$$

其中，ko 表示当前正在被评价的第 k 个 DMU，x_{ik}、y_{rk} 为第 k 个 DMU 的第 i 项投入值和产出值，v_i 为第 i 个投入项的权重系数，u_r 为第 r 个产出项的权重系数，TE_{ko} 为第 k 个 DMU 在 CRS 条件下的相对效率值，TE_{ko} 越大，表示第 k 个 DMU 的生产效率越高。由于 $\text{TE}_{ko} \in [0, 1]$，所以当 $\text{TE}_{ko} = 1$ 时，表示第 k 个 DMU 相对其他 DMU 最具有生产效率，处于生产前沿面上。

3.3.1.2　BCC 模型

BCC 模型是 Banker 等在 CCR 模型的基础上提出的基于可变规模收益（VRS）的效率评价模型（Banker et al., 1984）。利用 BCC 模型可以计算出产业的纯技术效率。

假设有 n 个 DMU，每个 DMU 分别有 m 种和 s 种类型的输入和输出。本书用 x_{ij} 和 y_{rj} 分别表示第 j 个 DMU 的第 i 种输入和第 r 种输出，则 BCC 模型的基本线性规划表达式见式（3-15）、式（3-16）。

$$\theta^* = \min\left[\theta - \sum_{i=1}^{m} S_i^- + \sum_{r=1}^{s} S_r^+\right] \qquad (3\text{-}15)$$

$$\text{s. t.} \begin{cases} \sum_{j=1}^{n} X_j \lambda_j + S^- \leqslant \theta X_0, \ S^- \geqslant 0 \\ \sum_{j=1}^{n} Y_j \lambda_j - S^+ \geqslant Y_0, \ S^+ \geqslant 0 \\ \sum_{j=1}^{n} \lambda_j = 1, \ \lambda_j \geqslant 0, \ j = 1, 2, \cdots, n \end{cases} \qquad (3\text{-}16)$$

式中，$X_j = (x_{1j}, x_{2j}, \cdots, x_{mj})^T$，$Y_j = (y_{1j}, y_{2j}, \cdots, y_{sj})^T$ 分别为第 j 个 DMU 的输入向量和输出向量，X_0、Y_0 分别为被评价 DMU 的输入向量和输出向量，S^-、S^+ 分别为投入和产出的松弛变量，λ 为 DMU 的权系数。

在 BCC 模型中，DEA 帕累托有效条件为 $\theta^* = 1$ 且 $S^- = S^+ = 0$。与有效 DMU 比较后，可得到其他 DMU 的相对效率。

3.3.1.3　规模效率模型

规模效率在数值上是综合效率与纯技术效率的商，在用 CCR 模型、BCC 模型分别计算出综合效率和纯技术效率的基础上，利用其比值即可得到规模效率。

$$\text{SE} = \frac{\text{TE}}{\text{PTE}} \qquad (3\text{-}17)$$

其中，SE 表示规模效率，TE 表示综合效率，PTE 表示纯技术效率。

3.3.1.4 全要素生产率测算方法

Malmquist 生产率指数模型由 Malmquist 于 1953 年提出。1982 年，Christensen 等人将这一模型应用到动态生产效率测算上（姚振 等，2020）。目前，这一模型被广泛应用于分析各行业、各企业不同时期的生产效率演化（张玉芳 等，2021）。

Malmquist 指数可以衡量相对效率从 t 时期到 $t+1$ 时期的动态变化。

$$M_{i,\,t+1}(h_i^t,\ k_i^t,\ h_i^{t+1},\ k_i^{t+1}) = \left[\frac{D_i^t(h_i^{t+1},\ k_i^{t+1})}{D_i^t(h_i^t,\ k_i^t)} \times \frac{D_i^t(h_i^{t+1},\ k_i^{t+1})}{D_i^{t+1}(h_i^t,\ k_i^t)} \right]^{1/2} \tag{3-18}$$

其中，h_i^t 和 h_i^{t+1} 是第 i 个 DMU 在 $t \sim (t+1)$ 个时期的投入变量，k_i^t 和 k_i^{t+1} 是第 i 个 DMU 在 $t \sim (t+1)$ 个时期的产出变量，$D_i^t(h_i^t,\ k_i^t)$ 和 $D_i^{t+1}(h_i^{t+1}, k_i^{t+1})$ 是第 i 个决策单元 DMU 在 $t \sim (t+1)$ 个时期的基于技术水平下的距离函数的投入和产出组合。

如果 Malmquist 指数的数值大于 1，表示效率提高；反之，表示效率降低（徐银娜和赵国浩，2020）。

Malmquist 指数可以进一步分解成技术进步指数（techch）和技术效率变化指数（effch）（李汝资等，2018）。

$$\text{Malmquistindex}\ (M) = \text{techch} \times \text{effch} \tag{3-19}$$

技术进步指数表示技术前沿面从一个时期到另一时期的移动情况，反映技术进步与创新程度。若技术进步指数大于 1，说明技术进步；若技术进步指数小于 1，说明技术退步。

$$\text{tech} = \frac{D_i^{t+1}(h^{t+1},\ k^{t+1})}{D_i^t(h^t,\ k^t)} \tag{3-20}$$

技术效率变化指数表示决策单元从一个时期到另外一个时追赶前沿面的移动情况，反映区域资源配置效率和组织管理水平，它又可以分解为纯技术效率变化指数（pech）和规模效率变化指数（sech）。

$$\text{effch} = \text{pech} \times \text{sech} = \frac{D_i^t(h_i^{t+1},\ k_i^{t+1})}{D_i^{t+1}(h_i^{t+1},\ k_i^{t+1})} \times \left[\frac{D_i^t(h_i^t,\ k_i^t)}{D_i^{t+1}(h_i^t,\ k_i^t)} \right]^{1/2} \tag{3-21}$$

若 effch 大于 1，说明技术进步；反之，技术退步。

3.3.1.5 要素贡献度评价方法

索洛经济增长函数，是指将经济增长表示为资本、劳动和技术进步的函数（Solow，1957），见式（3-22）。

$$Y = A \cdot f(K, L) = A \cdot K^\alpha \cdot L^\beta \tag{3-22}$$

对索洛经济增长函数两边取自然对数，可得到式（3-23）。

$$\ln Y = \ln A + \alpha \ln K + \beta \ln L \tag{3-23}$$

其中，Y 为产出，K 和 L 为资本、劳动力投入量，α 和 β 为资本、劳动的产出弹性，A 为技术进步水平。

要素投入贡献率计算方法见式（3-24）。

$$\rho = \Delta If \cdot E / \Delta Of \cdot 100\% \tag{3-24}$$

其中，ρ 表示要素贡献率，ΔIf 表示要素投入增长率，E 表示要素产出弹性，ΔOf 表示产出增长率。

3.3.2 集群效率与企业价值关系分析模型

3.3.2.1 集群企业价值评价方法

熵值法可以对不同的指标进行无量纲化处理，能够根据数据自身的特点和规律，得到各项指标在整个指标体系中所占有的权重，具有客观性（程钰 等，2020），并且可以根据不同指标的重要性程度进行赋权计算，以用来对企业价值进行评价。

熵值法的具体步骤如下：

（1）数据标准化处理。

考虑到指标单位、数量级、属性等方面的差异，在进行赋权计算时，需要对这些指标进行数据标准化处理。考虑到指标的属性，有些指标具有正向性，而有些指标具有负向性。因此，根据指标的性质，本书分别对正向指标、负向指标进行归一化处理。

对于正向指标的归一化处理公式：

$$Y_{ij} = \frac{X_{ij} - \min X_{ij}}{\max X_{ij} - \min X_{ij}} \tag{3-25}$$

对于负向指标的归一化处理公式：

$$Y_{ij} = \frac{\max X_{ij} - X_{ij}}{\max X_{ij} - \min X_{ij}} \tag{3-26}$$

式中，Y_{ij} 表示标准化处理后的结果，X_{ij} 表示原始数据，$\max X_{ij}$ 表示最大值，$\min X_{ij}$ 表示最小值，i 表示年份，j 表示指标的序号。

（2）计算第 i 年第 j 项指标所占的特征比重。

由于计算信息熵时，需要对特征比重值取对数，要求数值大于 0，因此，可以对归一化处理之后的所有数据进行平移变换，分别加上一个微小的正值量，即 $H_{ij} = Y_{ij} + d$。式中，H_{ij} 表示平移变换之后的数值，d 表示微小的正值量，该正值量可取 0.01。

利用平移处理之后的数据计算特征比重，可得到式（3-27）。

$$P_{ij} = \frac{H_{ij}}{\sum\limits_{i=1}^{n} H_{ij}} \quad (0 \leqslant P_{ij} \leqslant 1) \tag{3-27}$$

式中，P_{ij} 表示第 i 年第 j 项指标所占的特征比重。

（3）计算第 j 项指标的信息熵。

信息熵的计算方法如式（3-28）。

$$E_j = -k \sum_{i=1}^{n} P_{ij} \cdot \ln P_{ij}, \quad k = 1/\ln n \tag{3-28}$$

式中，E_j 表示第 j 项指标的信息熵，n 表示年份，k 表示常数。

（4）计算第 j 项指标的差异性系数。

差异性系数直接影响指标权重的大小，其数值为 1 与信息熵之差，计算方法见式（3-29）。

$$D_j = 1 - E_j \tag{3-29}$$

式中，D_j 表示第 j 项指标的差异性系数。

（5）计算第 j 项指标的权重。

指标权重可以通过指标信息的差异性系数计算得到，差异性系数越大，指标的权重越大，第 j 项指标的权重 W_j 的计算方法见式（3-30）。

$$W_j = \frac{D_j}{\sum\limits_{i=1}^{n} D_i} \tag{3-30}$$

（6）加权求和计算综合评价得分。

综合评价得分就是分别计算每一年内不同指标归一化处理之后的数据与对应指标权重的乘积和，计算方法见式（3-31）。

$$U_i = \sum_{j=1}^{n} Y_{ij} \cdot W_j \tag{3-31}$$

式中，U_i 表示第 i 年的评价得分，Y_{ij} 表示标准化处理后的结果，W_j 表示第 j 项指标的权重，n 表示指标的总数。

3.3.2.2 Tobit 模型

Tobit 模型是由 Tobin 于 1958 年最早提出的（李子奈和叶阿忠，

2012），Tobit 模型的特点是自变量取值不受限制，而因变量取值受到限制。当潜在因变量计算结果在 [0，1]，因变量取值为潜在的因变量取值；当潜在因变量计算结果小于 0 时，因变量取值为 0；当潜在因变量计算结果大于 1 时，因变量取值为 1。Tobit 模型见式 （3-32）。

$$y_i = \begin{cases} x_i\beta + \mu_i, & 0 \leqslant x_i\beta + \mu_i \leqslant 1 \\ 0, & x_i\beta + \mu_i < 0 \\ 1, & x_i\beta + \mu_i > 1 \end{cases} \quad (3-32)$$

式中，x_i、y_i 分别表示第 i 个区域的影响因素和效率，β 表示自变量系数，μ_i 表示扰动项，$\mu_i \sim N(0，\sigma^2)$。

3.3.2.3 面板数据模型

（1）面板数据模型的具体分类。

面板数据具有能够同时反映变量在截面和时间二维空间上的变化规律和特性，具有纯时间序列数据和纯截面数据所不可比拟的优点。基于面板数据的回归模型称为面板数据模型（李子奈和叶阿忠，2012）。

假设被解释变量与 $k \times 1$ 维的解释变量（列向量）之间满足线性关系，则有式（3-33）。

$$y_{it} = \alpha_{it} + \beta_{it}x_{it} + \mu_{it}(i = 1，2，\cdots，N; t = 1，2，\cdots，T) \quad (3-33)$$

式（3-33）表示 k 个经济指标在 N 个个体以及 T 个时间点上的变动关系。其中，N 表示每个时间点的截面个数；T 表示每个截面的时间点个数；α_{it} 为模型的常数项；β_{it} 表示解释变量向量对应的系数向量；μ_{it} 为随机误差项，且每个随机干扰项之间相互独立、零均值、同方差。这样的模型称为面板数据模型。

观察式（3-33）可知，常数项 α_{it} 和系数向量 β_{it} 的性质决定了面板数据模型的性质。一般来说，我们可以根据常数项 α_{it} 和系数向量 β_{it} 的不同限制要求，将面板数据模型划分为三种类型，即混合回归模型、变截距模型、变系数模型。

混合回归模型见式（3-34）。

$$y_{it} = \alpha + \beta x_{it} + \mu_{it}(i = 1，2，\cdots，N; t = 1，2，\cdots，T) \quad (3-34)$$

在混合回归模型中，对任何个体和截面，回归系数 α 和系数向量 β 相同，表示被解释变量既不受个体影响也不存在结构变化。

变截距模型见式（3-35）。

$$y_{it} = \alpha_i + \beta x_{it} + \mu_{it}(i = 1，2，\cdots，N; t = 1，2，\cdots，T) \quad (3-35)$$

式中，α_i 为个体影响，反映了混合回归模型中被忽略的个体差异，但与式（3-36）所有个体的系数向量 β_i 相比较，在式（3-35）中的系数向量均为 β，这说明变截距模型的每个个体都存在差异，μ_{it} 为随机干扰项。

变系数模型见式（3-36）。

$$y_{it} = \alpha_i + \beta_i x_{it} + \mu_{it}(i = 1,\ 2,\ \cdots,\ N;\ t = 1,\ 2,\ \cdots,\ T) \quad (3\text{-}36)$$

在变系数模型中，被解释变量既受个体影响，又随横截面变化而变化，分为固定效应和随机效应两种。

（2）固定效应模型。

固定效应模型包括个体固定效应模型、时点固定效应模型和时点个体固定效应模型。

① 个体固定效应模型。

如果不同时间序列（个体）的截距不同，但对于不同的截面，模型的截距没有显著变化，则应该建立个体固定效应模型，见式（3-37）。

$$y_{it} = \beta x_{it} + \alpha_1 W_{1it} + \alpha_2 W_{2it} + \cdots + \alpha_N W_{Nit} + \mu_{it}$$
$$t = 1,\ 2,\ \cdots,\ T;\ i = 1,\ 2,\ \cdots,\ N \quad (3\text{-}37)$$

式中，$W_j(j = 1,\ 2,\ \cdots,\ N)$ 为个体虚拟变量。在任意时刻 t，第 j 个虚拟变量定义为式（3-38）。

$$W_j = \begin{cases} 1, & j = i \\ 0, & \text{其他} \end{cases} \quad (3\text{-}38)$$

y_{it}、x_{it} 分别表示因变量和自变量，μ_{it} 表示随机干扰项。

个体固定效应模型更加直观地表示为式（3-39）。

$$\begin{cases} y_{1t} = \alpha_1 + \beta x_{1t} + \mu_{1t}(针对第 1 个个体)，t = 1,\ 2,\ \cdots,\ T \\ y_{2t} = \alpha_2 + \beta x_{2t} + \mu_{2t}(针对第 2 个个体)，t = 1,\ 2,\ \cdots,\ T \\ \vdots \\ y_{Nt} = \alpha_N + \beta x_{Nt} + \mu_{Nt}(针对第 N 个个体)，t = 1,\ 2,\ \cdots,\ T \end{cases} \quad (3\text{-}39)$$

② 时点固定效应模型。

时点固定效应模型是指不同截面（时点）有不同截距的模型。如果不同截面的截距显著不同，而时间序列（个体）截距是相同的，则需要建立时点固定效应模型，见式（3-40）。

$$y_{it} = \beta x_{it} + \gamma_1 D_{1it} + \gamma_2 D_{2it} + \cdots + \gamma_T D_{Tit} + \mu_{it}$$
$$t = 1,\ 2,\ \cdots,\ T;\ i = 1,\ 2,\ \cdots,\ N \quad (3\text{-}40)$$

式中，$D_j(j = 1,\ 2,\ \cdots,\ T)$ 为时点虚拟变量，对于任意个体 i，第 j 个

虚拟变量定义为式（3-41）。

$$D_j = \begin{cases} 1, & \text{当 } j = t \text{ 时} \\ 0, & \text{其他} \end{cases} \qquad (3\text{-}41)$$

y_{it}、x_{it} 分别表示被解释变量和解释变量，μ_{it} 表示随机干扰项。

式（3-41）可以更加直观地表示为式（3-42）。

$$\begin{cases} y_{i1} = \gamma_1 + \beta x_{i1} + \mu_{i1}(\text{针对第 1 个截面}), & i = 1, 2, \cdots, N \\ y_{i2} = \gamma_2 + \beta x_{i2} + \mu_{i2}(\text{针对第 2 个截面}), & i = 1, 2, \cdots, N \\ \vdots \\ y_{iT} = \gamma_T + \beta x_{iT} + \mu_{iT}(\text{针对第 } T \text{ 个截面}), & i = 1, 2, \cdots, N \end{cases} \qquad (3\text{-}42)$$

③ 时点个体固定效应模型。

时点个体固定效应模型，就是不同的截面、不同的时间序列都有不同截距项的模型。如果不同的截面、不同的时间序列的截距都显著不相同，则需要建立时点个体效应模型，见式（3-43）。

$$y_{it} = \beta x_{it} + \alpha_1 W_{1it} + \alpha_2 W_{2it} + \cdots + \alpha_N W_{Nit} + \gamma_1 D_{1it} + \gamma_2 D_{2it} + \cdots + \gamma_T D_{Tit} + \mu_{it}$$

$$t = 1, 2, \cdots, T; \ i = 1, 2, \cdots, N$$

$$(3\text{-}43)$$

式中，$W_j(j = 1, 2, \cdots, N)$ 为个体虚拟变量，$D_j(j = 1, 2, \cdots, T)$ 为时点虚拟变量，其定义与前面相同。y_{it}、x_{it} 分别表示被解释变量和解释变量，μ_{it} 表示随机干扰项。

式（3-43）可以更加直观地表示为式（3-44）。

$$\begin{cases} y_{11} = \alpha_1 + \gamma_1 + \beta x_{11} + \mu_{11}, \ t = 1, \ i = 1(\text{第 1 个截面、第 1 个个体}) \\ y_{21} = \alpha_1 + \gamma_2 + \beta x_{21} + \mu_{21}, \ t = 1, \ i = 2(\text{第 1 个截面、第 2 个个体}) \\ \vdots \\ y_{N1} = \alpha_1 + \gamma_N + \beta x_{N1} + \mu_{N1}, \ t = 1, \ i = N(\text{第 1 个截面、第 } N \text{ 个个体}) \end{cases}$$

$$\begin{cases} y_{12} = \alpha_2 + \gamma_1 + \beta x_{12} + \mu_{12}, \ t = 2, \ i = 1(\text{第 2 个截面、第 1 个个体}) \\ y_{22} = \alpha_2 + \gamma_2 + \beta x_{22} + \mu_{22}, \ t = 2, \ i = 2(\text{第 2 个截面、第 2 个个体}) \\ \vdots \\ y_{N2} = \alpha_2 + \gamma_N + \beta x_{N2} + \mu_{N2}, \ t = 2, \ i = N(\text{第 2 个截面、第 } N \text{ 个个体}) \end{cases}$$

$$(3\text{-}44)$$

$$\begin{cases} y_{1T} = \alpha_T + \gamma_1 + \beta x_{1T} + \mu_{1T}, \ t = T, \ i = 1(\text{第 } T \text{ 个截面、第 } 1 \text{ 个个体}) \\ y_{2T} = \alpha_T + \gamma_2 + \beta x_{2T} + \mu_{2T}, \ t = T, \ i = 2(\text{第 } T \text{ 个截面、第 } 2 \text{ 个个体}) \\ \vdots \\ y_{NT} = \alpha_T + \gamma_T + \beta x_{NT} + \mu_{NT}, \ t = T, \ i = N(\text{第 } T \text{ 个截面、第 } N \text{ 个个体}) \end{cases}$$

（3）随机效应模型。

随机效应模型是采用虚拟变量来解释没有纳入模型的变量对被解释变量的影响的模型，可以通过对随机干扰项的分解来描述缺失的信息。

$$y_{it} = \alpha + \beta x_{it} + \mu_{it} \tag{3-45}$$

式中，随机干扰项在时间上和截面上都是相关的，可以用三个分量表示为式（3-46）。

$$\mu_{it} = u_i + v_t + \omega_{it} \tag{3-46}$$

式中，$u_i \sim N(0, \sigma_u^2)$ 表示截面的随机干扰项；$v_t \sim N(0, \sigma_v^2)$ 表示时间（个体）的随机干扰项；$\omega_{it} \sim N(0, \sigma_\omega^2)$ 表示混合随机干扰项。与此同时，假定 u_i、v_t、ω_{it} 之间互不相关，各自之间不存在截面自相关、时间自相关和混合自相关，这样的模型称为随机效应模型。

面板数据模型的设定形式和相关检验方法见附录2。

3.3.2.4 空间滞后模型和空间误差模型

常用的空间计量模型是空间滞后模型（spatial lag model，SLM）和空间误差模型（spatial error model，SEM），SLM 模型研究不同空间单元之间被解释变量的空间相关性，SEM 模型研究不同空间单元之间没有被观测到的误差项之间的空间依赖性（李子奈和叶阿忠，2012）。我们可以利用 Wald 检验、LR 检验和拉格朗日乘数（LM）检验方法来选择空间计量模型。

空间滞后模型描述的是空间实质相关。其模型表达式见式（3-47）。

$$Y = \rho WY + X\beta + \varepsilon$$
$$\varepsilon \sim N[0, \sigma^2 I]$$
$$W = \begin{bmatrix} 0 & \omega_{12} & \cdots & \omega_{1N} \\ \omega_{21} & 0 & \cdots & \omega_{2N} \\ \vdots & \vdots & \ddots & \vdots \\ \omega_{N1} & \omega_{N2} & \cdots & 0 \end{bmatrix} \tag{3-47}$$

式中，$Y = (Y_1, \cdots, Y_N)'$ 为被解释变量，$X = (X_1, \cdots, X_k)$ 是解释变

量矩阵，ρ 为空间效应系数，$\beta = (\beta_1, \cdots, \beta_k)'$ 为参数向量，W 为空间矩阵，ω_{ij} 是描述了第 j 个与第 i 个截面个体的被解释变量之间的相关性。

空间误差模型描述空间扰动相关和空间总体相关。其模型表达式见式（3-48）。

$$Y = X\beta + \varepsilon$$
$$\varepsilon = \lambda W\mu + \mu$$
$$\mu \sim N[0, \sigma^2 I] \tag{3-48}$$

式中，λ 为空间误差相关系数，度量了邻近个体关于被解释变量的误差冲击对本个体观察值的影响程度；空间矩阵 W 的元素 ω_{ij} 描述了第 j 个截面个体与第 i 个截面个体误差项之间的相关性。

其他空间计量模型的设置内容见附录3。

3.3.2.5　中介效应检验方法

当一个已知变量能够通过自身的解释来判断自变量以及因变量的关系时，它通常具有一定的中介作用。

（1）中介变量的定义。

如果自变量（X）通过影响变量 M 来影响因变量（Y），则称 M 为中介变量，变量之间的关系如下：

$$Y = c * X + e1$$
$$M = a * X + e2$$
$$Y = c2 * X + b * M + e3$$

根据路径分析中对效应分解的理解，中介效应属于间接效应，效应间关系如下：

$$c = c2 + a * b$$

c 是指自变量与因变量之间的效应综合，$a * b$ 是指自变量与因变量之间的间接效应，$c2$ 是指两变量间所产生的直接效应。当有多个中介变量时，则需要指出变量间的效应由哪些中介变量所引致。变量间所产生的效应既可以指某一中介变量，也可以指部分或全部的中介效应总和。中介变量示意图见图3-4。

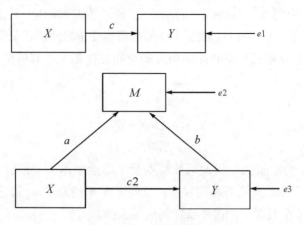

图 3-4　中介变量示意图

（2）中介效应。

中介效应包括完全中介效应、部分中介效应。完全中介即是指自变量（X）想要对因变量（Y）产生影响，就必须要通过变量 M，如果没有变量 M 的出现，变量 X 也无法对变量 Y 产生影响。部分中介即是指自变量（X）对因变量（Y）所产生的影响是直接的，但部分影响依然要通过变量 M，这种部分的影响不会完全否定 X 与 Y 之间的联系（陈璟菁，2013）。

（3）中介效应的检验方法。

中介效应的检验有三种分析方法：依次检验回归系数法（温忠麟，2004）、系数乘积检验法以及差异系数检验法。依次检验回归系数法如图 3-5 所示。

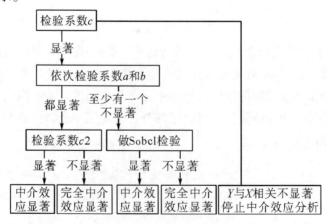

图 3-5　依次检验回归系数法

为研究橡塑产业集群资本、研发投入、规模在橡塑产业集群企业价值对集群效率影响的中介效应，具体研究步骤如下：

第一步，检验模型中集群企业价值 X 对集群效率 Y 的影响。如果自变量集群企业价值的系数 c 不显著，则表明集群企业价值 X 对于集群效率 Y 没有影响，无须继续检验橡塑产业集群资本、研发投入、规模等变量的中介作用。如果显著，则进入第二步检验。

第二步，检验模型集群企业价值 X 与橡塑产业集群中介变量 M 的关系系数 a，若 a 显著，进行第三步，否则进行第四步。

第三步，检验模型集群效率 Y 与橡塑产业集群中介变量 M 的系数 b。

第四步，若 a、b 至少有一个不显著，则需要进行 Sobel 检验（Sobel，1987；Clogg，1992；Freedman，1992）；若 a、b 都显著，则检验系数 $c2$。若集群效率与集群企业价值的系数 $c2$ 显著，说明中介变量起到部分中介作用。若 $c2 = 0$，说明中介变量起到完全中介作用。

3.4 本章小结

本章主要对中国橡塑产业集群效率及其与企业价值关系进行研究。本章利用区位熵方法计算中国橡塑产业的集聚程度，并从产业规模集聚度和产业资产集聚度两个方面分析中国橡塑产业集群的集聚状况，结合橡塑产业的集聚度和地理位置，选择山东、浙江、广东、江苏、河北、辽宁、天津、上海、福建 8 个地区的橡塑产业作为研究中国橡塑产业集群的样本；对中国橡塑产业集群效率测算、企业价值评价、中国橡塑产业集群效率与企业价值关系实证分析中所用到的变量和数据进行说明；对研究过程中所用的 CCR 模型、BCC 模型、Malmquist 指数、Tobit 模型、面板数据模型、空间计量模型进行选择和介绍。

第4章 中国橡塑产业集群效率及企业价值测算

综合效率、纯技术效率和规模效率主要是基于有形要素投入产出测得的效率,是对劳动力、固定资产等有形要素效率的反映。全要素生产率主要是对技术进步、科学管理等无形要素的效率反映。本章采用 CCR 模型、BCC 模型和 Malmquist 指数等方法,测算我国橡塑产业集群的效率水平,并利用熵值法测算橡塑产业集群的企业价值,以便为后续分析橡塑产业集群效率及研究橡塑产业集群效率与企业价值关系提供数据支持。

本章利用 DEA-Solver 和 DEAP 2.1 软件,将 2012—2019 年中国橡塑产业集群的从业人员数量、固定资产、工业总产值等投入产出指标数据代入 DEA 模型,分别计算出 2012—2019 年中国橡塑产业集群的综合效率、纯技术效率、规模效率、规模报酬、全要素生产率等指标。针对个别指标数据缺失问题,本章采用相邻年份的均值进行填补。

4.1 中国橡塑产业集群发展现状

中国是橡塑产业大国,随着橡塑产业规模的不断扩大,橡塑产业的发展呈现出集群式的发展特点,且主要集中分布在东部沿海地区。橡塑产业集群具有其自身的特点,同时也面临着一些问题。

4.1.1 中国橡塑产业集群特点

中国橡塑产业集群的特点主要包括集群规模不断扩大、研发创新投入持续增加、集群资产不断增加、利润波动变化大等特点。

(1)橡塑产业集群企业数量逐年递增,行业规模不断扩大。

橡塑产业集群企业数量的变化能够反映出橡塑产业集群的规模和发展态势。2012—2020 年中国橡塑产业集群企业数量如图 4-1 所示，数据源于《中国统计年鉴》。

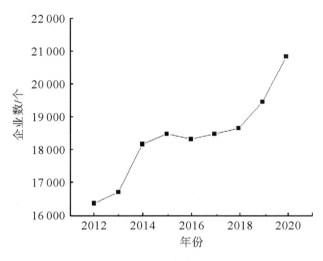

图 4-1　2012—2020 年中国橡塑产业集群企业数量

从图 4-1 中，可以看出 2012—2015 年中国橡塑产业集群企业数量呈现快速增长的趋势，在 2015—2018 年企业数量增长速度比较平稳，在 2018—2020 年企业数量增长速度比较快。总体而言，中国橡塑产业集群的企业数量不断增加，行业的规模不断扩大。

（2）橡塑产业集群研发投入持续增加，行业创新水平持续提升。

橡塑产业集群的发展受到财务水平、核心竞争力、国家政策等方面因素的影响，研发投入对橡塑产业集群的持续发展具有强大的推动作用。2012—2020 年中国橡塑产业集群研发（R&D）人员全时当量如图 4-2 所示，数据源于《中国统计年鉴》。

从图 4-2 中可以看出，2012—2020 年中国橡塑产业集群 R&D 人员全时当量呈现快速上升的趋势，尤其是在 2017 年之后，呈现出近乎直线式的上升趋势。这说明中国橡塑产业集群在研发方面的投入非常大，极大地促进了橡塑产业集群的创新，促进了橡塑产品创新和行业的转型升级，有利于中国橡塑产业集群的快速发展。

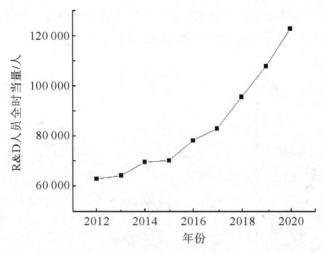

图 4-2　2012—2020 年中国橡塑产业集群 R&D 人员全时当量

（3）橡塑产业集群资产不断增加，利润呈波动性变化。

橡塑产业集群的财务水平越高，说明产业发展状况越好。橡塑产业集群的总资产代表企业整体资金的规模水平。流动资产具有周转快、易变现的特点。流动资产占总资产的比例越大，企业的净营运资金越多，其短期偿债能力越强。企业的发展需要扩大自身规模，也需要通过外部融资来弥补自身造血能力不足的问题，适度的负债规模能够促进橡塑产业的发展。企业利润总额代表企业的盈利水平，利润总额越大，说明企业效益越好。

中国橡塑产业集群的财务水平对橡塑产业的发展影响巨大，总资产的状况、流动资产的变化情况、总负债的变化等方面都会影响橡塑产业的发展。2012—2020 年中国橡塑产业集群的财务状况如图 4-3 所示，数据源于《中国统计年鉴》。

从图 4-3 中可以看出，2012—2017 年，中国橡塑产业集群的总资产、流动资产、总负债呈现平稳上升的趋势，2017—2018 年总资产、流动资产、总负债呈现下降的趋势，2018—2020 年总资产、流动资产、总负债呈现上升的趋势。从整体来看，中国橡塑产业集群的总资产、流动资产、总负债呈现逐渐上升的趋势。

中国橡塑产业集群的利润总额在 2012—2016 年呈现逐渐上升的趋势，在 2016—2018 年呈现逐渐下降的趋势，在 2018—2020 年呈现逐渐上升的趋势。从总体上看，中国橡塑产业集群的利润总额呈现波动变化的状态，利润总额并不平稳。

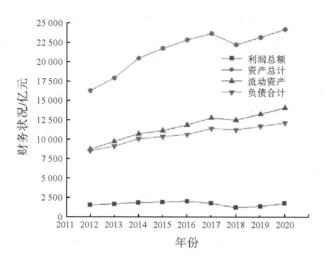

图 4-3　2012—2020 年中国橡塑产业集群的财务状况

4.1.2　中国橡塑产业集群存在的问题

目前，中国橡塑产业集群的发展仍然面临着技术创新能力弱、资源低水平投入、缺乏复合型人才、生产成本高、区域发展不均衡、制度不健全等问题。

（1）技术创新能力弱。

中国橡塑产业集群的发展仍然处于粗放式的发展中（李墀欣，2020），中国橡塑产业集群企业普遍追求低生产成本，技术创新能力比较薄弱。在产品生产方面，橡塑企业普遍生产中低档产品，在生产高档产品的技术能力方面不足，高端橡塑制品方面存在着非常大的发展空间。

随着环保理念的深入，橡塑制品由于其污染性、难降解、难回收等问题，不能满足人们对环保产品的需求，因此橡塑产业集群在技术创新能力方面存在着不足。

（2）资源低水平投入。

橡塑产业集群存在着资源低水平投入的问题。生产橡塑制品的主要设备是模具，但是其制作工艺复杂，很多企业的生产设备较差，而且在生产工艺上多采用传统的工艺方式，导致资源浪费较多，环境污染较重，从而影响橡塑制品生产的效率和质量，制约着橡塑产业集群高效发展。

（3）缺乏复合型人才。

橡塑产业集群的发展涉及研发、生产、销售、管理等各个环节，需要各种专业人才，而专业人才往往只是在橡塑产业集群运营环节中擅长一项技术，缺乏多环节、跨部门的复合型人才。在激烈的商业竞争中，复合型人才的缺失制约着橡塑产业集群高效发展。

（4）生产成本高。

橡塑产业集群的原材料包括天然橡胶、合成橡胶、乙烯等。近年来，橡塑产业集群原材料的价格逐渐升高，导致集群内部橡塑企业生产的原材料成本大幅上升；随着人力成本的提高，橡塑产业集群的人口红利逐渐减少。因此，橡塑产业集群的生产成本逐渐升高。

（5）区域发展不均衡。

中国橡塑产业集群主要集中于东部沿海地区，中部地区和西部地区的橡塑产业集群较少，且不同地区的橡塑产业集群结构不同。例如，广东橡塑产业集群主要生产工程塑料，浙江橡塑产业集群主要生产塑料薄膜，山东橡塑产业集群主要生产轮胎等。各地区橡塑产业集群的发展水平不同，整体上东部地区橡塑产业集群的发展水平高于中部地区和西部地区。中国橡塑产业集群不均衡的地区发展情况，会影响橡塑产业集群的整体发展水平。

（6）制度不健全。

中国橡塑产业集群的发展存在着制度不健全的问题。橡塑产业集群缺乏统一的规划，企业之间的联系并不密切，在知识、技术、资源等方面并没有实现高度共享。橡塑产业集群内部企业生产多种不同的产品，且橡塑产品的生产标准并不完全统一。

4.2 中国橡塑产业集群效率测算

4.2.1 综合效率测算

利用 CCR 模型，可以计算出中国各地区橡塑产业集群的综合效率，结果如表 4-1 所示。

表 4-1 2012—2019 年中国各地区橡塑产业集群的综合效率

年份	浙江	山东	广东	福建	上海	辽宁	天津	江苏	河北	均值
2012	1.000	0.796	0.450	0.692	1.000	0.609	0.466	0.541	1.000	0.728

表4-1(续)

年份	浙江	山东	广东	福建	上海	辽宁	天津	江苏	河北	均值
2013	0.621	0.824	0.524	0.837	1.000	0.629	0.458	0.541	1.000	0.715
2014	0.623	0.794	0.520	0.834	1.000	0.619	0.528	0.540	1.000	0.717
2015	0.623	0.803	0.540	0.842	1.000	0.482	0.542	0.574	1.000	0.712
2016	0.571	0.829	0.548	0.946	1.000	0.244	0.617	0.590	1.000	0.705
2017	0.498	0.803	0.500	0.950	1.000	0.229	0.551	0.600	1.000	0.681
2018	0.495	0.585	0.510	0.946	1.000	0.240	0.501	0.523	1.000	0.644
2019	0.444	0.609	0.496	0.844	1.000	0.214	0.466	0.498	1.000	0.619
均值	0.609	0.755	0.511	0.861	1.000	0.408	0.516	0.551	1.000	0.690

根据表4-1可以发现，2012—2019年中国橡塑产业集群整体的综合效率逐渐下降，年均效率值为0.69，上海和河北橡塑产业集群的综合效率年均值为1，说明在决策单元中，这两个区域橡塑产业消耗最少且产出最大，实现了对资源的充分利用，资源配置最优。其他橡塑产业集群的综合效率年均值均小于1，山东、福建橡塑产业集群年均效率值在0.75以上，说明效率比较高，浙江、广东、天津、江苏等橡塑产业集群效率值在0.51～0.61。辽宁橡塑产业集群的综合效率值低于0.5，说明效率值比较低。根据综合效率均值大小，本书对中国橡塑产业集群进行排序，依次为：上海、河北、福建、山东、浙江、江苏、天津、广东、辽宁。从总体上看，中国橡塑产业集群的综合效率较低，除上海、河北、福建和山东4个省（自治区、直辖市）的橡塑产业集群以外，其他橡塑产业集群的综合效率值均处于较低水平，有很大的提升空间。

4.2.2 纯技术效率测算

根据BCC模型，可以得到中国各地区橡塑产业集群的纯技术效率，结果如表4-2所示。

表4-2 2012—2019年中国各地区橡塑产业集群的纯技术效率

年份	浙江	山东	广东	福建	上海	辽宁	天津	江苏	河北	均值
2012	1.000	1.000	0.714	0.702	1.000	0.661	1.000	0.594	1.000	0.852
2013	0.783	1.000	1.000	0.891	1.000	0.693	1.000	0.648	1.000	0.891
2014	0.835	1.000	1.000	0.902	1.000	0.674	1.000	0.684	1.000	0.899

表4-2(续)

年份	浙江	山东	广东	福建	上海	辽宁	天津	江苏	河北	均值
2015	0.838	1.000	1.000	0.920	1.000	0.545	1.000	0.743	1.000	0.894
2016	0.735	1.000	1.000	1.000	1.000	0.573	1.000	0.753	1.000	0.896
2017	0.606	1.000	1.000	1.000	1.000	0.537	1.000	0.801	1.000	0.883
2018	0.755	1.000	1.000	1.000	1.000	0.500	0.912	0.834	1.000	0.889
2019	0.801	1.000	1.000	1.000	1.000	0.473	0.892	1.000	1.000	0.907
均值	0.794	1.000	0.964	0.927	1.000	0.582	0.975	0.757	1.000	0.889

根据表4-2，可以发现2012—2019年中国橡塑产业集群整体的纯技术效率波动比较平稳，年均效率值为0.889，说明纯技术效率比较高。上海、河北和山东等橡塑产业集群的纯技术效率值均为1，说明纯技术效率有效；广东、福建、天津等橡塑产业集群的纯技术效率均值分别为0.964、0.927、0.975，接近于1，说明纯技术效率基本有效；浙江和江苏橡塑产业集群的年均纯技术效率分别为0.794、0.757，说明纯技术效率比较高；辽宁橡塑产业集群的年均纯技术效率为0.582，且呈现逐年下降的趋势，说明效率值比较低。

4.2.3 规模效率测算

在计算出综合效率、纯技术效率的基础上，可以得到中国各地区橡塑产业集群的规模效率，如表4-3所示。

表4-3 2012—2019年中国各地区橡塑产业集群的规模效率

年份	浙江	山东	广东	福建	上海	辽宁	天津	江苏	河北	均值
2012	1.000	0.796	0.630	0.985	1.000	0.921	0.466	0.912	1.000	0.857
2013	0.793	0.824	0.524	0.939	1.000	0.907	0.458	0.836	1.000	0.809
2014	0.746	0.794	0.520	0.924	1.000	0.918	0.528	0.789	1.000	0.802
2015	0.743	0.803	0.540	0.915	1.000	0.885	0.542	0.772	1.000	0.800
2016	0.777	0.829	0.548	0.946	1.000	0.425	0.617	0.783	1.000	0.769
2017	0.822	0.803	0.500	0.950	1.000	0.426	0.551	0.749	1.000	0.756
2018	0.656	0.585	0.510	0.946	1.000	0.480	0.550	0.627	1.000	0.706
2019	0.555	0.609	0.496	0.844	1.000	0.453	0.522	0.498	1.000	0.664
均值	0.761	0.755	0.533	0.931	1.000	0.677	0.529	0.746	1.000	0.770

从表 4-3 中可以看出，2012—2019 年中国橡塑产业集群的规模效率呈现逐年下降的趋势，年均效率值为 0.770；上海、河北橡塑产业集群的规模效率年均值为 1，说明规模效率有效；福建橡塑产业集群的规模效率为 0.931，说明福建橡塑产业集群的规模效率基本有效；浙江、山东、江苏等橡塑产业集群的规模效率分别为 0.761、0.755、0.746，效率值在 0.70 以上，说明规模效率比较有效；辽宁、广东、天津等橡塑产业集群的规模效率年均值分别为 0.677、0.533、0.529，说明规模效率值比较低，还有非常大的提升空间。

4.2.4 全要素生产率测算

中国橡塑产业集群的全要素生产率，可以反映纯技术进步（如知识、教育、技术培训、组织管理等）对橡塑产业集群企业生产的影响，从而与综合效率、纯技术效率、规模效率一起更加全面地反映中国橡塑产业集群效率的状况。

本书运用 Malmquist 生产率指数方法对中国橡塑产业集群的全要素生产率进行计算和时空分析，Malmquist 指数大于 1 表明效率上升，小于 1 说明效率下降。

把 2013—2019 年中国橡塑产业集群的投入产出指标代入 Malmquist 指数模型中，利用 DEAP 2.1 软件进行计算，可以得到中国橡塑产业集群的全要素生产率指数及分解在 2012—2019 年的时间演化状况，如表 4-4 所示。

表 4-4 2013—2019 年中国橡塑产业集群 Malmquist 指数及分解

年份	effch	techch	pech	sech	tfpch
2013	0.991	0.993	1.053	0.941	0.983
2014	1.009	1.061	1.012	0.997	1.070
2015	0.989	1.001	0.988	1.000	0.990
2016	0.951	1.049	1.002	0.949	0.998
2017	0.955	1.024	0.978	0.976	0.978
2018	0.947	0.993	1.011	0.937	0.941
2019	0.952	1.090	1.018	0.935	1.038
平均值	0.970	1.029	1.009	0.962	0.999

从表 4-4 中可知，2012—2019 年中国橡塑产业集群整体的全要素生产率变化指数（tfpch）为 0.999，除 2013 年和 2018 年分别上升 7%、3.8% 外，全要素生产率存在进步，其余年份均下降。从分解来看，技术效率变化指数（effch）、规模效率变化指数（sech）分别为 0.970、0.962，小于 1，对 tfpch 起负向作用，sech 对 tfpch 的下降影响更大；技术进步变化指数（techch）、纯技术效率变化指数（pech）分别为 1.029、1.009，大于 1，对 tfpch 起正向作用，其中 techch 对 tfpch 正向作用更大。

把 2012—2019 年中国橡塑产业集群的相关投入产出数据代入 Malmquist 指数模型，可以得到中国各地区橡塑产业集群的全要素生产率空间分布状况，如表 4-5 所示。

表 4-5　2012—2019 年中国各地区橡塑产业集群全要素生产率空间分布状况

省份	effch	techch	pech	sech	tfpch
浙江	0.891	1.027	0.969	0.919	0.915
山东	0.962	1.012	1.000	0.962	0.974
广东	1.014	1.043	1.049	0.966	1.057
福建	1.029	1.020	1.052	0.978	1.050
上海	1.000	1.090	1.000	1.000	1.090
辽宁	0.861	1.020	0.953	0.904	0.879
天津	1.000	1.018	0.984	1.016	1.018
江苏	0.988	1.025	1.077	0.917	1.013
河北	1.000	1.012	1.000	1.000	1.012
平均值	0.970	1.029	1.009	0.962	0.999

从表 4-5 中可以看出，对于技术效率变化指数（effch），中国橡塑产业集群整体的 effch 为 0.97，年均下降 3%，整体技术效率呈现下降趋势。广东、福建、上海、天津、河北等橡塑产业集群的 effch 大于等于 1，技术效率呈现上升趋势；浙江、山东、辽宁、江苏等橡塑产业集群的 effch 小于 1，技术效率呈现下降趋势。

对于技术进步变化指数（techch），中国橡塑产业集群整体的 techch 为 1.029，年均增长 2.9%，各集群的 techch 均大于 1，说明集群的技术前沿面存在进步。

中国橡塑产业集群整体的纯技术效率变化指数（pech）为 1.009，年均增长 0.9%，技术前沿面存在进步；山东、广东、福建、上海、江苏、河北等集群的 pech 大于 1，纯技术效率上升；浙江、辽宁、天津等集群的 pech 小于 1，纯技术效率下降。

对于规模效率变化指数（sech），中国橡塑产业集群整体的 sech 为 0.962，年均下降 3.8%；浙江、山东、广东、福建、辽宁、江苏等橡塑产业集群的 sech 均小于 1，规模效率下降；其中上海、天津、河北的 sech 大于 1，说明规模效率上升。

4.3 中国橡塑产业集群企业价值测算

4.3.1 企业价值测算

针对中国橡塑产业集群的企业价值评价，本书参考相关学者（张琰飞和朱海英，2014；贾海发等，2020）的研究，利用熵值法进行赋权计算，代入各橡塑产业集群的规模以上企业的工业成本费用利润率、产品销售率、总资产贡献率、流动资产周转率、资产负债率等指标数据，得出中国各地区橡塑产业集群的企业价值评价结果（见表4-6）。

表4-6 2012—2019年中国各地区橡塑产业集群企业价值

年份	浙江	山东	广东	福建	上海	辽宁	天津	江苏	河北	均值
2012	0.567	0.942	0.537	0.501	0.338	0.750	0.637	0.628	0.678	0.620
2013	0.623	0.806	0.457	0.604	0.410	0.781	0.563	0.640	0.684	0.619
2014	0.423	0.784	0.540	0.499	0.493	0.505	0.868	0.604	0.694	0.601
2015	0.436	0.696	0.644	0.602	0.314	0.371	0.697	0.764	0.829	0.595
2016	0.459	0.716	0.831	0.565	0.636	0.348	0.999	0.975	0.671	0.689
2017	0.397	0.294	0.601	0.130	0.649	0.282	0.296	0.884	0.393	0.436
2018	0.373	0.505	0.716	0.517	0.568	0.229	0.181	0.591	0.532	0.468
2019	0.464	0.400	0.659	0.454	0.643	0.225	0.463	0.281	0.462	0.450
均值	0.468	0.643	0.623	0.484	0.506	0.436	0.588	0.671	0.618	0.560

4.3.2 企业价值测算结果分析

根据表4-6中的各橡塑产业集群的企业价值数据,在Stata15软件执行xtline命令,绘制各个橡塑产业集群2012—2019年的企业价值变化情况,如图4-4所示。

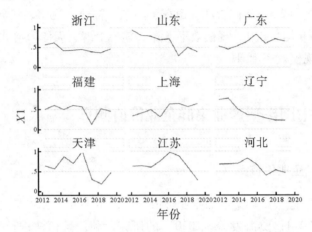

图4-4 2012—2019年中国橡塑产业集群企业价值状况

根据表4-6和图4-4可以发现,2012—2019年中国橡塑产业集群整体的企业价值呈现逐渐下降的趋势,企业价值均值为0.560。对于不同的橡塑产业集群,企业价值各不相同,浙江橡塑产业集群的企业价值略有下滑;山东橡塑产业集群的企业价值大幅下滑;广东橡塑产业集群的企业价值在2012—2016年有所上升,在2016—2019年大幅下降;福建橡塑产业集群的企业价值除在2017年大幅下滑之外,波动相对稳定;上海橡塑产业集群的企业价值整体呈现稳步上升的趋势;辽宁橡塑产业集群的企业价值呈现逐步下降的趋势;天津橡塑产业集群的企业价值在2012—2016年呈现稳步上升的趋势,在2016—2019年呈现大幅下滑的趋势;江苏橡塑产业集群的企业价值在2012—2016年呈现逐步上升的趋势,在2016—2019年呈现逐步下降的趋势;河北橡塑产业集群的企业价值在2012—2015年呈现逐步上升的趋势,在2015—2019年呈现逐步下降的趋势。根据橡塑产业集群的企业价值均值进行排序,企业价值从高到低的各区域集群依次为:江苏、山东、广东、河北、天津、上海、福建、浙江、辽宁橡塑产业集群。

4.4 本章小结

本章利用 CCR 模型、BCC 模型对中国橡塑产业集群的综合效率、纯技术效率、规模效率进行测算，利用 Malmquist 指数方法对中国橡塑产业集群的全要素生产率进行测算；根据工业成本费用利润率、产品销售率、总资产贡献率、流动资产周转率、资产负债率等指标数据，利用熵值法评价中国橡塑产业集群的企业价值，为本书后续研究提供了基础数据。

第 5 章 中国橡塑产业集群效率
时空分析

本章通过对中国橡塑产业集群的综合效率、纯技术效率、规模效率进行时空分析，以便从整体上把握中国橡塑产业集群发展的现状和态势。

5.1 时间分析

根据效率的取值范围，本书进行效率水平的划分。若效率值低于 0.6，说明效率水平较低；若效率值介于 0.6~0.7，说明效率水平为一般；若效率值介于 0.7~0.8，说明效率水平较高；若效率值大于 0.8，说明效率水平很高。

本书根据中国橡塑产业集群中各集群样本效率的均值来分析中国橡塑产业集群整体的效率状况，如图 5-1 所示。

从图 5-1 中可以看出，2012—2019 年中国橡塑产业集群整体的综合效率、规模效率均呈现下降的趋势；纯技术效率值比较高，且处于相对稳定状态。具体来看，综合效率的均值为 0.690，效率水平为一般；纯技术效率的均值为 0.889，效率水平为很高；规模效率的均值为 0.770，效率水平为较高。

5.1.1 综合效率时间分析

根据表 4-1 的数据，本章利用 origin 软件画出中国橡塑产业各集群样本的综合效率状况，详见图 5-2。

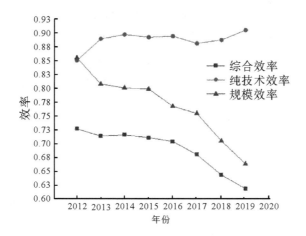

图 5-1 2012—2019 年中国橡塑产业集群整体的效率状况

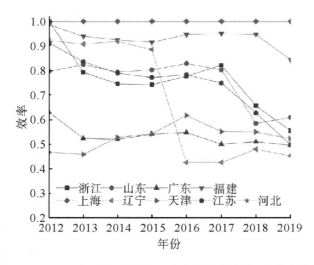

图 5-2 2012—2019 年中国橡塑产业集群各集群样本的综合效率

根据图 5-2 以及表 4-1 可以发现，2012—2019 年中国橡塑产业集群整体的综合效率逐渐下降，上海、河北、福建等橡塑产业集群的综合效率均大于 0.8，效率水平很高；山东橡塑产业集群的综合效率为 0.755，效率水平比较高；浙江橡塑产业集群的综合效率为 0.609，效率水平为一般；广东、天津、江苏、辽宁等橡塑产业集群效率值分别为 0.511、0.516、0.551、0.408，均小于 0.6，处于较低水平，有着非常大的提升空间。

2012—2019 年，上海和河北橡塑产业集群的综合效率值均为 1，效率达到最优，处于平稳状态；福建橡塑产业集群的综合效率均值为 0.861，效率水平很高,处于平稳状态;广东和天津橡塑产业集群综合效率均值分别为 0.511、0.516,效率值比较低,处于平稳状态;山东、江苏和浙江橡塑产业集群综合效率均值分别为 0.755、0.551、0.609,呈现逐渐下降的趋势;辽宁橡塑产业集群效率均值为 0.408,呈现大幅下降趋势。

5.1.2 纯技术效率时间分析

根据表 4-2 的数据,本书利用 origin 软件画出中国橡塑产业集群各集群样本的纯技术效率状况图,详见图 5-3。

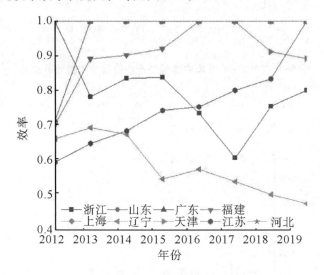

图 5-3 2012—2019 年中国橡塑产业集群各集群样本的纯技术效率

根据表 4-2 的数据以及图 5-3 可知,2012—2019 年,中国橡塑产业集群整体的纯技术效率比较平稳,山东、上海和河北橡塑产业集群的纯技术效率均值为 1,处于最优效率状态;广东橡塑产业集群的效率均值为 0.964,效率值很高,比较平稳;福建橡塑产业集群效率均值为 0.927,效率值很高,呈现出逐渐上升的趋势;天津橡塑产业集群效率均值为 0.975,波动较为平稳,2018—2019 年略有下降;浙江橡塑产业集群均值为 0.794,效率值较高,呈现出波动下降的趋势;江苏橡塑产业集群均值为 0.757,效率值较高,呈现出逐渐上升的趋势;辽宁橡塑产业集群均值为 0.582,效率值较低,呈现逐渐下降的趋势。

从总体来看,除辽宁橡塑产业集群以外,中国橡塑产业集群的纯技术效率比较高,说明中国橡塑产业集群的技术水平比较高。

5.1.3 规模效率时间分析

根据表4-3的数据，本书利用origin软件画出中国橡塑产业集群各集群样本的规模效率状况图，详见图5-4。

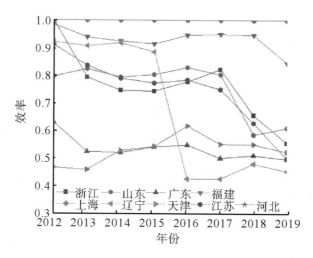

图5-4 2012—2019年中国橡塑产业集群各集群样本的规模效率

根据表4-3以及图5-4可以发现，橡塑产业集群整体的规模效率呈现出下降的趋势。2012—2019年上海和河北橡塑产业集群的规模效率值均为1，效率处于最优状态；福建橡塑产业集群的规模效率均值为0.931，效率值很高，波动比较平稳；浙江、山东和江苏橡塑产业集群的规模效率均值分别为0.761、0.755、0.746，效率均值比较高，呈现出逐渐下降的趋势；广东和天津橡塑产业集群的规模效率均值分别为0.533、0.529，效率均值比较低，呈现出比较平稳的状态；辽宁橡塑产业集群的规模效率均值为0.677，效率水平为一般，2012—2015年比较平稳，2015—2016年呈现出大幅度的下滑趋势，2016—2019年比较平稳。

从总体来看，在时间维度，中国橡塑产业集群整体的技术水平比较高，但是规模效率和综合效率逐渐下降，这与橡塑产业淘汰落后产能的阶段相符合。橡塑产业属于化工类行业，资源、能源消耗大，而且排除的废气、废水、废渣会对环境造成破坏，橡塑产业处于淘汰落后产能、转型升级的阶段，规模效率比较低，因此呈现逐步下降的趋势。橡塑产业的纯技术效率比较高，且橡塑产业在我国已经属于比较成熟的行业，技术方面比较成熟和稳定。规模效率低的一个重要原因是企业的规模小而散，规模效率逐年下降，引起综合效率的下降。因此，对于中国橡塑产业集群，需要提高规模效率，从而带动橡塑产业效率的提升。

5.2 空间分析

5.2.1 综合效率空间分析

为了更为直观地反映橡塑产业集群综合效率时空分布特点，本书利用Arcgis软件中的自然断点法分析中国橡塑产业集群各集群样本综合效率的时空演变。

中国橡塑产业集群的综合效率较低，除上海、河北、福建和山东等橡塑产业集群以外，其他橡塑产业集群的效率值处于较低水平，有很大的提升空间；除个别橡塑产业集群以外，中国橡塑产业集群综合效率呈现出北方地区高于南方地区的特点。从综合效率变化来看，2012—2019年浙江、山东、辽宁、江苏等橡塑产业集群的综合效率呈现下降趋势，其他橡塑产业集群的综合效率相对稳定，中国橡塑产业集群存在着效率下降的问题。橡塑产业属于传统化工产业，能源资源消耗大、环境污染严重，正处于淘汰落后产能、转型升级阶段，因此产业规模效率下降，综合效率下降。

另外，中国橡塑产业集群的效率存在着较大的区域差异性，这也是影响中国橡塑产业集群快速发展的阻力。广东、辽宁、天津、江苏等橡塑产业集群的综合效率比较低，需要通过加大技术创新力度、强化管理、优化资源配置、调整产业规模等手段来提升综合效率，以达到最佳水平。

5.2.2 纯技术效率空间分析

除辽宁橡塑产业集群以外，橡塑产业集群样本整体的纯技术效率比较高；除浙江、辽宁橡塑产业集群的纯技术效率呈现逐渐下降的趋势，江苏橡塑产业集群的纯技术效率逐渐上升，其他橡塑产业集群的纯技术效率比较稳定而且效率值接近1，说明中国橡塑产业集群的纯技术效率较高，技术水平比较高。中国橡塑产业集群的纯技术效率在整体上呈现由北方地区高于南方地区逐渐转向整体均衡的特点。橡塑产业是中国传统的化工产业，技术比较稳定和成熟，因此，橡塑产业集群的纯技术效率比较高而且比较稳定。

5.2.3 规模效率空间分析

中国橡塑产业集群呈现出以河北、上海、福建等橡塑产业集群为核心区的辐射圈，整体上规模效率比较低，而且呈现逐年下降的趋势；浙江、山东、辽宁、江苏等橡塑产业集群规模效率逐年下降；其他省份橡塑产业集群规模效率比较稳定。橡塑产业属于高能耗、高污染产业，正处于淘汰落后产能和转型升级阶段，因此橡塑产业集群规模迅速缩减。

从规模方面来看，浙江、山东、广东、福建、江苏等橡塑产业集群规模报酬是呈递减的，应适当控制其规模。上海、河北橡塑产业集群规模报酬不变；天津橡塑产业集群规模报酬递增，可以进一步增加要素投入，扩大天津橡塑产业规模；辽宁橡塑产业集群规模报酬先递减后递增，然后保持不变。从总体上看，中国橡塑产业集群呈现规模报酬递减，即规模的扩大会造成报酬的减少，因此，需要适度控制中国橡塑产业的规模。

综上，从空间角度上，中国橡塑产业集群整体的综合效率、纯技术效率、规模效率呈现出自北向南逐步降低的趋势。橡塑产业一直是北方地区的重点产业，规模大，资源丰富，规模经济和区位优势明显。另外，可以发现山东、上海、辽宁等沿海开放程度高的区域，其集群综合效率、纯技术效率、规模效率都比较高，这些地区交通便利，资源运输便捷，有利于交流与学习国内外先进的产业技术，因此产业效率较高。

对于具体的橡塑产业集群，其变化趋势有所差别，其中综合效率、纯技术效率、规模效率均较高的集群是上海、河北、福建、山东。这四个地区的经济发展程度高，海陆交通便利，资源利用率高，产业结构较为完整。辽宁、广东、天津等橡塑产业集群的综合效率、规模效率均较低，几个橡塑产业集群的产业结构规模较小，产业基础薄弱，资源利用率不高。需要说明的是，虽然广东、福建、天津等橡塑产业集群的纯技术效率比较高，但是这些地区的规模效率比较低，导致综合效率比较低。纯技术效率方面存在差异，辽宁橡塑产业集群的纯技术效率均值为 0.582（见表4-2），效率值非常低，远远低于中国橡塑产业集群的纯技术效率的平均水平。

5.3 本章小结

　　本章对中国橡塑产业集群的效率进行时空分析，分别对综合效率、纯技术效率、规模效率进行时间分析和空间分析。研究发现，中国橡塑产业集群的综合效率在 2012—2019 年逐渐下降，北方地区高于南方地区，存在区域差异性，上海、河北、福建、山东等橡塑产业集群效率值较高，其他橡塑产业集群效率值较低；纯技术效率比较高，而且波动比较稳定，呈现出由北方地区高于南方地区转向整体均衡的状态；规模效率呈现下降的趋势，形成以河北、上海、福建等橡塑产业集群为核心的辐射圈。集群效率的时空分析为本书正确把握中国橡塑产业集群发展的总体态势提供了实证支持。

第6章 中国橡塑产业集群效率要素分析

效率提升和要素投入是促进产业发展的动力（胡佳澍和黄海燕，2021）。在第5章对橡塑产业集群综合效率、纯技术效率、规模效率进行时空分析的基础上，本章重点对集群效率要素进行分析。

效率要素可以分为一般要素和全要素，一般要素主要是指基于投入产出的有形要素，如固定资产、从业人员、原材料等；全要素主要是指技术进步、科学管理等无形要素。本章分别从一般要素、全要素角度进行分析，通过对中国橡塑产业集群的要素贡献度、投入要素改进率以及全要素时空分析，进一步从要素方面提出促进中国橡塑产业高效发展的建议。

6.1 一般要素分析

6.1.1 要素贡献度分析

通过对橡塑产业集群要素贡献度进行分析，我们可以了解橡塑产业集群要素的投入状况。本书分别以主营业务收入和工业总产值为因变量，采取两种不同的要素组合方式，利用索洛函数综合分析目前中国橡塑产业集群的要素贡献度状况。

6.1.1.1 基于工业总产值的分析

本书以中国橡塑产业集群的规模以上橡塑企业的工业总产值为因变量 Y，以橡塑产业集群的规模以上橡塑企业的主营业务收入 K 和企业数量 L 为自变量，把要素投入数据和生产产出数据代入索洛经济增长函数，可以得到中国橡塑产业集群的生产状况。

$$\ln Y = 1.041\ 9\ln K + 0.058\ 6\ln L + 0.204\ 4 \qquad (6\text{-}1)$$

其中，（$R^2 = 0.910\ 4$），即资本产出弹性 α 为 1.041 9，劳动力产出弹性 β 为 0.058 6，将这些数据代入式（3-24）便可得到表6-1。

表6-1 2013—2019年基于工业总产值的中国橡塑产业集群的要素投入贡献度

年份	资本增长率	资本贡献率	劳动力增长率	劳动力贡献率	产出增长率	其他因素贡献率
2013	0.082 69	0.686 82	0.068 36	0.031 93	0.125 45	0.281 25
2014	0.081 79	1.096 04	0.013 73	0.010 35	0.077 75	-0.106 39
2015	0.022 55	1.406 22	0.006 08	0.021 33	0.016 71	-0.427 55
2016	0.011 64	1.222 12	-0.027 93	-0.164 94	0.009 92	-0.057 18
2017	-0.071 65	0.816 52	0.017 95	-0.011 50	-0.091 43	0.194 98
2018	-0.096 91	0.659 84	-0.011 98	0.004 59	-0.153 03	0.335 57
2019	-0.058 32	-1.430 93	0.109 25	0.150 78	0.042 46	2.280 16
均值	-0.004 03	0.636 66	0.025 07	0.006 08	0.003 98	0.357 26

从表6-1中可以看出，2013—2019年中国橡塑产业集群增长的资本平均贡献率为63.67%，劳动力平均贡献率为0.61%，说明橡塑产业的增长主要受到资本驱动，除要素投入外，其他因素贡献率为35.73%。资本和劳动力要素的产出弹性相加为1.041 9，大于但接近于1，说明中国橡塑产业集群具有规模经济，但规模经济水平不高。

6.1.1.2 基于主营业务收入的分析

要素投入是产业增长的基础。本书选择各集群规模以上橡塑企业总资产作为资本要素投入 K，选择各集群规模以上橡塑企业从业人员数量作为劳动力投入要素量 L，选择各集群规模以上橡塑企业主营业务收入作为产出 Y。把要素投入数据和生产产出数据代入索洛经济增长函数，可以得到中国橡塑产业集群的生产状况，见式（6-2）。

$$\ln Y = 0.481\ 724 + 1.155\ 719\ln K + 0.304\ 133\ln L \qquad (6\text{-}2)$$

根据式（6-2），可知技术进步水平 A 为 1.618 9，资本产出弹性 α 为 1.155 719，劳动力产出弹性 β 为 0.304 133，代入要素投入贡献计算公式（3-24），可以得到要素贡献度结果（见表6-2）。

表 6-2　2012—2019 年基于主营业务收入的中国橡塑产业集群的要素投入贡献度

年份	资本增长率	资本贡献率	劳动力增长率	劳动力贡献率	产出增长率	其他因素贡献率
2013	0.109 4	1.529 4	-0.004 0	-0.014 6	0.082 7	-0.514 9
2014	0.085 9	1.214 0	0.010 0	0.037 0	0.081 8	-0.251 1
2015	0.051 2	2.625 1	-0.020 8	-0.279 9	0.022 5	-1.345 1
2016	0.026 9	2.672 5	-0.028 5	-0.744 3	0.011 6	-0.928 6
2017	0.016 5	-0.265 8	-0.025 2	0.107 1	-0.071 6	1.158 7
2018	-0.024 4	0.291 1	-0.043 9	0.137 8	-0.096 9	0.571 2
2019	0.074 7	-1.479 7	-0.041 9	0.218 5	-0.058 3	2.261 2
均值	0.048 6	0.941 0	-0.022 0	-0.076 9	-0.004 0	0.135 9

从表 6-2 中可以看出，2012—2019 年中国橡塑产业集群增长的资本平均贡献率为 94.1%，劳动力平均贡献率为 -7.69%，说明橡塑产业的增长主要受到资本要素驱动，除要素投入外，其他因素贡献率为 13.59%。资本和劳动力要素的产出弹性相加为 1.459 852，大于但接近于 1，说明中国橡塑产业集群具有规模经济，但规模经济水平不高。

资本要素对产出的贡献占绝对优势。据索洛经济增长函数可知，2012—2019 年中国橡塑产业集群的平均资本贡献度为 0.941 0，即资本存量每增长 1 个百分点，带动经济增长 0.941 个百分点。2012—2019 年，资本对中国橡塑产业集群的经济增长的贡献呈现出逐渐下降的趋势，其中，2012—2016 年资本对经济增长的贡献一直在 100% 以上高位运行，呈现出畸形的投资拉动特征，2016—2019 年资本对经济增长的贡献大幅下降。

劳动对产出的贡献率为 -0.076 9，即劳动力每增长 1 个百分点，带动经济增长 -0.076 9 个百分点。2012—2015 年，中国橡塑产业人口红利对经济增长的贡献基本为负；2016—2019 年，中国橡塑产业集群从业人数开始下降，劳动投入对产出的贡献由负转正，这可能与资本投入大幅下降有一定的联系。其他因素对产出的贡献波动较大，从增速来看，中国橡塑产业集群的其他因素的贡献率总体呈现出逐渐上升的增长趋势，年均增长率为 13.59%。

总之，本书分别利用工业总产值为因变量和利用主营业务收入为因变量来计算中国橡塑产业集群的要素贡献度，发现资本要素在橡塑产业集群发展的贡献度中占比均为最大，说明中国橡塑产业集群的经济增长主要依赖资本要素投入，是一种典型的投资驱动型增长方式。资本是驱动中国橡塑产业集群持续增长的重要要素，需要由以资本投入为主转变为注重技术要素或人力资本要素投入，通过效率的提升来进一步促进橡塑产业的发展。

6.1.2　投入要素改进率分析

为了研究不同橡塑产业集群投入要素实际值与理想投入值之间的关系，本书在利用 DEA 模型计算出理想投入值的基础上，对投入要素进行改进率分析，从而探索出合理的要素配置方法，进而提高资源的利用率和橡塑产业集群的效率。

在产业技术水平一定的情况下，当产出值固定时，投入越小越好，最小的投入值即为理想投入值。从效率的角度出发，当投入产出要素均达到理想的投入产出值，效率才能达到有效状态。而实际上，受到资源、环境、政策、技术等各方面的影响，投入产出要素很难达到理想值。为研究现实的投入产出要素与理想的投入产出要素之间的差距，可以对投入要素进行改进率分析，从而探索出合理的资源配置方法，进而提高资源的利用效率和产业集群的效率。

当效率值为 1 时，效率达到有效状态，此时的投入值为理想的投入值，但是实际的投入要素往往多于理想的投入值。根据 CCR 模型，可以计算出各个橡塑产业集群效率达到有效状态时的理想投入值，进而得到每一个投入要素的改进率，投入要素改进率见式（6-3）。

$$\eta = (RF - IF)/RF \qquad (6-3)$$

其中，η 表示要素改进率，RF 表示要素实际投入值，IF 表示要素理想投入值。

根据 2012—2019 年投入产出指标数据，本书利用 CCR 模型在计算综合效率时，分别计算中国橡塑产业集群固定资产投资额和从业人员数量的改进率，结果见表 6-3 和表 6-4。

表 6-3　2012—2019 年各橡塑产业集群固定资产投入要素改进率

单位:%

年份	浙江	山东	广东	福建	上海	辽宁	天津	江苏	河北	均值
2012	0.00	−20.36	−55.04	−30.83	0.00	−39.10	−53.37	−45.86	0.00	−27.17
2013	−37.93	−17.62	−47.62	−16.36	0.00	−37.12	−54.16	−45.89	0.00	−28.52
2014	−37.72	−20.59	−48.02	−16.64	0.00	−38.13	−47.25	−46.01	0.00	−28.26
2015	−37.71	−19.72	−45.96	−15.83	0.00	−51.78	−45.80	−42.65	0.00	−28.83
2016	−42.91	−17.14	−45.23	−5.41	0.00	−75.63	−38.32	−41.00	0.00	−29.51
2017	−50.21	−19.72	−49.99	−5.03	0.00	−77.14	−44.90	−40.01	0.00	−31.89
2018	−50.46	−41.55	−48.97	−5.37	0.00	−76.03	−49.88	−47.73	0.00	−35.55
2019	−55.57	−39.13	−50.41	−15.57	0.00	−78.57	−53.45	−50.18	0.00	−38.19
均值	−39.06	−24.48	−48.90	−13.88	0.00	−59.19	−48.39	−44.91	0.00	−30.98

从表 6-3 中可以发现，2012—2019 年中国橡塑产业集群的固定资产投入要素改进率呈现上升趋势，年均改进率为 30.98%。具体来看，上海、河北橡塑产业集群的改进率为 0，投入要素达到理想状态；辽宁橡塑产业集群的年均改进率为 59.19%，而且呈现逐年上升的趋势，说明辽宁橡塑产业集群的固定资产投入要素配置不合理，存在较大的资源浪费，有着较大的改进空间；广东、天津、江苏等橡塑产业集群的固定资产投入要素均值分别为 48.90%、48.39%、44.91%，改进率比较大，说明这些橡塑产业存在着非常大的改进空间；山东、福建橡塑产业集群的固定资产投入年均改进率分别为 24.48%、13.88%，改进率相对小一些。

从表 6-4 中可以发现，2012—2019 年中国橡塑产业集群整体的从业人员投入要素年均改进率为 30.98%，总体上呈现上升的趋势。具体来看，上海、河北的橡塑产业集群改进率为 0，从业人员投入要素达到理想投入值；辽宁橡塑产业集群的从业人员改进率为 59.19%，而且改进率呈现逐年上升的趋势，说明辽宁橡塑产业集群的从业人员投入要素方面存在着较大的资源浪费和非常大的改进空间，有必要对投入要素进行调整；广东、天津、江苏等橡塑产业集群的从业人员投入要素改进率分别为 48.90%、48.39%、44.91%，说明这三个橡塑产业集群存在着比较大的投入要素损耗，投入要素存在着非常大的改进空间；山东、福建橡塑产业集群从业人员投入要素改进率分别为 24.48%、13.88%，从业人员投入要素改进率比较小，说明这两个橡塑产业集群的从业人员改进率比较小，改进空间相对小一些。

表 6-4　2012—2019 年中国橡塑产业集群从业人员投入要素改进率

单位:%

年份	浙江	山东	广东	福建	上海	辽宁	天津	江苏	河北	均值
2012	0.00	-20.36	-55.04	-30.83	0.00	-39.10	-53.37	-45.86	0.00	-27.17
2013	-37.93	-17.62	-47.62	-16.36	0.00	-37.12	-54.16	-45.89	0.00	-28.52
2014	-37.72	-20.59	-48.02	-16.64	0.00	-38.13	-47.25	-46.01	0.00	-28.26
2015	-37.71	-19.72	-45.96	-15.83	0.00	-51.78	-45.80	-42.65	0.00	-28.83
2016	-42.91	-17.14	-45.23	-5.41	0.00	-75.63	-38.32	-41.00	0.00	-29.51
2017	-50.21	-19.72	-49.99	-5.03	0.00	-77.14	-44.90	-40.01	0.00	-31.89
2018	-50.46	-41.55	-48.97	-5.37	0.00	-76.03	-49.88	-47.73	0.00	-35.55
2019	-55.57	-39.13	-50.41	-15.57	0.00	-78.57	-53.45	-50.18	0.00	-38.10
均值	-39.06	-24.48	-48.90	-13.88	0.00	-59.19	-48.39	-44.91	0.00	-30.98

根据表 6-3 和表 6-4 可以发现,无论是固定资产投入要素还是从业人员投入要素,中国橡塑产业集群都存在着非常大的改进空间,而且呈现增大的趋势,这可能与近几年来政府出台的政策有关。橡塑产业大幅度压缩规模,淘汰落后产能,进行转型升级,因此在固定资产和从业人员等投入要素方面的改进率存在着非常大的改进空间。对于不同的橡塑产业集群,集群资源要素投入存在冗余,造成资源浪费,仍然存在着较大的改进空间,因此,需要针对不同的橡塑产业集群,在资源配置方面采取不同的措施,合理配置资源,提高综合效率,减少资源的浪费,提高资源的利用率。

6.2　全要素生产率分析

全要素生产率是指技术进步等投入要素之外的因素导致的产出增加(郑玉歆和樊明太,1999)。全要素生产率分析强调技术进步、创新等对产出的影响。对中国橡塑产业集群的全要素生产率进行分析的主要目的是在综合效率、纯技术效率、规模效率的分析基础上,进一步将技术进步、创新管理等因素考虑其中,从而更全面地分析中国橡塑产业集群效率的时空分布状况。

6.2.1 时间分析

根据全要素生产率测算结果可以发现，2012—2019 年技术效率变化指数（effch）呈波动下降趋势，年均下降 3%。技术进步变化指数（techch）除 2012 年、2017 年分别下降 0.7%，技术进步前沿面存在退步，其余年份的 techch 是上升的，整体呈现上升趋势，年均上升 2.9%。纯技术效率变化指数（pech）除 2014 年、2016 年分别下降 1.2%、2.2%，存在退步，其余年份均上升，整体呈上升趋势，年平均上升 0.9%。规模效率变化指数（sech）除 2014 年保持不变，其余年份均是下降的，年均下降 3.8%，当 sech 小于 1，存在退步的时候，全要素生产率变化指数（tfpch）也存在着退步，两者存在同步性，说明 sech 对 tfpch 起到非常关键的作用。由此可知，中国橡塑产业集群整体的全要素生产率下降主要是因为橡塑产业规模水平下降。

本书绘制了 2012—2019 年中国橡塑产业集群的 tfpch、techch、effch 的变化趋势图，如图 6-1 所示。

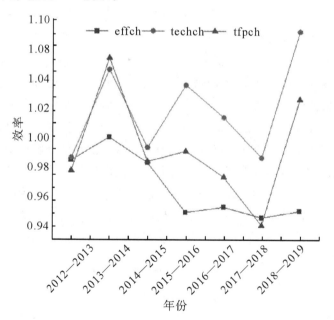

图 6-1　2012—2019 年中国橡塑产业集群的全要素生产率变化趋势图

从图 6-1 中可以发现，tfpch 紧随 techch 的变动而变化，2013—2014

年、2015—2016 年、2018—2019 年的 techch 上升，tfpch 也随之上升；2014—2015 年、2016—2018 年的 techch 下降，tfpch 也随之下降，说明中国橡塑产业集群全要素生产率主要受到技术进步驱动。全要素生产率在 2012—2014 年呈现上升趋势，2014—2018 年呈现下降趋势，2018—2019 年呈现上升趋势。总体而言，2012—2019 年中国橡塑产业集群的全要素生产率指数相对稳定。

6.2.2 空间分析

根据全要素生产率计算结果（见表 4-5）可以发现，对于全要素生产率指数（tfpch），中国橡塑产业集群整体的 tfpch 略小于 1，表明整体效率处于下降趋势；广东、福建、上海、天津、江苏、河北等橡塑产业集群的 tfpch 大于 1，投入产出效率较高，处于上升状态，增长动因主要是技术进步变化指数（techch）；浙江、山东、辽宁橡塑产业集群的 tfpch 小于 1，主要原因是技术效率变化指数（effch）较低，因此调整这几个地区的橡塑产业集群的 effch 对提高整体效率的意义更大。

本书选取 2013 年、2016 年、2019 年截面数据，借助 ArcGIS 软件，采用自然断点法将橡塑产业集群样本的全要素生产率效率值分为四类：高值区、次高值区、次低值区、低值区。

可以发现，中国橡塑产业集群全要素生产率的高值区和次高值区逐渐减少，次低值区和低值区逐渐增多，呈下降趋势；内部空间分异特征较为显著，由南部优于北部的分布格局逐渐向北部优于南部的分布格局转变。渤海湾地区辽宁橡塑产业集群效率逐渐下降，由次高值区转向低值区，河北、山东橡塑产业集群效率先下降后上升，天津地区的橡塑产业效率先上升后下降。黄海附近的江苏橡塑产业集群全要素生产率效率保持稳定，浙江、上海橡塑产业集群的效率先上升后下降，福建橡塑产业集群的效率逐渐下降，由高值区逐渐转向低值区。靠近南海区域的广东橡塑产业集群的效率先下降后上升。

6.3 全要素生产率与其他效率比较分析

本书根据全要素生产率的时空分析与中国橡塑产业集群综合效率、纯技术效率、规模效率的时空分析，主要从集群效率数值大小、集群效率时间变化趋势、集群效率空间变化趋势等方面进行比较分析。

6.3.1 集群效率高低水平比较分析

根据第 4 章中利用 DEA 方法中的 CCR 模型、BCC 模型以及 Malmquist 指数法计算出的综合效率（$Y1$）、纯技术效率（$Y2$）、规模效率（$Y3$）、全要素生产率（$Y4$）结果，本书计算出它们在 2012—2019 年的效率均值，如表 6-5 所示。

表 6-5　2012—2019 年中国橡塑产业集群效率均值

变量	集群整体	浙江	山东	广东	福建	上海	辽宁	天津	江苏	河北
$Y1$	0.690	0.609	0.755	0.511	0.861	1.000	0.408	0.516	0.551	1.000
$Y2$	0.889	0.794	1.000	0.964	0.927	1.000	0.582	0.975	0.757	1.000
$Y3$	0.770	0.761	0.755	0.533	0.931	1.000	0.677	0.529	0.746	1.000
$Y4$	0.999	0.915	0.974	1.057	1.050	1.090	0.879	1.018	1.013	1.012

综合效率、纯技术效率、规模效率是基于投入产出数据得到的，而全要素生产率更侧重于技术进步、管理创新等无形要素所带来的产出，因此在进行效率高低水平比较时，要根据效率种类的不同，采用不同的比较标准。对于综合效率、纯技术效率、规模效率，若效率数值小于 0.6，效率水平为较低；若效率数值为 0.6~0.7，效率水平为一般；若效率数值为 0.7~0.8，效率水平为较高；若效率数值为 0.8 以上，效率水平为很高。对于全要素生产率，若效率数值小于 0.9，效率水平为较低；若效率数值为 0.9~1.0，效率水平为一般；若效率数值为 1 以上，效率水平为较高。

（1）综合效率水平。

中国橡塑产业集群整体的综合效率处于一般水平。上海、河北橡塑产业集群综合效率值为 1，达到最优水平；福建橡塑产业集群综合效率均值为 0.861，效率水平为很高；山东橡塑产业集群综合效率均值为 0.755，效率水平为较高；浙江橡塑产业集群综合效率均值为 0.609，效率水平为一般；广东、辽宁、天津、江苏等橡塑产业集群综合效率均值小于 0.6，效率水平为较低。

（2）纯技术效率水平。

中国橡塑产业集群整体的纯技术效率为 0.889，处于很高水平。山东、上海、河北等橡塑产业集群的纯技术效率均值为 1，效率处于最优水平；广东、福建、天津等橡塑产业集群的纯技术效率均值大于 0.8，效率水平为很高；浙江、江苏橡塑产业集群的纯技术效率均值分别为 0.794、0.757，效率水平为较高；辽宁橡塑产业集群的纯技术效率均值为 0.582，效率水平为较低。

（3）规模效率水平。

中国橡塑产业集群整体的规模效率为 0.770，效率水平为较高。上海、河北橡塑产业集群的规模效率均值为 1，达到最优水平；福建橡塑产业集群的规模效率为 0.931，效率水平很高；浙江、山东、江苏橡塑产业集群的规模效率均值分别为 0.761、0.755、0.746，效率水平为较高；辽宁橡塑产业集群的规模效率均值为 0.677，效率水平为一般；广东、天津橡塑产业集群的规模效率均值分别为 0.533、0.529，效率水平为较低。

（4）全要素生产率水平。

中国橡塑产业集群整体的全要素生产率为 0.999，处于一般水平。广东、福建、上海、天津、江苏、河北等橡塑产业集群的全要素生产率均值分别为 1.057、1.050、1.090、1.018、1.013、1.012，效率水平为较高；浙江、山东等橡塑产业集群的全要素生产率均值分别为 0.915、0.974，效率水平为一般；辽宁橡塑产业集群的全要素生产率均值为 0.879，效率水平为较低。

总体上来看，中国橡塑产业集群整体的综合效率处于一般水平，纯技术效率处于很高水平，规模效率处于较高水平，全要素生产率处于一般水平。上海、河北橡塑产业集群的综合效率、纯技术效率、规模效率均值都为 1，处于最优水平，全要素生产率分别为 1.090、1.012，处于很高水平；浙江、天津橡塑产业集群的纯技术效率、规模效率处于较高水平；浙江、山东橡塑产业集群的规模效率为较高水平，全要素生产率为一般水平；广东、福建、天津橡塑产业集群的纯技术效率处于很高水平，全要素生产率处于较高水平；广东、天津橡塑产业集群的综合效率、规模效率均处于较低水平。

6.3.2 集群效率时间变化趋势比较分析

本书对中国橡塑产业集群综合效率（$Y1$）、纯技术效率（$Y2$）、规模效率（$Y3$）、全要素生产率（$Y4$）的时间变化趋势进行了总结，如表6-6所示。

表6-6 2012—2019年中国橡塑产业集群效率时间变化趋势

变量	集群整体	浙江	山东	广东	福建	上海	辽宁	天津	江苏	河北
$Y1$	下降	下降	下降	平稳	平稳	平稳	下降	平稳	下降	平稳
$Y2$	平稳	下降	平稳	平稳	上升	平稳	下降	平稳	上升	平稳
$Y3$	下降	下降	下降	下降	平稳	平稳	下降	下降	下降	平稳

（1）综合效率时间变化趋势。

中国橡塑产业集群整体的综合效率处于下降趋势。广东、福建、上海、天津、河北等橡塑产业集群的综合效率处于平稳状态；浙江、山东、辽宁、江苏等橡塑产业集群的综合效率处于下降趋势。

（2）纯技术效率时间变化趋势。

中国橡塑产业集群的整体纯技术效率处于平稳状态。山东、广东、上海、天津、河北等橡塑产业集群的纯技术效率处于平稳状态；福建、江苏橡塑产业集群的纯技术效率处于上升状态；浙江、辽宁橡塑产业集群的纯技术效率处于下降状态。

（3）规模效率时间变化趋势。

中国橡塑产业集群的整体的规模效率处于下降趋势。浙江、山东、广东、辽宁、天津、江苏等橡塑产业集群的规模效率处于下降趋势；福建、上海、河北橡塑产业集群的规模效率处于平稳趋势。

（4）全要素生产率时间变化趋势。

中国橡塑产业集群整体的全要素生产率处于平稳状态。

总体上来看，中国橡塑产业集群的综合效率、规模效率呈现下降的趋势，纯技术效率、全要素生产率处于平稳状态。浙江、辽宁橡塑产业集群的综合效率、纯技术效率、规模效率均呈现下降的趋势；广东、天津橡塑产业集群的综合效率、纯技术效率处于平稳状态，规模效率处于下降趋势；上海、河北橡塑产业集群的综合效率、纯技术效率、规模效率均处于平稳状态；福建、江苏橡塑产业集群的纯技术效率处于上升的趋势；浙江、山东、辽宁、江苏等橡塑产业集群的综合效率、规模效率均呈现下降的趋势；广东、上海、天津、河北橡塑产业集群的综合效率、纯技术效率处于平稳状态。

6.3.3 集群效率空间分布变化比较分析

中国橡塑产业集群的效率在空间分布方面不同。

（1）综合效率空间分布。

中国橡塑产业集群整体的综合效率较低，而且呈现下降的趋势，除个别集群之外，整体上呈现出北方地区高于南方地区的特点。

（2）纯技术效率空间分布。

中国橡塑产业集群的纯技术效率方面，除辽宁橡塑产业集群的纯技术效率较低之外，其他橡塑产业集群的纯技术效率较高，中国橡塑产业集群的整体的纯技术效率较高，而且相对稳定，呈现出由北方地区高于南方地区转向整体均衡的状态。

（3）规模效率空间分布。

中国橡塑产业集群的规模效率方面，整体上规模效率较低，而且呈现逐年下降的趋势，形成了以河北、上海、福建等橡塑产业集群为核心区的辐射圈。

（4）全要素生产率空间分布。

中国橡塑产业集群的全要素生产率整体上处于一般水平，呈现相对稳定状态，内部空间分异特征较为显著，由南部优于北部的分布格局逐渐向北部优于南部的分布格局转变。

总的来说，中国橡塑产业集群综合效率、纯技术效率整体上呈现出北方地区高于南方地区的特点，规模效率方面呈现出以河北、上海、福建等橡塑产业集群为核心区的辐射圈。全要素生产率由南部优于北部的分布格局逐渐向北部优于南部的分布格局转变。

6.4 本章小结

本章对中国橡塑产业集群的要素及全要素生产率进行分析，并利用索洛函数对效率要素贡献度进行分析，发现资本要素在橡塑产业集群要素贡献度中占比最大，资本是促进橡塑产业集群发展的主要推动力；利用 DEA 方法对效率投入要素进行改进率分析，发现投入要素改进率方面存在较大的改进空间，上海、河北、山东、福建等橡塑产业集群的改进率较小，其他橡塑产业集群的效率改进率较大；利用 Malmquist 生产率指数对中国橡塑产业集群的全要素生产率进行时空分析，发现全要素生产率呈现比较平稳的状态，广东、福建、上海、天津、江苏、河北等橡塑产业集群的全要素生产率较高，内部空间分异特征较为显著，由南部优于北部地区的分布格局逐渐向北部优于南部地区的分布格局转变。

第7章 中国橡塑产业集群效率与企业价值关系分析

本书第4章对中国橡塑产业集群效率及企业价值进行测算，为研究中国橡塑产业集群效率与企业价值之间的关系提供了数据支撑；第5章对中国橡塑产业集群效率进行了时空分析；第6章对中国橡塑产业集群效率的一般要素、全要素生产率进行要素贡献度分析、投入要素改进率分析和时空分析，加深了对中国橡塑产业集群效率的要素分析。在此基础上，本章将详细分析中国橡塑产业集群效率与企业价值的关系，主要分为两个部分：第一部分是企业价值对中国橡塑产业集群效率的影响研究；第二部分是中国橡塑产业集群效率对企业价值的影响研究。

7.1 企业价值对中国橡塑产业集群效率的影响

为了从微观上探讨集群效率提高的途径，本章将进一步研究橡塑产业集群效率与企业价值之间的关系。橡塑产业集群是由许多具有关联性的橡塑企业有机联系集聚在一起形成的，创造橡塑产业集群效率的主体是橡塑企业，因此，探索橡塑企业的价值对橡塑产业集群效率的影响具有重要的理论意义。

基于企业价值的角度，探究如何通过提升橡塑产业集群的企业价值来进一步提高橡塑产业集群的效率是本书的研究重点。本书以橡塑产业集群的效率为因变量，以橡塑产业集群企业价值为自变量，利用面板数据模型来研究企业价值对橡塑产业集群效率的影响作用。

在利用面板数据模型研究中国橡塑产业集群效率与企业价值之间的关系时，根据相关学者（张新林 等，2020；冯俊华和臧情文，2020；朱广印和王思敏，2020；韩东林和吴东峰，2021）对影响产业效率的因素研究，结合数据的可获得性，本章引入的控制变量为橡塑产业集群规模集聚度、橡塑产业集群资产集聚度、橡塑产业集群地区研发水平、橡塑产业集群地区工业化程度、橡塑产业集群地区基础建设水平、橡塑产业集群地区人力资本水平和集群地区城镇化水平等。

本章的分析主要分为以下步骤：

（1）面板数据模型的设定。

（2）面板数据模型变量描述性统计。

（3）面板数据模型误差项的检验。

（4）面板数据模型的选择。

（5）集群效率与企业价值关系的结果计算。

（6）面板数据模型的内生性分析。

（7）面板数据模型的稳健性分析。

（8）基于面板数据模型的集群效率拓展性分析。

7.1.1 面板数据模型的设定

本章利用面板数据模型研究企业价值对橡塑产业集群效率的影响作用。考虑到不同橡塑产业集群的个体性以及不同年份的差异性都有可能与解释变量相关，即产生内生性问题，因此需要对具体橡塑产业集群的个体性和时间差异性因素进行控制，模型设定形式如下：

$$Y_{jit} = \partial_0 \cdot X_{1it} + \beta_k \cdot Z_{kit} + v_i + v_t + \varepsilon_{it} \qquad (7\text{-}1)$$

在式（7-1）中，Y_{jit} 表示集群效率；$j = 1$，2，3，4 分别表示集群综合效率、纯技术效率、规模效率和全要素生产率；i 表示各个具体的集群，t 表示年份；X_{1it} 表示第 i 个橡塑产业集群第 t 年的企业价值；Z_{kit} 表示控制变量，当 $k = 1$，2，…，7 时，分别表示第 i 个橡塑产业集群第 t 年的橡塑产业规模集聚度、橡塑产业资产集聚度、橡塑产业集群地区研发水平、橡塑产业集群地区工业化程度、橡塑产业集群地区基础建设水平、橡塑产业集群地区人力资本水平、橡塑产业集群地区城镇化水平；v_i 表示各个橡塑产业集群的个体效应；v_t 表示时间效应；ε_{it} 表示误差项。

当 $j = 1$ 时，式（7-1）表示的是研究企业价值对中国橡塑产业集群的综合效率影响作用的面板数据模型。为方便后续进行面板数据模型误差项的检验和面板数据模型的选择，将该模型记为模型1；当 $j = 2$ 时，式（7-

1）表示的是研究企业价值对中国橡塑产业集群的纯技术效率影响作用的面板数据模型，记为模型 2；当 $j = 3$ 时，式（7-1）表示的是研究企业价值对中国橡塑产业集群的规模效率影响作用的面板数据模型，记为模型 3；当 $j = 4$ 时，式（7-1）表示的是研究企业价值对中国橡塑产业集群的全要素生产率影响作用的面板数据模型，记为模型 4。

本章用模型 1、模型 2、模型 3 和模型 4 表示企业价值对中国橡塑产业集群综合效率、纯技术效率、规模效率和全要素生产率影响作用的面板数据模型。

7.1.2　面板数据模型变量描述性统计

在面板数据模型中，被解释变量是中国橡塑产业集群综合效率（$Y1$）、纯技术效率（$Y2$）、规模效率（$Y3$）、全要素生产率（$Y4$），核心解释变量是橡塑产业集群企业价值（$X1$），控制变量分别为橡塑产业集群规模集聚度（$Z1$）、橡塑产业集群资产集聚度（$Z2$）、橡塑产业集群地区研发水平（$Z3$）、橡塑产业集群地区工业化程度（$Z4$）、橡塑产业集群地区基础建设水平（$Z5$）、橡塑产业集群地区人力资本水平（$Z6$）、橡塑产业集群地区城镇化水平（$Z7$）。这些变量的均值、标准差、极小值、极大值、观测值个数分别如表 7-1 所示。

表 7-1　面板数据模型变量描述性统计

变量	均值	标准差	极小值	极大值	观测值个数
$Y1$	0.690 20	0.230 60	0.214 30	1.000 00	72
$Y2$	0.888 86	0.158 53	0.473 40	1.000 00	72
$Y3$	0.770 35	0.199 08	0.425 16	1.000 00	72
$Y4$	1.007 06	0.118 31	0.520 00	1.302 00	72
$X1$	0.559 67	0.191 26	0.129 70	0.999 10	72
$Z1$	1.188 27	0.296 11	0.767 23	1.789 40	72
$Z2$	1.340 43	0.335 22	0.726 00	1.994 00	72
$Z3$	0.018 48	0.005 54	0.008 89	0.034 02	72
$Z4$	44.697 78	6.080 29	27.000 00	53.250 00	72
$Z5$	2.129 43	1.815 95	0.510 04	8.066 08	72

表7-1(续)

变量	均值	标准差	极小值	极大值	观测值个数
Z6	10.172 38	0.889 84	8.990 00	12.858 00	72
Z7	68.822 22	11.118 31	46.600 00	89.600 00	72

从表 7-1 中可以看出，中国橡塑产业集群纯技术效率（$Y2$）的均值高于规模效率（$Y3$）和综合效率（$Y1$）的均值，综合效率、纯技术效率和规模效率的最大值均为 1，最小值分别为 0.214 3、0.473 4、0.425 16，全要素生产率的范围介于 0.52~1.302，企业价值（$X1$）的数值范围是 0.129 7~0.999 1，橡塑产业集群规模集聚度（$Z1$）、橡塑产业集群资产集聚度（$Z2$）、橡塑产业集群地区研发水平（$Z3$）的取值范围介于 0~2，橡塑产业集群地区工业化程度（$Z4$）、橡塑产业集群地区城镇化水平（$Z7$）的取值范围是 27~90，橡塑产业集群地区基础建设水平（$Z5$）、橡塑产业集群地区人力资本水平（$Z6$）的取值范围是 0~13。

考虑到控制变量的量纲与中国橡塑产业集群效率的量纲不同，本章对控制变量的数据进行归一化处理，从而消除不同量纲对结果的影响，归一化处理方法见式（7-2）。

$$X_{\text{norm}} = \frac{X - X_{\min}}{X_{\max} - X_{\min}} \tag{7-2}$$

其中，X 表示原始数据，$X_{\min}$ 表示最小值，$X_{\max}$ 表示最大值，X_{norm} 表示归一化之后的数值。

本章将采用归一化处理之后的数据，并将其代入面板数据模型中进行计算和分析。本章利用 Stata15 软件的 twoway 命令画出中国橡塑产业集群综合效率、纯技术效率、规模效率、全要素生产率与企业价值关系的散点图以及回归直线，初步观测它们之间的关系（见图 7-1 至图 7-4）。

从图 7-1 中可以发现，中国橡塑产业集群综合效率与企业价值正相关，即企业价值的升高能够提高中国橡塑产业集群的综合效率。

从图 7-2 中可以发现，中国橡塑产业集群纯技术效率与企业价值正相关，即企业价值的升高能够提高中国橡塑产业集群的纯技术效率。

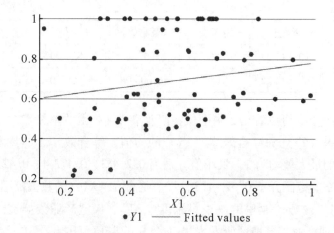

图 7-1　中国橡塑产业集群综合效率与企业价值关系的散点图以及回归直线

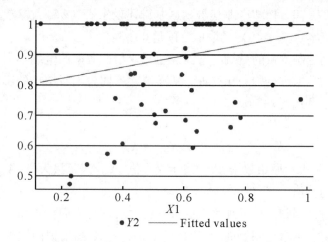

图 7-2　中国橡塑产业集群纯技术效率与企业价值关系的散点图以及回归直线

从图 7-3 中可以发现，中国橡塑产业集群规模效率与企业价值正相关，即企业价值的升高能够提高中国橡塑产业集群的规模效率。

从图 7-4 中可以发现，中国橡塑产业集群全要素生产率与企业价值正相关，即企业价值的升高能够提高中国橡塑产业集群的全要素生产率。

根据图 7-1 至图 7-4 可以看出，中国橡塑产业集群综合效率、纯技术效率、规模效率、全要素生产率与企业价值之间存在着正相关的趋势，本章将采用面板数据模型进一步实证它们之间是否存在显著的正相关关系。

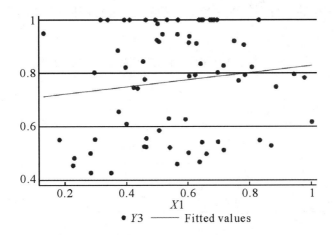

图 7-3 　中国橡塑产业集群规模效率与企业价值关系的散点图以及回归直线

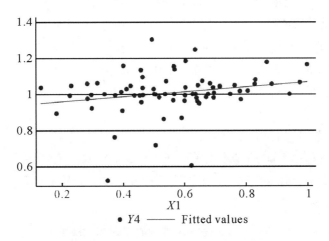

图 7-4 　中国橡塑产业集群全要素生产率与企业价值关系的散点图以及回归直线

7.1.3　面板数据模型误差项的检验

面板数据模型误差项可能存在截面相关、自相关、异方差等问题，如果不对其进行处理，F 检验的显示结果可能不可靠。

（1）误差项的截面相关检验。

截面相关检验实际上就是检验不同个体的误差项是否存在相关性。本章在利用 Stata15 软件中的 xtreg 命令执行双向固定效应模型计算之后，利用 xtcsd 命令中的 fre 选项对具有时间效应的双向固定效应模型进行误差项的截面相关检验，分别得到模型 1、模型 2、模型 3 和模型 4 的截面相关检验结果，如表 7-2 和表 7-3 所示。

表 7-2　模型 1 至模型 4 的误差项截面相关检验结果

模型	1	2	3	4
Free's test	−0.261	0.275	0.548	0.195

表 7-3　Free's Q 分布

alpha	0.1	0.05	0.01
Critical value	0.316 9	0.432 5	0.660 5

从表 7-2 中可以发现，模型 1、模型 2 和模型 4 的 Free's test 结果值分别为 −0.261、0.275、0.195，均小于表 7-3 的 Free's Q 分布中 0.1 显著性水平对应的关键值 0.316 9，因此不能拒绝原假设，说明模型 1、模型 2 和模型 4 的误差项均不存在截面相关问题。模型 3 的 Free's test 结果值为 0.548，大于表 7-3 的 Free's Q 分布中 0.05 显著性水平对应的关键值 0.432 5。因此在 5% 的显著性水平拒绝原假设，说明模型 3 的误差项存在截面相关问题。

（2）误差项的异方差检验。

本章在利用 Stata15 软件中的 xtreg 命令运行双向固定效应模型之后，利用 xttest3 命令对误差项的异方差进行检验，模型 1 至模型 4 的 Wald 检验的卡方值如表 7-4 所示。

表 7-4　模型 1 至模型 4 的 Wald 检验结果

模型	1	2	3	4
Wald Chi2 (9)	353.9	452.31	761.04	117.08
Prob>Chi2 (9)	0.00	0.00	0.00	0.00

从表 7-4 中可以看出，模型 1、模型 2、模型 3 和模型 4 的 Wald 检验值分别为 353.9、452.31、761.04、117.08，p 值均为 0，小于 0.01，因此在 1% 显著性水平拒绝原假设，说明模型 1、模型 2、模型 3 和模型 4 的误差项均存在异方差。

（3）误差项的自相关检验。

本章利用 Stata15 软件中的 xtserial 命令对模型 1 至模型 4 的误差项进行自相关检验，分别得到模型 1 至模型 4 的 Wooldridge 检验值，如表 7-5 所示。

表 7-5　模型 1 至模型 4 的 Wooldridge 检验结果

模型	1	2	3	4
Wooldridge F （1，8）	28.061	66.923	761.04	0.00
Prob>F	0.000 7	0.000 0	0.000 0	0.983 6

从表 7-5 中可以发现，模型 1、模型 2 和模型 3 的 Wooldridge 检验值分别为 28.061、66.923、761.04，p 值分别为 0.000 7、0.000 0、0.000 0，均小于 0.01。因此在 1% 显著性水平拒绝原假设，说明模型 1、模型 2 和模型 3 的误差项均存在自相关。模型 4 的 Wooldridge 检验值为 0.00，p 值为 0.983 6，大于 0.1，不能拒绝原假设，说明模型 4 的误差项不存在自相关。

7.1.4　面板数据模型的选择

面板数据模型的种类主要有固定效应模型、随机效应模型和混合回归模型。对于模型 1 至模型 4，需要选择合适的面板数据模型进行计算分析。

（1）固定效应模型和混合回归模型的比较选择。

模型 1 和模型 2 的误差项存在异方差和自相关的问题，可以利用 Stata 软件中的 xtreg 命令和 cluster 选项进行处理，获得 Rogers 标准误，同时解决异方差和自相关的问题。模型 3 的误差项存在截面相关、异方差和自相关等问题，可以利用 Stata15 软件中的 xtscc 命令，从而解决截面相关、异方差和自相关问题。模型 4 的误差项存在异方差的问题，可以利用 Stata15 软件中的 xtreg 命令和 robust 选项进行处理，获得 White 稳健标准误，从而解决异方差的问题。最后利用 testparm 命令对橡塑产业集群虚拟变量进行 F 检验，结果如表 7-6 所示。

表 7-6　橡塑产业集群虚拟变量的 F 检验

模型	1	2	3	4
F	1.5e+06	4.1e+06	5 330.76	1.51
Prob>F	0.000	0.000	0.000	0.177 8

从表7-6可以看出，模型1、模型2和模型3的橡塑产业集群虚拟变量的F检验值分别为1.5e+06、4.1e+06、5 330.76，p值均为0，小于0.01，因此在1%的显著性水平拒绝原假设，应该选择固定效应模型。模型4的橡塑产业集群虚拟变量的F检验值为1.51，p值为0.177 8，大于0.1，不能拒绝原假设，即模型4不存在个体效应，应该选择混合回归模型。

（2）混合回归模型和随机效应模型的选择。

对于面板数据模型中的混合回归模型和随机效应模型的选择，需要先利用随机效应模型进行估计，然后利用Stata15软件中的xttest 0命令进行检验个体效应的LM检验。模型1至模型4的LM检验结果如表7-7所示。

表7-7　LM检验结果

模型	1	2	3	4
Chi2bar2（01）	0.00	0.00	0.00	0.00
Prob>Chi2bar2	1.00	1.00	1.00	1.00

从表7-7中可以看出，模型1至模型4的LM检验结果均为0.00，p值均为1.00，大于0.1，因此不能拒绝LM检验原假设，说明模型1至模型4均不存在个体效应，应该选择混合回归模型。

对于模型1至模型4，经过固定效应模型和混合回归模型的比较，经过混合回归模型和随机效应模型的比较，则可以发现：

对于模型1、模型2和模型3，选择固定效应模型优于混合回归模型，选择混合回归模型优于随机效应模型。因此，模型1、模型2和模型3选择固定效应模型。对于模型4，选择混合回归模型优于固定效应模型，选择混合回归模型优于随机效应模型。因此，模型4选择混合回归模型。

7.1.5　集群效率与企业价值关系的计算结果

根据7.1.4节对面板数据模型的选择，可知模型1至模型3均选择固定效应模型，模型4选择混合回归模型，即利用固定效应模型计算中国橡塑产业集群综合效率、纯技术效率、规模效率与企业价值之间的关系，利用混合回归模型计算中国橡塑产业集群全要素生产率与企业价值之间的关系。

7.1.5.1　综合效率与企业价值的关系

本章利用固定效应模型研究中国橡塑产业集群综合效率与企业价值之间

的关系，在控制其他变量的条件下，利用 Stata15 软件的 reg 和 avplot 命令画出中国橡塑产业集群综合效率与企业价值之间的偏回归图，如图 7-5 所示。

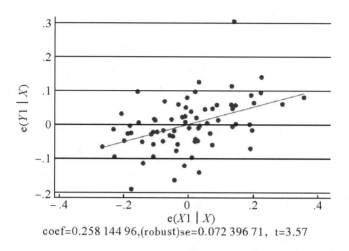

coef=0.258 144 96,(robust)se=0.072 396 71, t=3.57

图 7-5　中国橡塑产业集群综合效率与企业价值关系的偏回归图

从图 7-5 中可以发现在控制其他变量之后，中国橡塑产业集群综合效率与企业价值的偏回归呈现正相关的趋势，说明橡塑产业集群的企业价值的提升能够促进中国橡塑产业集群综合效率的提高。

由于模型 1 的误差项存在异方差和自相关的问题，利用 Stata15 软件的 xtreg 命令和 cluster 选项进行处理，可以同时解决异方差和自相关的问题，得到中国橡塑产业集群综合效率与企业价值之间的关系结果，如表 7-8 所示。

表 7-8　中国橡塑产业集群综合效率与企业价值关系结果

$Y1$	Coef.	Robust Std. Err.	t	P>t	[95% Conf. Interval]	
$X1$	0. 258 145 ***	0. 072 396 7	3. 57	0. 007	0. 091 197 9	0. 425 092 1
$Z1$	0. 254 642 1 *	0. 133 895 3	1. 9	0. 094	−0. 054 121 1	0. 563 405 2
$Z2$	0. 163 914 2	0. 099 519 1	1. 65	0. 138	−0. 065 577 2	0. 393 405 6
$Z3$	0. 018 81	0. 041 838 9	0. 45	0. 665	−0. 077 670 7	0. 115 290 7
$Z4$	0. 022 644	0. 193 717 8	0. 12	0. 91	−0. 424 070 1	0. 469 358
$Z5$	0. 062 595 5	0. 040 611	1. 54	0. 162	−0. 031 053 8	0. 156 244 7
$Z6$	−0. 270 288 *	0. 131 380 7	−2. 06	0. 074	−0. 573 252 5	0. 032 676 5

表7-8(续)

Y1	Coef.	Robust Std. Err.	t	P>t	[95% Conf. Interval]	
Z7	-0.029 827 4	0.029 992 7	-0.99	0.349	-0.098 990 8	0.039 336
year2	0.005 319 4	0.060 898	0.09	0.933	-0.135 111 8	0.145 750 5
year3	0.069 302 2	0.061 585 2	1.13	0.293	-0.072 713 6	0.211 317 9
year4	-0.070 615 4	0.129 752 1	-0.54	0.601	-0.369 824 4	0.228 593 6
year5	-0.098 142 5	0.129 418 5	-0.76	0.47	-0.396 582	0.200 297 1
year6	-0.047 083 1	0.145 004 5	-0.32	0.754	-0.381 464 1	0.287 297 9
year7	-0.070 102 2	0.151 986 1	-0.46	0.657	-0.420 582 8	0.280 378 4
year8	0.151 899 6	0.158 505 3	0.96	0.366	-0.213 614 3	0.517 413 4
_Icode_2	0.255 517 1 **	0.080 989 8	3.15	0.013	0.068 754 3	0.442 28
_Icode_3	-0.197 983 6 ***	0.054 525 1	-3.63	0.007	-0.323 718 7	-0.072 248 6
_Icode_4	0.408 786 6 ***	0.062 173 6	6.57	0	0.265 414	0.552 159 2
_Icode_5	0.372 711 4 ***	0.081 315 6	4.58	0.002	0.185 197 2	0.560 225 5
_Icode_6	-0.048 362 9	0.048 298 6	-1	0.346	-0.159 739 7	0.063 013 9
_Icode_7	0.036 600 3	0.068 551 2	0.53	0.608	-0.121 479	0.194 679 5
_Icode_8	0.104 588 5	0.057 766 5	1.81	0.108	-0.028 621 3	0.237 798 3
_Icode_9	0.533 663 1 ***	0.075 019	7.11	0	0.360 668 8	0.706 657 3
_cons	-0.081 528 6	0.209 6	-0.39	0.707	-0.564 867 1	0.401 809 9

注：表格中 *** 表示 0.01 的显著性水平，** 表示 0.05 的显著性水平，* 表示 0.10 的显著性水平，下同。

从表7-8中可以发现，橡塑产业集群的企业价值（X1）在1%的显著性水平对中国橡塑产业集群的综合效率（Y1）有正向影响，即企业价值越高，中国橡塑产业集群的综合效率越高；控制变量中橡塑产业集群的规模集聚度（Z1）在10%的显著性水平对中国橡塑产业集群的综合效率有正向影响，即橡塑产业集群的规模集聚程度越高，中国橡塑产业集群的综合效率越高；橡塑产业集群地区的人力资本水平（Z6）在10%的显著性水平对中国橡塑产业集群的综合效率有负向影响，即橡塑产业集群的地区人力资本水平并没有促进中国橡塑产业集群的综合效率，这可能是因为地区人力资本越高，人才更多地流向高新技术行业，而橡塑产业属于传统劳动密集型制造业。因此，地区人力资本的提高可能并不能够促进中国橡塑产业集群综合效率的提高。

7.1.5.2 纯技术效率与企业价值的关系

本章利用固定效应模型研究中国橡塑产业集群纯技术效率与企业价值之间的关系，在控制其他变量的条件下，利用 Stata15 软件中的 reg 和 avplot 命令画出中国橡塑产业集群的纯技术效率与企业价值之间的偏回归图，如图 7-6 所示。

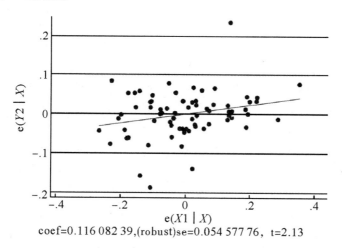

coef=0.116 082 39,(robust)se=0.054 577 76，t=2.13

图 7-6　中国橡塑产业集群纯技术效率与企业价值关系的偏回归图

从图 7-6 中可以发现，在控制其他变量之后，中国橡塑产业集群纯技术效率与企业价值的偏回归呈现正相关的趋势，说明橡塑产业集群的企业价值的提升能够促进中国橡塑产业集群纯技术效率的提高。

模型 2 的误差项存在异方差和自相关，本章利用 Stata15 软件中的 xtreg 命令和 cluster 选项进行处理，得到 Rogers 标准误，同时解决了误差项的异方差和自相关的问题，得到中国橡塑产业集群纯技术效率与企业价值之间的关系，如表 7-9 所示。

表 7-9　中国橡塑产业集群纯技术效率与企业价值关系结果

$Y2$	Coef.	Robust Std. Err.	t	P>t	[95% Conf. Interval]	
$X1$	0.116 082 4 *	0.054 577 8	2.13	0.066	−0.009 774 2	0.241 938 9
$Z1$	0.485 530 8 ***	0.122 742 2	3.96	0.004	0.202 486 7	0.768 574 9
$Z2$	0.029 602 2	0.180 357 6	0.16	0.874	−0.386 303 1	0.445 507 6
$Z3$	0.084 221 **	0.034 149 8	2.47	0.039	0.005 471 4	0.162 970 6

表7-9(续)

Y2	Coef.	Robust Std. Err.	t	P>t	[95% Conf. Interval]	
Z4	−0.016 439 3	0.080 780 4	−0.2	0.844	−0.202 719 1	0.169 840 6
Z5	0.061 654 4	0.048 262 3	1.28	0.237	−0.049 638 6	0.172 947 4
Z6	−0.203 404 9	0.130 581 1	−1.56	0.158	−0.504 525 4	0.097 715 6
Z7	−0.015 096	0.043 794 6	−0.34	0.739	−0.116 086 5	0.085 894 5
year2	0.020 611 4	0.056 555 2	0.36	0.725	−0.109 805 1	0.151 027 8
year3	0.071 483 8	0.048 783 8	1.47	0.181	−0.041 011 9	0.183 979 4
year4	−0.047 263 7	0.069 417 2	−0.68	0.515	−0.207 340 1	0.112 812 7
year5	−0.077 259 4	0.074 037 1	−1.04	0.327	−0.247 99	0.093 471 2
year6	−0.061 496 7	0.076 075 1	−0.81	0.442	−0.236 926 2	0.113 932 8
year7	−0.028 177 1	0.062 453 6	−0.45	0.664	−0.172 195 4	0.115 841 2
year8	0.173 925 6	0.098 725 8	1.76	0.116	−0.053 736 5	0.401 587 8
_Icode_2	0.399 614 3 ***	0.058 754 4	6.8	0	0.264 126 4	0.535 102 2
_Icode_3	−0.026 146 2	0.038 838 3	−0.67	0.52	−0.115 707 6	0.063 415 2
_Icode_4	0.347 531 ***	0.076 681 4	4.53	0.002	0.170 703 4	0.524 358 6
_Icode_5	0.036 867 2	0.060 716 7	0.61	0.561	−0.103 145 8	0.176 880 3
_Icode_6	−0.092 361	0.121 058 4	−0.76	0.467	−0.371 522 1	0.186 800 1
_Icode_7	0.225 703 2	0.142 652	1.58	0.152	−0.103 252 9	0.554 659 3
_Icode_8	0.132 313 4	0.145 326 1	0.91	0.389	−0.202 809 3	0.467 436
_Icode_9	0.272 723 3	0.169 704	1.61	0.147	−0.118 614 9	0.664 061 5
_cons	0.061 126 6	0.425 593 8	0.14	0.889	−0.920 294 5	1.042 548

从表7-9中可以发现，橡塑产业集群的企业价值（X1）在10%的显著性水平对中国橡塑产业集群的纯技术效率（Y2）有正向影响，即企业价值越高，中国橡塑产业集群的纯技术效率越高；控制变量中橡塑产业集群的规模集聚度（Z1）在1%的显著性水平对中国橡塑产业集群的纯技术效率有正向影响，即橡塑产业集群的规模集聚程度越高，中国橡塑产业集群的纯技术效率越高；橡塑产业集群地区的研发水平（Z3）在5%的水平对中国橡塑产业集群的纯技术效率有正向影响，即橡塑产业集群地区的研发水平越高，中国橡塑产业集群的纯技术效率越高。

7.1.5.3 规模效率与企业价值的关系

本章利用固定效应模型研究中国橡塑产业集群规模效率与企业价值之

间的关系，在控制其他变量的条件下，利用 Stata15 软件中的 reg 和 avplot 命令画出中国橡塑产业集群规模效率与企业价值之间的偏回归图，如图 7-7 所示。

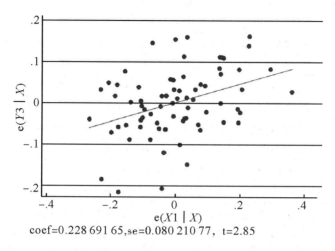

coef=0.228 691 65,se=0.080 210 77, t=2.85

图 7-7　中国橡塑产业集群规模效率与企业价值关系的偏回归图

从图 7-7 中可以发现，在控制其他变量之后，中国橡塑产业集群规模效率与企业价值的偏回归呈现正相关趋势，说明橡塑产业集群的企业价值的提升能够促进中国橡塑产业集群规模效率的提高。

由于模型 3 的误差项存在截面相关、异方差和自相关等问题，本章利用 Stata15 软件中的 xtscc 命令进行处理，可以获得 Driscoll-Kraay 标准误，同时解决了误差项的截面相关、异方差和自相关等问题，得到中国橡塑产业集群规模效率与企业价值之间的关系，如表 7-10 所示。

表 7-10　中国橡塑产业集群规模效率与企业价值关系

$Y3$	Coef.	Drisc/Kraay Std. Err.	t	P>t	[95% Conf. Interval]	
$X1$	0.228 691 7 ***	0.064 457 4	3.55	0.009	0.076 274 2	0.381 109 1
$Z1$	−0.043 414 7	0.194 404 5	−0.22	0.83	−0.503 108 3	0.416 278 9
$Z2$	0.155 032 7 *	0.076 280 1	2.03	0.082	−0.025 341 1	0.335 406 5
$Z3$	−0.058 347 9 **	0.019 373 5	−3.01	0.02	−0.104 158 9	−0.012 536 9
$Z4$	0.128 975 4	0.156 945 6	0.82	0.438	−0.242 142	0.500 092 9
$Z5$	0.053 616 3 *	0.028 220 9	1.9	0.099	−0.013 115 5	0.120 348 2

表7-10(续)

Y3	Coef.	Drisc/Kraay Std. Err.	t	P>t	[95% Conf. Interval]	
Z6	−0.121 396 4	0.093 077 2	−1.3	0.233	−0.341 488 9	0.098 696 2
Z7	−0.028 619 8	0.021 953 9	−1.3	0.234	−0.080 532 4	0.023 292 9
year2	−0.002 610 9	0.022 049 8	−0.12	0.909	−0.054 750 5	0.049 528 7
year3	0.035 629	0.037 292 4	0.96	0.371	−0.052 553 5	0.123 811 5
year4	0.009 777 5	0.097 276 1	0.1	0.923	−0.220 244	0.239 799 1
year5	−0.008 201 7	0.132 019 5	−0.06	0.952	−0.320 378 1	0.303 974 7
year6	0.045 958 7	0.129 858 7	0.35	0.734	−0.261 108 3	0.353 025 8
year7	−0.008 457 9	0.133 105 7	−0.06	0.951	−0.323 202 8	0.306 287
year8	0.085 995 9	0.143 460 4	0.6	0.568	−0.253 234	0.425 225 8
_Icode_2	−0.038 556	0.062 122 5	−0.62	0.554	−0.185 452 4	0.108 340 4
_Icode_3	−0.224 592 3 **	0.081 579 8	−2.75	0.028	−0.417 497 8	−0.031 686 8
_Icode_4	0.178 530 6 *	0.092 223 9	1.94	0.094	−0.039 544 2	0.396 605 4
_Icode_5	0.328 216 1 **	0.103 354 5	3.18	0.016	0.083 821 4	0.572 610 7
_Icode_6	−0.000 109 2	0.131 677 6	0	0.999	−0.311 477 2	0.311 258 8
_Icode_7	−0.143 594 4 *	0.062 445	−2.3	0.055	−0.291 253 5	0.004 064 6
_Icode_8	0.050 649 1	0.093 581 6	0.54	0.605	−0.170 636 2	0.271 934 5
_Icode_9	0.322 826 7 ***	0.079 842 4	4.04	0.005	0.134 029 5	0.511 623 9
_cons	0.410 381 8	0.243 620 4	1.68	0.136	−0.165 688 8	0.986 452 5

从表7-10中可以发现，橡塑产业集群的企业价值（X1）在1%的显著性水平对中国橡塑产业集群的规模效率有正向影响，即企业价值越高，中国橡塑产业集群的规模效率越高；控制变量中橡塑产业集群的资产集聚度（Z2）在10%的显著性水平对中国橡塑产业集群的规模效率有正向影响，即橡塑产业集群的资产集聚程度越高，中国橡塑产业集群的规模效率越高；橡塑产业集群地区的研发水平（Z3）在5%的水平对中国橡塑产业集群的纯技术效率有负向影响，即橡塑产业集群地区的研发水平的提高并不能促进中国橡塑产业集群的规模效率提升，这可能是由于橡塑产业集群地区研发水平的提升，橡塑企业更重视技术升级，忽视了规模效率的提升；橡塑产业集群地区基础建设水平（Z5）在10%的水平对中国橡塑产业集群的规模效率起到正向促进作用，即橡塑产业集群地区基础建设水平越高，中国橡塑产业集群的规模效率越高。

7.1.5.4　全要素生产率与企业价值的关系

本章利用混合回归模型研究中国橡塑产业集群全要素生产率与企业价值之间的关系，在控制其他变量的条件下，利用 Stata15 软件中的 reg 和 avplot 命令画出中国橡塑产业集群全要素生产率与企业价值之间的偏回归图，如图7-8 所示。

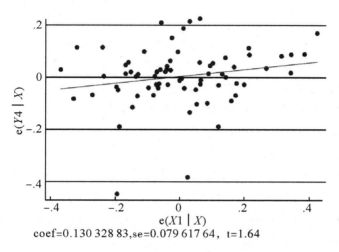

coef=0.130 328 83,se=0.079 617 64, t=1.64

图7-8　中国橡塑产业集群全要素生产率与企业价值关系的偏回归图

从图7-8 中可以发现，在控制其他变量之后，中国橡塑产业集群全要素生产率与企业价值的偏回归呈现正相关的趋势。

出于模型4选择的是混合回归模型，不存在个体效应和时间效应，得到中国橡塑产业集群全要素生产率与企业价值之间的关系结果如表7-11 所示。

表7-11　中国橡塑产业集群全要素生产率与企业价值关系结果

$Y4$	Coef.	Std. Err.	t	P>t	［95% Conf. Interval］	
$X1$	0. 130 328 8	0. 079 617 6	1.64	0.107	−0. 028 774 3	0. 289 432
$Z1$	0. 081 177*	0. 046 636 1	1.74	0.087	−0. 012 017 8	0. 174 371 8
$Z2$	−0. 028 960 6	0. 042 062 5	−0.69	0.494	−0. 113 015 7	0. 055 094 5
$Z3$	0. 028 652 4	0. 046 595 8	0.61	0.541	−0. 064 461 9	0. 121 766 8
$Z4$	0. 017 027 9	0. 061 846 7	0.28	0.784	−0. 106 562 9	0. 140 618 7
$Z5$	−0. 034 151 7	0. 045 742 4	−0.75	0.458	−0. 125 560 5	0. 057 257 1
$Z6$	0. 092 275 3**	0. 040 580 3	2.27	0.026	0. 011 182 1	0. 173 368 5

表7-11(续)

Y4	Coef.	Std. Err.	t	P>t	〔95% Conf. Interval〕	
Z7	0.028 709	0.077 331 4	0.37	0.712	−0.125 825 5	0.183 243 5
_cons	0.823 711 7 ***	0.118 486 9	6.95	0	0.586 934 5	1.060 489

注：表格中 *** 表示 0.01 的显著性水平，** 表示 0.05 的显著性水平，* 表示 0.10 的显著性水平。

从表 7-11 中可以发现，橡塑产业集群的企业价值（X1）对中国橡塑产业集群的全要素生产率（Y4）并没有显著的影响；控制变量中橡塑产业集群的规模集聚度（Z1）在 10% 的显著性水平对中国橡塑产业集群的全要素生产率有正向影响，即橡塑产业集群的规模集聚程度越高，中国橡塑产业集群的全要素生产率越高；橡塑产业集群地区的人力资本水平（Z6）在 5% 的水平对中国橡塑产业集群的全要素生产率有正向影响，即橡塑产业集群地区的人力资本水平的提高促进中国橡塑产业全要素生产率的提升。

本章利用固定效应模型计算中国橡塑产业集群综合效率、纯技术效率、规模效率与企业价值之间的关系，发现橡塑产业集群的企业价值分别在 1%、10%、1% 的显著性水平对中国橡塑产业集群的综合效率、纯技术效率、规模效率有着显著的促进作用；利用混合回归模型计算中国橡塑产业集群全要素生产率与企业价值之间的关系，发现橡塑产业集群的企业价值并没有显著促进中国橡塑产业集群的全要素生产率。

7.1.6 面板数据模型的内生性分析

内生性问题的来源主要有两个：一是不可观测的个体异质性；二是解释变量与被解释变量之间的双向因果关系，其影响机理是被解释变量与误差项相关。如果被解释变量与解释变量之间存在着双向因果关系，那么误差项的正向冲击或者负向冲击就会通过被解释变量作用于解释变量，引起解释变量产生正向或者负向的变化，从而使得解释变量与误差项之间存在相关性，产生内生性问题。

针对第一种内生性问题，即存在不可观测的个体异质性问题，已经在前文中利用固定变换法处理了。本章主要是进一步分析第二种内生性问题，即被解释变量和解释变量之间具有双向因果关系而导致的内生性问题。

针对第二种内生性问题的处理办法主要有两种：第一种是工具变量

法，即引入与内生变量具有显著相关性并且同时与误差项无关的变量，从而消除内生变量存在的潜在内生性问题，但是难点是不好寻找到合适的工具变量；第二种是采用内生变量的滞后一期替换内生变量进行计算，这一方法简单明了，但是不能回答当期内生变量是否具有内生性的问题。两种方法各有优缺点，本小节采用这两种方法对内生性问题进一步研究分析。

7.1.6.1 工具变量法

企业价值能够促进橡塑产业集群效率的提高，而反过来橡塑产业集群效率的提高也会促进企业价值的提升，两者之间存在着双向因果关系，因此存在着内生性问题。

针对橡塑产业集群企业价值这一内生变量，为其选择的工具变量是橡塑产业集群中规模以上的橡塑企业数。如果一个集群内部橡塑企业数越多，说明该橡塑产业集群的竞争力越高，抗风险能力越强，企业的价值越大，两者之间具有相关性，同时集群内部橡塑企业数与误差项不相关。因此，本章确定采用橡塑产业集群中规模以上的橡塑企业数作为工具变量进行内生性问题的处理。

两阶段最小二乘回归分析（2SLS）是工具变量法中常用的解决内生性问题的方法之一。首先，把企业价值这一内生变量作为被解释变量，以工具变量和其他外生变量作为解释变量，进行第一阶段的回归分析，从而得到企业价值这一内生变量的预测值。其利用企业价值这一内生变量的预测值替换内生变量重新进行回归分析，即为第二阶段的回归分析。

本章利用 Stata15 软件中的 xtreg 命令和 fe、re 选项分别进行固定效应两阶段最小二乘计算和随机效应两阶段最小二乘分析，这样就可以通过工具变量法消除内生性问题，然后进行 Hausman 检验，检验结果为：Chi2（15）= 43.49，prob>Chi2 = 0.000 1。由于 p 值小于 0.1，拒绝原假设，说明在随机效应模型和固定效应模型这两类模型中应该选择固定效应模型。

本章利用 Stata15 软件中的 xtivreg 2 命令对固定效应模型进行内生性、相关性和外生性检验，结果如表 7-12 所示。

表 7-12　工具变量弱识别检验和内生性检验

弱识别检验	Cragg-Donald Wald F statistic	12.308
Stock-Yogo weak ID test critical values	10% maximal IV size	16.38
	15% maximal IV size	8.96
	20% maximal IV size	6.66
	25% maximal IV size	5.53
内生性检验	Chi-sq（1）	3.590
	p-val	0.058 1

从表 7-12 中可以看出，第一个检验是弱识别检验，即相关性检验，它能够检验工具变量是否为弱工具变量。可以发现，最小特征统计量为 12.308，大于 Stock-Yogo 15% 的临界值 8.96，拒绝原假设，说明工具变量是强工具变量。第二个检验是内生性检验，可以发现 p 值为 0.058 1 小于 0.1，拒绝原假设，表明该模型中的确存在着内生性的问题，因此采用工具变量法对内生性问题进行处理是非常必要的。

工具变量的个数与内生变量个数相同，因此只能定性分析工具变量的外生性。橡塑产业集群中规模以上橡塑企业数这一工具变量并没有与效率有显著的关系，与误差项不相关，所以认为该工具变量的选择满足与误差项不相关的外生性检验。

本章在利用工具变量法处理了个体异质性、双向因果关系等产生的内生性问题之后，得到中国橡塑产业集群综合效率与企业价值之间的关系结果，如表 7-13 所示。

表 7-13　工具变量法计算的中国橡塑产业集群综合效率与企业价值关系结果

Y1	Coef.	Std. Err.	z	P>z	[95% Conf. Interval]	
X1	0.466 682 2	0.165 997	2.81	0.005	0.141 334	0.792 030 4
Z1	0.092 96	0.183 890 7	0.51	0.613	-0.267 459 1	0.453 379 2
Z2	0.266 653 2	0.127 199 5	2.1	0.036	0.017 346 8	0.515 959 7
Z3	-0.011 434 2	0.040 353 7	-0.28	0.777	-0.090 526 1	0.067 657 6
Z4	0.060 502 4	0.055 645 3	1.09	0.277	-0.048 560 4	0.169 565 1
Z5	0.084 632 3	0.039 745 2	2.13	0.033	0.006 733 2	0.162 531 5

表7-13(续)

Y1	Coef.	Std. Err.	z	P>z	[95% Conf. Interval]	
Z6	−0. 061 524 6	0. 032 198 6	−1. 91	0. 056	−0. 124 632 7	0. 001 583 4
Z7	0. 044 613 3	0. 077 205	0. 58	0. 563	−0. 106 705 7	0. 195 932 4

从表7-13 中可以看出，企业价值在1%的水平对中国橡塑产业集群综合效率显著正向影响，这与7.1.5.1 节在处理了个体异质性内生性问题所获得的结论相同。

同样，本章采用橡塑产业集群规模以上企业数这一工具变量分析中国橡塑产业集群纯技术效率、规模效率、全要素生产率与企业价值之间的关系，发现橡塑产业集群规模以上企业数这一工具变量不具备强相关性，因此不能用这一工具变量去处理它们的内生性问题。接下来，本章采用第二种方法，内生变量的滞后一期进行处理。

7.1.6.2 内生变量的滞后一期

一般情况下，当期的误差项不会通过当期的被解释变量导致上期的内生变量发生变化，因此，采用内生变量滞后一期替换当期内生变量，重新代入模型中进行计算，就可以消去解释变量与被解释变量之间的双向因果关系所产生的内生性问题。

根据7.1.4 节面板数据模型的选择，本章采用固定效应模型分析中国橡塑产业集群的综合效率、纯技术效率、规模效率与企业价值之间的关系，采用混合回归模型分析中国橡塑产业集群全要素生产率与企业价值之间的关系，将内生变量的滞后一期替换当期内生变量，分别代入固定效应模型和混合回归模型中，结果如表7-14 所示。

表7-14　内生变量滞后一期计算的中国橡塑产业集群效率与企业价值关系结果

变量	固定效应模型			混合回归模型
	Y1	Y2	Y3	Y4
X1_1	0. 183 *** (−0. 062)	0. 089 * (−0. 05)	0. 197 ** (−0. 079)	0. 053 (−0. 075)
Z1	0. 279 * (−0. 158)	0. 500 *** (−0. 129)	−0. 045 (−0. 203)	0. 085 * (−0. 048)
Z2	−0. 057 (−0. 093)	−0. 097 (−0. 076)	−0. 004 (−0. 12)	−0. 046 (−0. 043)

表7-14(续)

变量	固定效应模型			混合回归模型
	Y1	Y2	Y3	Y4
Z3	0.035 (−0.032)	0.096*** (−0.027)	−0.057 (−0.042)	0.033 (−0.048)
Z4	0.031 (−0.094)	−0.012 (−0.076)	0.117 (−0.12)	0.017 (−0.063)
Z5	0.085** (−0.034)	0.079*** (−0.028)	0.064 (−0.044)	−0.04 (−0.047)
Z6	−0.124 (−0.079)	−0.104 (−0.064)	−0.049 (−0.101)	0.099** (−0.042)
Z7	−0.045 (−0.063)	−0.018 (−0.052)	−0.039 (−0.081)	0.007 (−0.078)
year2	0.014 (−0.04)	0.036 (−0.033)	−0.022 (−0.052)	
year3	0.038 (−0.048)	0.061 (−0.039)	−0.011 (−0.061)	
year4	−0.015 (−0.069)	0 (−0.056)	0.004 (−0.089)	
year5	−0.026 (−0.085)	−0.026 (−0.07)	0.001 (−0.11)	
year6	−0.073 (−0.095)	−0.059 (−0.078)	−0.03 (−0.122)	
year7	−0.045 (−0.096)	−0.004 (−0.078)	−0.03 (−0.123)	
year8	0.054 (−0.117)	0.115 (−0.096)	−0.002 (−0.15)	
_cons	0.321 (−0.195)	0.313* (−0.16)	0.706*** (−0.251)	0.893*** (−0.115)
N	71	71	71	71

从表7-14中可以看出,企业价值分别在1%、10%、5%的显著性水平上对中国橡塑产业集群的综合效率、纯技术效率和规模效率产生显著的正向影响,与全要素生产率没有显著的影响关系,这与7.1.5节中在处理了个体异质性这一内生性问题之后所得的结论一致。所以,企业价值确实能

够促进中国橡塑产业集群的效率提升。

7.1.7 面板数据模型的稳健性分析

本章在利用面板数据模型计算分析企业价值对中国橡塑产业集群效率的影响及其作用机制分析的基础上，对面板数据模型进行稳健性分析；主要通过改变控制变量、利用其他模型以及从集群个体层面等方法进行稳健性分析。

7.1.7.1 改变控制变量

本节是把 7.1.1 节中的控制变量 $Z1$、$Z2$ 删除，增加控制变量橡塑产业集群地区经济发展水平（$Z8$），即采用控制变量 $Z3 \sim Z8$ 重新进行面板数据模型计算和分析。

本章利用面板数据模型研究集群效率与企业价值之间的关系。考虑到不同橡塑产业集群的个体性以及不同年份的差异性都有可能与解释变量相关，即产生内生性问题，因此需要对具体橡塑产业集群的个体性和时间差异性因素进行控制，模型设定形式如下：

$$Y_{ijt} = \partial_0 \cdot X_{1it} + \beta_k \cdot Z_{kit} + v_i + v_t + \varepsilon_{it} \qquad (7-3)$$

在式（7-3）中，Y_{ijt} 表示集群效率；$j = 1$，2，3，4 分别表示集群综合效率、纯技术效率、规模效率和全要素生产率；i 表示各个具体的集群；t 表示年份；X_{1it} 表示第 i 个橡塑产业集群第 t 年的企业价值；Z_{kit} 表示控制变量，当 $k = 3$，4，5，6，7，8 时，分别表示第 i 个橡塑产业集群第 t 年的研发水平、工业化程度、基础建设水平、人力资本水平、城镇化水平、经济发展水平；v_i 表示各个具体集群的个体性；v_t 表示时间的差异性；ε_{it} 表示误差项。

本章以因变量为综合效率（$Y1$）为例说明模型效应的选择，在面板模型估计前，首先判断模型是具有个体效应、时点效应还是双效应，代入各个指标数据，利用 EViews10 软件进行计算，LR 检验结果如表 7-15 所示。

表 7-15　LR 检验结果

Effects Test	Statistic	d. f.	Prob
Cross-section F	16.011 624	(8, 49)	0.000 0
Cross-section Chi-square	92.509 537	8	0.000 0
Period F	1.095 036	(7, 49)	0.381 1
Period Chi-square	10.464 548	7	0.163 7

表7-15(续)

Effects Test	Statistic	d. f.	Prob
Cross–Section/Period F	10. 230 302	(15, 49)	0. 000 0
Cross–Section/Period Chi–square	102. 146 039	15	0. 000 0

根据表7-15可以发现，Cross-section F的Prob.为0.000 0，表示在5%的显著性水平下强烈拒绝原假设，Period F的Prob.为0.381 1，表示在5%的显著性水平下无法拒绝原假设，说明模型存在个体效应，不存在时点效应。

接下来利用 Hausman 检验来确定模型是具有个体固定效应还是个体随机效应，结果如表7-16所示。

表7-16 Hausman 检验结果

Test Summary	Chi–Sq. Statistic	Chi–Sq. d. f.	Prob.
Cross–section random	6. 845 659	7	0. 445 1

Hausman 检验结果的 Prob.为0.445 1，表示在5%的显著性水平下接受"随机效应模型有效"的原假设。因此，该模型是面板个体随机效应模型。

综合效率（$Y1$）与企业价值（$X1$）的面板个体随机效应模型结果如表7-17所示。

表7-17 面板个体随机效应模型

Variable	Coefficient	Std. Error	t–Statistic	Prob.
$X1$	0. 120 101*	0. 060 302	1. 991 661	0. 050 7
$Z3$	−7. 872 253	4. 968 702	−1. 584 368	0. 118 0
$Z4$	0. 014 270***	0. 003 988	3. 578 290	0. 000 7
$Z5$	0. 040 081	0. 033 591	1. 193 204	0. 237 2
$Z6$	−0. 052 052**	0. 021 705	−2. 398 131	0. 019 4
$Z7$	0. 002 552	0. 006 584	0. 387 622	0. 699 6
$Z8$	$1. 89E{-}06$*	$1. 02E{-}06$	1. 857 657	0. 067 8
C	0. 259 336	0. 525 539	0. 493 467	0. 623 4

从表7-18可知，由于 R-squared = 0. 378 457，Adjusted R-squared =

0.310 476，F-statistic = 5.567 088，Prob（F-statistic）= 0.000 049，说明模型显著。从表 7-17 中可以看出中国橡塑产业集群综合效率在 10% 的水平上与企业价值正相关。控制变量中橡塑产业集群地区工业化程度（$Z4$）、橡塑产业集群地区人力资本水平（$Z6$）、橡塑产业集群地区经济发展水平（$Z8$）分别在 1%、5%、10% 的水平上与中国橡塑产业集群的综合效率正相关。

同理，可以根据 LR 检验、Hausman 检验分别得到因变量为纯技术效率（$Y2$）、规模效率（$Y3$）、全要素生产率（$Y4$），自变量为 $X1$，控制变量为 $Z3$~$Z8$ 等其他组合形式的面板数据模型的效应形式，以及各变量的系数结果，如表 7-18 所示。

表 7-18　因变量为 Y1~Y4 时的面板数模型结果

因变量	$Y1$	$Y2$	$Y3$	$Y4$
模型序号	模型 1	模型 2	模型 3	模型 4
C	0.259 336	−0.142 058	0.782 473	0.605 927
$X1$	0.120 101*	0.000 155	0.103 896	0.115 853
$Z3$	−7.872 253	3.099 709	−12.587 09**	1.936 881
$Z4$	0.014 270***	0.010 744***	0.014 673***	−0.001 002
$Z5$	0.040 081	0.010 188	0.002 843	−0.000 193
$Z6$	−0.052 052**	−0.013 817	−0.049 164**	0.046 240
$Z7$	0.002 552	0.006 021	−0.001 222	−0.001 721
$Z8$	1.89E−06*	2.60E−06***	1.16E−06	−3.02E−08
个体效应	控制	控制	控制	不存在
时点效应				不存在
固定效应			控制	
随机效应	控制	控制		
R-squared	0.378 457	0.263 072	0.851 407	0.132 746
Adjusted R-squared	0.310 476	0.182 470	0.811 606	0.037 890
F-statistic	5.567 088	3.263 852	21.391 28	1.399 449
Prob（F-statistic）	0.000 049	0.005 011	0.000 000	0.221 106

根据模型 1 可以发现，橡塑产业集群综合效率（$Y1$）在 10% 的水平上与集群企业价值（$X1$）显著正相关，即企业价值的提升有助于橡塑产业集群综合效率的提高。控制变量中，橡塑产业集群地区经济发展水平（$Z8$）、橡塑产业集群地区工业化水平（$Z4$）分别在 10%、1% 的水平上与中国橡塑产业集群的综合效率正相关，即集群经济发展水平、工业化程度的提高能够促进中国橡塑产业集群综合效率的提高；橡塑产业集群地区人力资本水平（$Z6$）在 5% 的水平上与集群综合效率（$Y1$）负相关，即人力资本水平的提高对中国橡塑产业集群综合效率的提高起到一定的抑制作用，这可能是由于橡塑产业属于传统化工产业，处于转型升级阶段，人力资本过多地流向高科技产业。

根据模型 2，由于 R-squared = 0.263 072，Adjusted R-squared = 0.182 470，F-statistic = 3.263 852，Prob（F-statistic）= 0.005 011，说明模型显著，可以看出集群纯技术效率（$Y2$）与企业价值（$X1$）关系不显著，即企业价值对中国橡塑产业集群纯技术效率的促进作用不显著。控制变量中橡塑产业集群地区经济发展水平（$Z8$）在 1% 的水平上与纯技术效率（$Y2$）正相关，即集群经济发展水平的提高有利于提高纯技术效率；橡塑产业集群地区工业化水平（$Z4$）在 1% 的水平上与纯技术效率（$Y2$）正相关，即工业化水平的提高能够促进中国橡塑产业集群纯技术效率的提高，工业化水平的提高，能够带动制造业行业整体的技术水平。

根据模型 3，由于 R-squared = 0.851 407，Adjusted R-squared = 0.811 606，F-statistic = 21.391 28，Prob（F-statistic）= 0.000 000，说明模型显著，可以看出企业价值（$X1$）与规模效率（$Y3$）关系不显著，即企业价值对中国橡塑产业集群规模效率的促进作用不显著。控制变量中橡塑产业集群地区研发水平（$Z3$）在 5% 的水平上与规模效率（$Y2$）负相关，即研发水平的提高并不利于提高中国橡塑产业集群规模效率；集群人力资本水平（$Z6$）在 5% 的水平上与规模效率（$Y3$）负相关，即集群人力资本水平的提高并不利于提高中国橡塑产业集群的规模效率。

根据模型 4，由于 R-squared = 0.132 746，Adjusted R-squared = 0.037 890，F-statistic = 1.399 449，Prob（F-statistic）= 0.221 106，说明模型并不显著。可以看出企业价值（$X1$）与全要素生产率（$Y4$）的关系不显著，即企业价值对全要素生产率的促进作用不显著。控制变量中橡塑产业集群地区经济发展水平（$Z8$）、研发水平（$Z3$）、工业化程度（$Z4$）、基础建设水平（Z5）、人力资本水平（Z6）、城镇化水平（Z7）与全要素生产率（Y4）的关系均不显著。

根据模型 1 至模型 4 可以发现，中国橡塑产业集群企业价值（X1）能够显著促进橡塑产业集群综合效率（Y1），但是对橡塑产业集群纯技术效率（Y2）、规模效率（Y3）、全要素生产率（Y4）没有显著的影响作用。这与 7.1 节的面板数据模型在中国橡塑产业集群综合效率、全要素生产率与企业价值之间关系的结论相同，但是对于中国橡塑产业集群纯技术效率和规模效率与企业价值之间的关系并不相同，这说明面板数据模型具有一定的稳健性，同时也说明采用不同的控制变量也会对结论产生一定程度的影响。

7.1.7.2 采用其他模型

中国橡塑产业集群的综合效率、纯技术效率和规模效率的取值范围是 [0，1]，双侧截断，因此可以采用 Tobit 模型对中国橡塑产业集群综合效率、纯技术效率和规模效率与企业价值之间的关系进行稳健性分析。

全要素生产率主要反映的是技术进步、科学管理等无形要素的效率。考虑到不同橡塑产业集群的区位差异，本章进一步利用空间计量模型分析中国橡塑产业集群全要素生产率与企业价值之间的关系，进行稳健性分析。

（1）采用 Tobit 模型。

考虑到效率的取值范围是 [0，1]，左右端同时归并，如果用普通最小二乘法研究效率与投入、产出要素之间的关系，容易造成参数估计有偏和不一致（陈晓卫，2011）。因此，本书选择 Tobit 模型来进一步研究中国橡塑产业集群效率与企业价值之间的关系，对面板数据模型进行稳健性分析。Tobit 模型设定形式如下：

$$Y_{jit} = \partial_0 \cdot X_{1it} + \beta_k \cdot Z_{kit} + \varepsilon_{it} \qquad (7\text{-}4)$$

在式（7-4）中，Y_{jit} 表示集群效率；$j = 1，2，3$ 分别表示集群综合效率、纯技术效率和规模效率；i 表示各个具体的集群；t 表示年份；X_{1it} 表示第 i 个橡塑产业集群第 t 年的企业价值；Z_{kit} 表示控制变量，当 $k = 1，2，3，4，5，6，7$ 时，分别表示第 i 个橡塑产业集群第 t 年的橡塑产业集群规模集聚度、橡塑产业集群资产集聚度、橡塑产业集群地区研发水平、橡塑产业集群地区工业化程度、橡塑产业集群地区基础建设水平、橡塑产业集群地区人力资本水平、橡塑产业集群地区城镇化水平；ε_{it} 表示误差项。

可以看出，利用 Tobit 模型进行稳健性分析时，与面板数据模型不同的是在模型设置中没有考虑集群个体效应和时间效应。

本章将相关指标数据分别代入 Tobit 模型中，利用 Stata15 软件进行计算，结果如表 7-19 所示。

表 7-19　基于 Tobit 模型的集群效率与企业价值关系

变量	综合效率 $Y1$	纯技术效率 $Y2$	规模效率 $Y3$
$X1$	0.155（−0.146）	0.274*** （−0.089）	0.015（−0.127）
$Z1$	0.098（−0.086）	0.196*** （−0.052）	−0.048（−0.074）
$Z2$	−0.016（−0.077）	0.024（−0.047）	−0.02（−0.067）
$Z3$	−0.115（−0.085）	−0.046（−0.052）	−0.104（−0.074）
$Z4$	0.296** （−0.113）	0.220*** （−0.069）	0.176* （−0.098）
$Z5$	−0.1（−0.084）	0.013（−0.051）	−0.088（−0.073）
$Z6$	−0.048（−0.074）	0.028（−0.046）	−0.073（−0.065）
$Z7$	0.332** （−0.142）	0.321*** （−0.087）	0.1（−0.123）
_cons	0.316（−0.217）	0.205（−0.133）	0.830*** （−0.188）

注：***、**、*分别表示 1%、5%、10%的显著性水平，括号内表示标准误差。

从表 7-19 中可以看出，企业价值（$X1$）在 1%的水平下对中国橡塑产业集群纯技术效率（$Y2$）具有显著的正向作用，企业价值每升高 1 个单位，中国橡塑产业集群纯技术效率将升高 0.274 个单位。企业价值对中国橡塑产业集群综合效率、规模效率没有显著的影响。控制变量中，橡塑产业集群规模集聚度（$Z1$）在 1%的水平对中国橡塑产业集群纯技术效率具有显著的正向效应。橡塑产业集群地区工业化程度（$Z4$）分别在 5%、1%、10%的水平对中国橡塑产业集群综合效率、纯技术效率、规模效率具有显著的正向促进作用。橡塑产业集群地区城镇化水平（$Z7$）分别在 5%、1%的水平对中国橡塑产业集群综合效率和纯技术效率均具有显著的正向效应。

因此，利用 Tobit 模型分析中国橡塑产业集群效率与企业价值关系时，得到企业价值能够显著正向影响中国橡塑产业集群纯技术效率，这与 7.1 节面板数据模型所得结论一致，但是利用 Tobit 模型并没有得出企业价值能够显著正向影响中国橡塑产业集群综合效率和规模效率的结论，这与 7.1 节面板数据模型所得结论不一致，这可能是由于 Tobit 模型在计算时，没有考虑橡塑产业集群的个体效应和时间效应。总之，利用 Tobit 模型对中国橡塑产业集群综合效率、纯技术效率、规模效率与企业价值关系的研究在一定程度上证明了面板数据模型的稳健性。

（2）采用空间计量模型。

考虑到不同橡塑产业集群之间存在生产要素的流动和经济上的联系，不同橡塑产业集群存在的区位差异可能会对不同橡塑产业集群之间的效率空间互动产生影响。因此，利用空间计量模型将区位因素考虑进去，进一步研究中国橡塑产业集群效率与企业价值之间的关系，对面板数据模型进行稳健性分析。

本章选择中国橡塑产业集群全要素生产率（$Y4$）作为被解释变量，以企业价值（$X1$）为核心解释变量，以橡塑产业集群规模集聚度（$Z1$）、橡塑产业集群地区研发水平（$Z3$）、橡塑产业集群地区工业化程度（$Z4$）、橡塑产业集群地区基础建设水平（$Z5$）、橡塑产业集群地区人力资本水平（$Z6$）、橡塑产业集群地区城镇化水平（$Z7$）、橡塑产业集群地区经济发展水平（$Z8$）等指标作为控制变量，研究中国橡塑产业集群全要素生产率与企业价值之间的关系。

①空间自相关检验。

对中国橡塑产业集群的全要素生产率（$Y4$）进行空间自相关检验是进行空间计量分析的基础，全局莫兰指数是常用的空间自相关检验方法，利用全局莫兰指数对中国橡塑产业集群的全要素生产率（$Y4$）进行空间自相关检验。

全局莫兰指数计算方法见式（7-5）和式（7-6）。

$$I = \frac{\sum_{i=1}^{n} \sum_{j=1}^{n} w_{ij}(x_i - \bar{x})(x_j - \bar{x})}{S^2 \sum_{i=1}^{n} \sum_{j=1}^{n} w_{ij}} \tag{7-5}$$

$$S^2 = \frac{\sum_{i=1}^{n} (x_i - \bar{x})^2}{n} \tag{7-6}$$

式（7-5）中，I 表示全局莫兰指数，若 $I > 0$，表示存在正空间自相关；若 $I < 0$，表示存在负空间自相关；若 I 接近于 0，表示不存在空间自相关。w_{ij} 表示空间权重矩阵。x_i 表示 i 橡塑产业集群的全要素生产率。

空间权重矩阵的设置对于空间计量分析影响比较大，常用的空间权重设置方法为根据不同区域之间空间地理位置邻近关系、距离关系或者经济社会关系等进行设置。这里，根据不同橡塑产业集群的相邻关系进行权重设置，见式（7-7）。

$$W_{ij} = \begin{cases} 0, & \text{当省份}\,i\,\text{和省份}\,j\,\text{不相邻} \\ 1, & \text{当省份}\,i\,\text{和省份}\,j\,\text{相邻} \end{cases} (i \neq j) \qquad (7\text{-}7)$$

把 2012—2019 年中国橡塑产业集群的全要素生产率（Y4）和空间权重代入全局莫兰指数公式，可以得到全局莫兰指数结果，如表 7-20 所示。

表 7-20　全局莫兰指数结果

年份	2012	2013	2014	2015	2016	2017	2018	2019
I	0.388	0.338	0.396	0.408	0.412	0.391	0.385	0.378

从表 7-20 中可以看出，2012—2019 年中国橡塑产业集群的全要素生产率（TFP）的全局莫兰指数均明显大于 0，说明中国橡塑产业集群的全要素生产率存在着空间自相关性，因此，可以利用空间计量模型分析它们之间的空间相关关系。

②空间计量模型结果分析。

根据 Anselin 准则，在应用最小二乘法进行线性回归的基础上，进行 Lagrange Multiplier（LM）检验，若 LM（lag）和 LM（error）存在一个显著，则选择该 LM 检验结果显著的空间计量模型；若两者均显著，需要根据 LM 检验的稳健形式；若 Robust LM（lag）比 Robust LM（error）更显著，则选择空间滞后模型（SLM），反之选择空间误差模型（SER）。本章利用 Geoda 软件，把被解释变量、解释变量、控制变量代入经典线性回归方程中，并引入空间权重矩阵进行 LM 检验，可以得到 LM 检验结果，如表 7-21 所示。

表 7-21　LM 检验结果

LM（lag）	0.405 92	Robust LM（lag）	0.409 64
LM（error）	0.030 94	Robust LM（error）	0.031 14

从表 7-21 中可以发现，LM（error）的显著度为 0.030 94，在 5% 的显著性水平下显著，LM（lag）的显著度为 0.405 92，LM（error）比 LM（lag）更为显著，Robust-LM（error）的显著度为 0.031 14，比 Robust-LM（lag）的显著度更为显著，因此，采用空间误差模型进行计算。

模型的异方差检验结果如表 7-22 所示。

表 7-22　异方差检验

表 7-22　异方差检验

TEST	DF	VALUE	PROB
Breusch-Pagan test	8	33.241 3	0.000 06

根据表 7-22 可以发现，Breusch-Pagan test 检验结果显著性水平为 0.000 06，说明模型不存在异方差。

对空间误差模型进行空间相关性检验，结果如表 7-23 所示。

表 7-23　空间相关性诊断

TEST	DF	VALUE	PROB
Likelihood Ratio Test	1	20.999 9	0.000 00

根据 LikelihoodRatio Test 检验结果（见表 7-23），显著性水平 0.000 00，说明在 1% 的显著性概率下拒绝原假设，即选择空间误差模型合理，这进一步印证了空间误差模型的合理性。

针对中国橡塑产业集群全要素生产率（$Y4$）与企业价值之间的空间误差模型，本章构造了式（7-8）。

$$Y_4 = \beta_0 + \beta_1 X_1 + \beta_2 Z_1 + \beta_3 Z_3 + \beta_4 Z_4 + \beta_5 Z_5 + \beta_6 Z_6 + \beta_7 Z_7 + \beta_8 Z_8 + \varepsilon$$

$$（7-8）$$

$$\varepsilon = \lambda W \varepsilon + \mu \qquad （7-9）$$

$$\mu \sim N[0, \sigma^2 I] \qquad （7-10）$$

考虑到 Geoda 软件在进行空间误差模型计算时，只能用于计算空间截面误差模型，本书用于计算橡塑产业集群效率和企业价值关系方面的现有公开的指标数据的最新年份是 2019 年，因此采用 2019 年的橡塑产业集群相关指标数据更能反映目前橡塑产业集群效率的空间状况，2019 年中国橡塑产业集群的相关指标数据如表 7-24 所示。

表 7-24　2019 年橡塑产业集群空间误差模型数据

集群	Y4	X1	Z1	Z3	Z4	Z5	Z6	Z7	Z8
浙江	0.915	0.464	1.2	0.021 3	0.426	1.181 6	10.745	0.715 8	11.586 4
山东	0.974	0.016	0.889	0.017 9	0.398	1.816 2	10.055	0.618 6	11.165 5
广东	1.057	0.279	1.644	0.023 8	0.402	1.252	10.793	0.726 5	11.373 2

表7-24(续)

集群	Y4	X1	Z1	Z3	Z4	Z5	Z6	Z7	Z8
福建	1.05	0.454	0.919	0.014 6	0.485	0.913 7	10.128	0.678 7	11.581 9
上海	1.09	0.643	1.552	0.017 2	0.27	2.131	11.737	0.892 2	11.965 8
辽宁	0.879	0.225	0.767	0.013	0.383	0.887	10.481	0.712 1	10.954 2
天津	1.018	0.463	1.136	0.016 2	0.352	1.447 2	11.707	0.843 1	11.701 2
江苏	1.013	0.281	1.069	0.023 3	0.444	1.525 4	10.566	0.724 7	11.666 9
河北	1.012	0.2	1.115	0.013	0.387	1.084 6	10.178	0.587 7	10.743 9

把这些指标数据代入空间误差模型，利用 Geoda 软件进行空间误差模型计算，计算结果如表7-25所示。

表 7-25　空间误差模型结果

变量	X1	Z1	Z3	Z4	Z5	Z6	Z7	Z8	Lambda	AIC	SIC	R
结果	-0.322 4	0.111 2	-8.087 0	1.476 4	0.148 7	0.140 1	-0.390 8	-0.073 4	-3.526 1	-343.451	-330.545	0.999 9

空间误差模型的计算结果如式（7-11）。

$$Y_4 = -0.322\,4X_1 + 0.111\,2Z_1 - 8.087Z_3 + 1.476\,4Z_4 + \qquad (7\text{-}11)$$
$$0.148\,7Z_5 + 0.140\,1Z_6 - 0.390\,8Z_7 - 0.073\,4Z_8 + \varepsilon$$

$$\varepsilon = -3.526\,98W\varepsilon + \mu \qquad (7\text{-}12)$$

$$\mu \sim N[0,\ \sigma^2 I] \qquad (7\text{-}13)$$

根据空间误差模型的计算结果可以发现：

（1）橡塑产业集群企业价值（X1）对中国橡塑产业集群全要素生产率起到负向抑制作用，即企业价值的提高会降低橡塑产业集群的全要素生产率，这可能是因为橡塑企业过多地依赖资本要素投入，造成资本的浪费，进而阻碍橡塑产业集群全要素生产率的提升。

（2）控制变量中，橡塑产业集群规模集聚度（Z1）对中国橡塑产业集群的全要素生产率（Y4）起到正向促进作用，即橡塑产业集群规模集聚度越高，中国橡塑产业集群的全要素生产率（Y4）越高，橡塑产业的集聚可能带来规模优势，并且促进人力、技术等资源的集聚，从而有利于中国橡塑产业集群全要素生产率的提升。橡塑产业集群地区工业化程度（Z4）、基础设施建设水平（Z5）、橡塑产业集群地区人力资本水平（Z6）对中国橡塑产业集群全要素生产率（Y4）起到正向促进作用，即集群工业化程度、基础建设水平、人力资本水平越高，中国橡塑产业集群全要素生产率越高。集群工业化程度的提高可以为橡塑产业集群营造良好的制造技术环境，橡塑产业基础设施的提升可以为橡塑制品物流运输带来便捷，人力资本水平的上升可以带来创新思想，从而能够在创新思想、物流运输、制造技术等多个方面促进中国橡塑产业全要素生产率（$Y4$）的提升。

可以发现，根据空间误差模型得到中国橡塑产业集群全要素生产率与企业价值呈现负向关系，这与面板数据模型所得到的两者之间没有显著的影响关系结论不同，这可能是因为在空间误差模型中使用的是 2019 年的截面数据，而 7.1 节的面板数据模型采用的是 2012—2019 年的面板数据，不同的年份橡塑产业集群效率与企业价值之间的关系可能不同，因此利用 2019 年的截面数据，在运用空间误差模型时得出了不同的结论。

综上，利用 Tobit 模型和空间计量模型对中国橡塑产业集群综合效率、纯技术效率、规模效率和全要素生产率与企业价值关系的研究所得的结论与面板数据模型所得的部分结论相同，从而在一定程度上证明了面板数据模型的稳健性。

7.1.7.3 橡塑产业集群个体层面

本章在对中国橡塑产业集群整体的效率与企业价值关系分析的基础上，展开对具体集群效率与企业价值之间的关系分析，从而探究集群个体与集群整体的效率与企业价值之间的关系有何异同，进一步从集群个体层面验证面板数据模型的稳健性。

模型的设置形式见式（7-14）。

$$Y_{ijt} = \partial_0 \cdot X_{1it} + \beta_1 \cdot Z_{1it} + \beta_2 \cdot Z_{3it} + \beta_3 \cdot Z_{5it} + \varepsilon_{it} \qquad (7\text{-}14)$$

在式（7-14）中，当 $j=1$，2，3，4 时，Y_{ijt} 分别表示集群的综合效率、纯技术效率、规模效率和全要素生产率；i 表示具体的橡塑产业集群；t 表示年份；X_{1it} 表示第 i 个橡塑产业集群的第 t 年的企业价值；Z_{kit} 表示第 i 个橡塑产业集群的第 t 年的第 k 个控制变量；Z_{1it}、Z_{3it}、Z_{5it} 分别表示 t 年第 i 个橡塑产业集群的规模集聚度、集群地区研发水平、集群地区基础建设水平；ε_{it} 表示误差项。

当 $i=1$，2，…，9 时，式（7-14）分别表示浙江、山东、广东、福建、上海、辽宁、天津、江苏、河北等具体橡塑产业集群的效率与企业价值的关系。

为去掉不同量纲的影响以及减少多重共线性的影响，本章对各自变量及控制变量数据进行标准化处理，利用最小二乘法进行计算，利用 Stata15 软件的 reg 命令，计算具体橡塑产业集群的综合效率、纯技术效率、规模效率、全要素生产率与企业价值之间的关系。研究发现，只有部分橡塑产业集群的效率与企业价值之间具有显著影响关系。因此，为了便于分析，本章只列举橡塑产业集群效率与企业价值关系显著相关的集群结果，如表 7-26、表 7-27、表 7-28 所示。

表 7-26　橡塑产业集群个体层面综合效率与企业价值关系结果

变量	天津 $Y1$	江苏 $Y1$	辽宁 $Y1$
$X1$	0. 156 7*	0. 165 9**	0. 885 1**
$Z1$	0. 348 2	0. 139 1	−0. 396 7
$Z3$	0. 037 5	−0. 017 6	−0. 239 8
$Z5$	0. 110 4*	−0. 003 1	0. 104 5
_cons	−0. 081 1	0. 321 5	0. 528 1

从表 7-26 中可以发现，企业价值（$X1$）分别在 10%、5%、5%的水平对天津、江苏、辽宁等橡塑产业集群的综合效率具有显著的正向促进作用。控制变量中，橡塑产业集群地区基础建设水平（$Z5$）在 10%的水平对天津橡塑产业集群的综合效率具有显著的正向促进作用。

表 7-27　橡塑产业集群个体层面纯技术效率、规模效率与企业价值关系结果

变量	浙江 $Y2$	辽宁 $Y2$	辽宁 $Y3$
$X1$	0. 889 5*	0. 302 5**	1. 117 9**
$Z1$	−5. 365 9**	0. 103 4	−0. 739 5
$Z3$	−0. 039 8	0. 012 2	−0. 467 4**
$Z5$	−0. 355 9**	0. 053 9	0. 115 5
_cons	7. 237 5***	0. 301 7	1. 199 5*

从表 7-27 中可以发现，企业价值（$X1$）分别在 10%、5%的水平对浙江、辽宁等橡塑产业集群的纯技术效率具有显著的正向作用；企业价值在 5%的水平对辽宁橡塑产业集群的规模效率具有显著的正向作用。控制变量中，橡塑产业集群规模集聚度（$Z1$）在 5%的水平对浙江橡塑产业集群的纯技术效率具有显著的正向作用；橡塑产业集群地区研发水平（$Z3$）、集

群地区基础建设水平（Z5）均在5%的水平对辽宁橡塑产业集群的规模效率和浙江橡塑产业集群的纯技术效率具有负向作用。

表7-28　橡塑产业集群个体层面全要素生产率与企业价值关系结果

变量	浙江 $Y4$	山东 $Y4$	天津 $Y4$
$X1$	$-0.662\ 1^{*}$	$-0.674\ 8^{*}$	$0.460\ 1^{**}$
$Z1$	$-6.120\ 9^{***}$	$2.841\ 0^{*}$	$-0.206\ 3$
$Z3$	$-0.032\ 4$	$-0.016\ 6$	$-0.094\ 7$
$Z5$	$-0.361\ 7^{**}$	$0.105\ 4$	$0.062\ 9$
_cons	$9.044\ 5^{***}$	$-1.203\ 6$	$1.023\ 3^{**}$

从表7-28中可以发现，企业价值（$X1$）在10%的水平对浙江、山东橡塑产业集群的全要素生产率具有显著的负向作用。企业价值在5%的水平对天津橡塑产业集群的全要素生产率具有显著的正向作用。控制变量中，橡塑产业集群规模集聚度（$Z1$）在1%的水平对浙江橡塑产业集群的全要素生产率具有显著的负向作用。橡塑产业集群规模集聚度在10%的水平对山东橡塑产业集群的全要素生产率具有显著的正向促进作用。橡塑产业集群地区基础建设水平（$Z5$）在5%的水平对浙江橡塑产业集群的全要素生产率具有显著的负向作用。

综上，对于天津、江苏、辽宁等橡塑产业集群，企业价值对它们的综合效率具有显著的正向促进作用；对于江苏、辽宁等橡塑产业集群，企业价值对它们的纯技术效率具有显著的正向作用；对于辽宁橡塑产业集群，企业价值对它的规模效率具有显著的正向作用；对于浙江、山东等橡塑产业集群，企业价值对它们的全要素生产率具有显著的负向作用；对于天津橡塑产业集群，企业价值对它的全要素生产率具有显著的正向作用。

由此可知，当以橡塑产业集群规模集聚度（$Z1$）、橡塑产业集群地区研发水平（$Z3$）、橡塑产业集群地区基础建设水平（$Z5$）为控制变量时，浙江、辽宁、天津、江苏等部分橡塑产业集群的综合效率、纯技术效率、规模效率与企业价值正相关，浙江、山东等部分橡塑产业集群的全要素生产率与企业价值负相关，天津等部分橡塑产业集群的全要素生产率与企业价值正相关。因此，这一结论从集群个体层面上证明了企业价值能够促进中国橡塑产业集群综合效率、纯技术效率和规模效率的提高。因此，从集群个体层面上对橡塑产业集群效率与企业价值的研究在一定程度上证明了面板数据模型的稳健性。

7.1.8 基于面板数据模型的集群效率拓展性分析

橡塑产业集群规模集聚度对橡塑产业集群效率与企业价值关系具有调节效应，因此有必要进一步研究橡塑产业集群规模集聚度与集群效率之间的关系。橡塑产业集群的规模集聚程度越高，越有利于产业资本、技术人员、管理经验在该地区集聚，从而产生规模效应，降低交易成本，激发学习效应和竞争效应，从而促进地区橡塑产业集群效率的提升。

由于不同橡塑产业集群存在个体性，因此需要把个体因素控制起来，解决内生性的问题，这里采用固定效应模型进一步探索集群效率与橡塑产业集群集聚度之间的关系，模型设置形式见式（7-15）。

$$Y_{ijt} = \partial_0 + \beta_0 \cdot Z_{1it} + v_i + \varepsilon_{it} \tag{7-15}$$

在式（7-15）中，当 $j = 1$，2，3 时，Y_{ijt} 表示第 i 个橡塑产业集群第 t 年的综合效率、纯技术效率和规模效率；∂_0 表示截距；Z_{1it} 表示第 i 个橡塑产业集群第 t 年的橡塑产业集群规模集聚度；v_i 表示第 i 个橡塑产业集群的个体效应；ε_{it} 表示误差项。

把相关变量的指标数据代入固定效应模型中，利用 Eviews10 软件进行计算，结果如表 7-29 所示。

表 7-29　个体固定效应模型结果

变量	综合效率	纯技术效率	规模效率
C	0.199 862	0.487 156***	0.447 413*
$Z1$	0.412 652 1**	0.338 061**	0.271 767
Fixed Effects（Cross）			
浙江	−0.104 952	−0.114 579	−0.024 738
山东	0.179 604	0.205 006	0.060 341
广东	−0.376 000	−0.085 785	−0.366 470
福建	0.293 816	0.138 656	0.241 667
上海	0.110 556	−0.052 090	0.098 437
辽宁	−0.206 812	−0.245 173	−0.043 915

表7-29(续)

变量	综合效率	纯技术效率	规模效率
天津	-0.185 828	0.077 016	-0.248 866
江苏	-0.028 974	-0.041 389	0.048 100
河北	0.318 589	0.118 339	0.235 445
R^2	0.848 902	0.793 820	0.734 627
调整 R^2	0.826 969	0.763 891	0.696 105
F	38.703 37***	26.523 18***	19.070 39
DW	0.841 469	0.876 087	0.760 620

根据计算结果，可以发现：

（1）中国橡塑产业集群综合效率与橡塑产业集群规模集聚度的关系。

常数项 C 的估计值等于0.199 862，它表示中国橡塑产业集群的平均综合效率水平。解释变量 X 的系数估计值为0.412 652，它的 t 统计量非常显著。所估计的是变截距模型，因此解释变量的系数估计值对9个截面成员都是相同的。

Fixed Effects（Cross）列给出的是中国橡塑产业集群的截面成员的自发综合效率水平相对于平均综合效率水平（即常数项 C）的偏离，用于反映集群之间的自发综合效率水平结构差异。根据 Eviews 结果，可以写出固定效应模型的估计结果见式（7-16）。

$$Y_{1it} = 0.199\,862 + v_i + 0.412\,651 * Z_{1it} \qquad (7-16)$$

固定效应 v_i：浙江为-0.104 952，山东为0.179 604，广东为-0.376，福建为0.293 816，上海为0.110 556，辽宁为-0.206 812，天津为-0.185 828，江苏为-0.028 974，河北为0.318 589。R^2=0.848 902，DW统计量=0.841 469。

根据表7-29中结果可知，变量 X 在5%的水平显著，说明橡塑产业集群的规模集聚度对橡塑产业集群的综合效率有着显著的促进作用。在中国橡塑产业集群中，福建、山东、河北等橡塑产业集群的综合效率要高于平均水平，浙江、广东、辽宁、天津、江苏等橡塑产业集群的综合效率要低于平均水平。

（2）纯技术效率与橡塑产业集群规模集聚度的关系。

由表7-29结果可以发现，常数项 C 的估计值等于0.487 156，其 t 统计量在1%的水平下是显著的，它表示中国橡塑产业集群的平均效率水平。解释变量 X 的系数估计值为 0.338 061，它的 t 统计量在5%的水平下显著。所估计的是变截距模型，故解释变量的系数估计值对中国橡塑产业集群的截面成员都是相同的，因此说明橡塑产业集群的规模集聚程度对纯技术效率起着正向促进作用。

Fixed Effects（Cross）列给出的是中国橡塑产业集群的截面成员的自发纯技术效率水平相对于平均纯技术效率水平的偏移（即常数项 C）的偏离，用于反映中国橡塑产业集群的自发纯技术效率结构差异。

根据 Eviews 输出结果，可以写出固定效应模型的估计结果。

$$Y_{2it} = 0.487\ 156 + v_i + 0.338\ 061 * Z_{1it} \tag{7-17}$$

固定效应 v_i：浙江-0.114 579，山东 0.205 006，广东-0.085 785，福建 0.138 656，上海-0.052 090，辽宁-0.245 173，天津 0.077 016，江苏-0.041 389，河北 0.118 339。

可以看出，在中国橡塑产业集群中，山东、福建、天津、河北等橡塑产业集群的纯技术效率要高于平均水平，浙江、广东、上海、辽宁、江苏等橡塑产业集群的纯技术效率要低于平均水平。

（3）规模效率与橡塑产业集群规模集聚度的关系。

常数项 C 的估计值等于 0.447 413，其 t 统计量在10%的水平下是显著的，它表示中国橡塑产业集群的截面成员的平均规模效率。解释变量 X 的系数估计值为 0.271 767，它的 t 统计量不显著，在固定效应模型中解释变量的系数估计值对中国橡塑产业集群的截面成员都是相同的，因此说明橡塑产业集群的集聚度对规模效率并没有显著的影响。

Fixed Effects（Cross）列给出的是中国橡塑产业集群的截面成员的自发规模效率水平相对于平均规模效率水平（即常数项 C）的偏离，用于反映中国橡塑产业集群之间的自发效率结构差异。根据 EViews 输出结果，可以写出固定效应模型的估计结果，见式（7-18）。

$$Y_{3i} = 0.447\ 413 + v_i + 0.271\ 767 * Z_{1i} \tag{7-18}$$

固定效应 v_i：浙江-0.024 738，山东 0.060 341，广东-0.366 470，福建 0.241 667，上海 0.098 437，辽宁-0.043 915，天津-0.248 866，江苏 0.048 100，河北 0.235 445。

可以看出，在中国橡塑产业集群中，山东、福建、上海、江苏等橡塑产业集群的规模效率要高于平均水平，浙江、广东、辽宁、天津等橡塑产业集群的规模效率要低于平均水平。

根据固定效应模型对于橡塑产业集群效率与橡塑产业集聚度之间关系的计算，可以得知橡塑产业集群的集聚度对中国橡塑产业集群的综合效率、纯技术效率有着显著的促进作用，对于规模效率并没有显著的影响。

本章进一步采用其他面板数据模型分析橡塑产业集群效率与橡塑产业规模集聚度的关系，结果见附录4。

7.2　中国橡塑产业集群效率对企业价值的影响

前文测算与探讨了企业价值对橡塑产业集群效率的影响及其作用机制，本节将进一步研究橡塑产业集群效率与企业价值之间的关系。橡塑产业集群是由许多具有关联性的橡塑企业有机联系集聚在一起形成的，创造橡塑产业集群效率的主体是橡塑企业，因此，探索橡塑产业集群效率对橡塑企业价值的影响具有重要的理论意义。

基于橡塑产业集群效率的角度，探究如何通过提升橡塑产业集群效率来进一步提高橡塑产业集群企业价值是本书的研究重点。本章以橡塑产业集群的企业价值为因变量，分别以橡塑产业集群综合效率、纯技术效率、规模效率、全要素生产率为自变量，利用面板数据模型来研究橡塑产业集群效率对橡塑产业集群企业价值的影响作用。

在利用面板数据模型研究中国橡塑产业集群效率与企业价值之间的关系时，根据相关学者（张新林 等，2020；冯俊华和臧情文，2020；朱广印和王思敏，2020；韩东林和吴东峰，2021）对影响产业效率的因素研究，结合数据的可获得性，本章引入的控制变量为橡塑产业集群规模集聚度、橡塑产业集群资产集聚度、橡塑产业集群地区研发水平、橡塑产业集群地区工业化程度、橡塑产业集群地区基础建设水平、橡塑产业集群地区人力资本水平和橡塑产业集群地区城镇化水平等。

本节将重点分析中国橡塑产业集群效率对企业价值的影响，主要分为以下步骤：

（1）面板数据模型的设定。

（2）面板数据模型变量描述性统计。

（3）面板数据模型误差项的检验。

（4）面板数据模型的选择。

（5）企业价值与集群效率关系的结果计算。

（6）面板数据模型的内生性分析。

（7）面板数据模型的稳健性分析。

7.2.1 面板数据模型的设定

本章利用面板数据模型研究橡塑产业集群效率对企业价值的影响作用。考虑到不同橡塑产业集群的个体性以及不同年份的差异性都有可能与解释变量相关，即产生内生性问题，因此需要对具体橡塑产业集群的个体性和时间差异性因素进行控制，模型设定形式如下：

$$X_{1it} = \partial_0 \cdot Y_{jit} + \beta_k \cdot Z_{kit} + v_i + v_t + \varepsilon_{it} \qquad (7-19)$$

在式（7-19）中，Y_{jit} 表示集群效率；$j = 1$，2，3，4 分别表示集群综合效率、纯技术效率、规模效率和全要素生产率；i 表示各个具体的集群；t 表示年份；X_{1it} 表示第 i 个橡塑产业集群第 t 年的企业价值；Z_{kit} 表示控制变量，当 $k = 1$，2，…，7 时，表示第 i 个橡塑产业集群第 t 年的橡塑产业集群规模集聚度、橡塑产业集群资产集聚度、橡塑产业集群地区研发水平、橡塑产业集群地区工业化程度、橡塑产业集群地区基础建设水平、橡塑产业集群地区人力资本水平、橡塑产业集群地区城镇化水平；v_i 表示各橡塑产业集群的个体效应；v_t 表示时间效应；ε_{it} 表示误差项。

当 $j = 1$ 时，式（7-19）表示的是研究中国橡塑产业集群综合效率对企业价值影响作用的面板数据模型，为方便后续进行面板数据模型误差项的检验和面板数据模型的选择，将该模型记为模型 1；当 $j = 2$ 时，式（7-19）表示的是研究中国橡塑产业集群纯技术效率对企业价值影响作用的面板数据模型，记为模型 2；当 $j = 3$ 时，式（7-19）表示的是研究中国橡塑产业集群规模效率对企业价值影响作用的面板数据模型，记为模型 3；当 $j = 4$ 时，式（7-19）表示的是研究中国橡塑产业集群全要素生产率对企业价值影响作用的面板数据模型，记为模型 4。

用模型 1、模型 2、模型 3 和模型 4 表示中国橡塑产业集群综合效率、纯技术效率、规模效率和全要素生产率对企业价值影响作用的面板数据模型，便于论述 7.2.3 节面板数据模型误差项的检验和 7.2.4 节面板数据模型的选择。

7.2.2 面板数据模型变量描述性统计

在面板数据模型中，被解释变量是中国橡塑产业集群企业价值（$X1$），核心解释变量是橡塑产业集群综合效率（$Y1$）、纯技术效率（$Y2$）、规模效率（$Y3$）、全要素生产率（$Y4$），控制变量分别为橡塑产业集群规模集聚度（$Z1$）、橡塑产业集群资产集聚度（$Z2$）、橡塑产业集群地区研发水平（$Z3$）、橡塑产业集群地区工业化程度（$Z4$）、橡塑产业集群地区基础建设水平（$Z5$）、橡塑产业集群地区人力资本水平（$Z6$）、橡塑产业集群地区城镇化水平（$Z7$），这些变量的均值、标准差、极小值、极大值、观测值个数分别如表7-30所示。

表7-30　面板数据模型变量描述性统计

变量	均值	标准差	极小值	极大值	观测值个数
$Y1$	0.690 20	0.230 60	0.214 30	1.000 00	72
$Y2$	0.888 86	0.158 53	0.473 40	1.000 00	72
$Y3$	0.770 35	0.199 08	0.425 16	1.000 00	72
$Y4$	1.007 06	0.118 31	0.520 00	1.302 00	72
$X1$	0.559 67	0.191 26	0.129 70	0.999 10	72
$Z1$	1.188 27	0.296 11	0.767 23	1.789 40	72
$Z2$	1.340 43	0.335 22	0.726 00	1.994 00	72
$Z3$	0.018 48	0.005 54	0.008 89	0.034 02	72
$Z4$	44.697 78	6.080 29	27.000 00	53.250 00	72
$Z5$	2.129 43	1.815 95	0.510 04	8.066 08	72
$Z6$	10.172 38	0.889 84	8.990 00	12.858 00	72
$Z7$	68.822 22	11.118 31	46.600 00	89.600 00	72

从表7-30中可以看出，中国橡塑产业集群纯技术效率（$Y2$）的均值高于规模效率（$Y3$）和综合效率（$Y1$）的均值，综合效率、纯技术效率和规模效率的最大值均为1，最小值分别为0.214 3、0.473 4、0.425 16，全要素生产率的范围介于0.52~1.302，企业价值（$X1$）的数值范围是0.129 7~0.999 1，橡塑产业集群规模集聚度（$Z1$）、橡塑产业集群资产集聚度（$Z2$）、橡塑产业集群地区研发水平（$Z3$）的取值范围介于0~2，橡

塑产业集群地区工业化程度（$Z4$）、橡塑产业集群地区城镇化水平（$Z7$）的取值范围是 27～90，橡塑产业集群地区基础建设水平（$Z5$）、橡塑产业集群地区人力资本水平（$Z6$）的取值范围是 0～13。

考虑到控制变量的量纲与中国橡塑产业集群效率的量纲不同，因此本章对控制变量的数据进行归一化处理，从而消除不同量纲对结果的影响，归一化方法见式（7-20）。

$$X_{\text{norm}} = \frac{X - X_{\min}}{X_{\max} - X_{\min}} \tag{7-20}$$

其中，X 表示原始数据，$X_{\min}$ 表示最小值，$X_{\max}$ 表示最大值，X_{norm} 表示归一化处理之后的数值。

本章将采用归一化处理之后的数据代入面板数据模型中进行计算和分析。本章利用 Stata15 软件的 twoway 命令画出中国橡塑产业集群综合效率、纯技术效率、规模效率、全要素生产率与企业价值关系的散点图以及回归直线，初步观测它们之间的关系，如图 7-9 至图 7-12 所示。

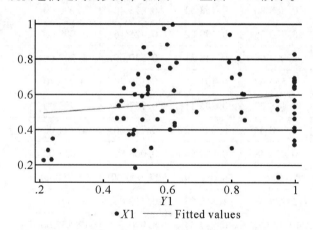

图 7-9　中国橡塑产业集群企业价值与综合效率关系的散点图以及回归直线

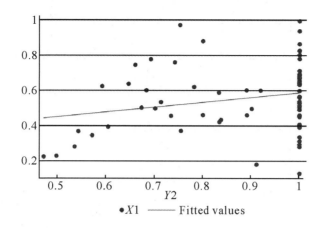

图 7-10 中国橡塑产业集群企业价值与纯技术效率关系的散点图以及回归直线

从图 7-9 中可以发现，中国橡塑产业集群企业价值与综合效率正相关，即综合效率的升高能够提高中国橡塑产业集群的企业价值。

从图 7-10 中可以发现，中国橡塑产业集群企业价值与纯技术效率正相关，即纯技术效率的升高能够提高中国橡塑产业集群的企业价值。

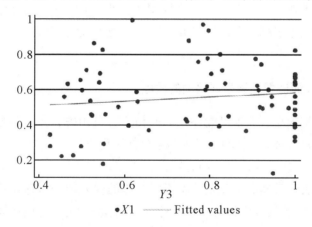

图 7-11 中国橡塑产业集群企业价值与规模效率关系的散点图以及回归直线

从图 7-11 中可以发现，中国橡塑产业集群企业价值与规模效率正相关，即规模效率的升高能够提高中国橡塑产业集群的企业价值。

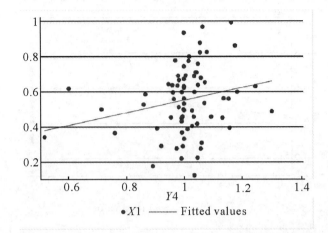

图 7-12　中国橡塑产业集群企业价值与全要素生产率关系的散点图以及回归直线

从图 7-12 中可以发现，中国橡塑产业集群企业价值与全要素生产率正相关，即全要素生产率的升高能够提高中国橡塑产业集群的企业价值。

根据图 7-9 至图 7-12 可以看出，中国橡塑产业集群企业价值与综合效率、纯技术效率、规模效率、全要素生产率之间存在着正相关的趋势，本章将采用面板数据模型进一步实证它们之间是否存在显著的正相关关系。

7.2.3　面板数据模型误差项的检验

面板数据模型误差项可能存在截面相关、自相关、异方差等问题，如果不对其进行处理，F 检验的显示结果可能不可靠。

7.2.3.1　误差项的截面相关检验

截面相关检验实际上就是检验不同个体的误差项是否存在相关性。本章在利用 Stata15 软件中的 xtreg 命令执行双向固定效应模型计算之后，利用 xtcsd 命令中的 fre 选项可以对具有时间效应的双向固定效应模型进行误差项的截面相关检验，分别得到模型 1、模型 2、模型 3 和模型 4 的截面相关检验结果，如表 7-31 所示。

表 7-31　模型 1 至模型 4 的误差项截面相关检验结果

模型	1	2	3	4
Free's test	0.247	0.020	0.325	0.031

从表 7-31 中可以发现，模型 1、模型 2 和模型 4 的 Free's test 结果值分别为 0.247、0.020、0.031，均小于表 7-32 的 Free's Q 分布中 0.1 显著性水平对应的关键值 0.316 9，因此不能拒绝原假设，说明模型 1、模型 2 和模型 4 的误差项均不存在截面相关问题。模型 3 的 Free's test 结果值为 0.325，大于表 9-3 的 Free's Q 分布中 0.1 显著性水平对应的关键值 0.316 9，因此在 10% 的显著性水平拒绝原假设，说明模型 3 的误差项存在截面相关问题。

表 7-32 Free's Q 分布

alpha	0.1	0.05	0.01
Critical value	0.316 9	0.432 5	0.660 5

7.2.3.2 误差项的异方差检验

本章在利用 Stata15 软件中的 xtreg 命令运行双向固定效应模型之后，利用 xttest3 命令对误差项的异方差进行检验，模型 1、模型 2、模型 3 和模型 4 的 Wald 检验的卡方值如表 7-33 所示。

表 7-33 模型 1 至模型 4 的 Wald 检验结果

模型	1	2	3	4
Wald Chi2（9）	8.56	11.88	13.14	19.84
Prob>Chi2（9）	0.479 3	0.219 9	0.156 6	0.018 9

从表 7-33 中可以看出，模型 1、模型 2 和模型 3 的 Wald 检验值分别为 8.56、11.88、13.14，p 值均大于 0.1，因此在 10% 显著性水平接受原假设，说明模型 1、模型 2 和模型 3 的误差项均不存在异方差。模型 4 的 Wald 检验值为 19.84，p 值为 0.018 9，小于 0.05，因此在 5% 显著性水平拒绝原假设，说明模型 4 的误差项存在异方差。

7.2.3.3 误差项的自相关检验

本章利用 Stata15 软件中的 xtserial 命令对模型 1 至模型 4 的误差项进行自相关检验，分别得到模型 1 至模型 4 的 Wooldridge 检验值，如表 7-34 所示。

表 7-34　模型 1 至模型 4 的 Wooldridge 检验结果

模型	1	2	3	4
Wooldridge F（1，8）	4.221	3.976	4.088	4.540
Prob>F	0.074 0	0.081 3	0.077 8	0.065 7

从表 7-34 中可以发现，模型 1、模型 2、模型 3 和模型 4 的 Wooldridge 检验值分别为 4.221、3.976、4.088、4.540，p 值分别为 0.074 0、0.081 3、0.077 8、0.065 7，均小于 0.10，因此在 10% 显著性水平拒绝原假设，说明模型 1、模型 2、模型 3 和模型 4 的误差项均存在自相关问题。

7.2.4　面板数据模型的选择

面板数据模型的种类主要有固定效应模型、随机效应模型和混合回归模型。对于模型 1 至模型 4，需要选择合适的面板数据模型进行计算分析。

7.2.4.1　固定效应模型和混合回归模型的比较选择

根据 7.2.3 节中对面板数据模型误差项的检验，模型 1 和模型 2 的误差项存在自相关的问题，模型 3 的误差项存在截面相关和自相关问题，模型 4 的误差项存在异方差和自相关的问题本章利用 Stata15 软件中的 xtsccg 命令解决异方差、自相关、截面相关的问题，然后利用 testparm 命令对橡塑产业集群虚拟变量进行 F 检验，结果如表 7-35 所示。

表 7-35　橡塑产业集群虚拟变量的 F 检验

模型	1	2	3	4
F	27.42	7.10	8.89	18.82
Prob>F	0.000 1	0.009 6	0.005 0	0.000 5

从表 7-35 可以看出，模型 1、模型 2、模型 3 和模型 4 的橡塑产业集群虚拟变量的 F 检验值分别为 27.42、7.10、8.89、18.82，p 值分别为 0.000 1、0.009 6、0.005 0、0.000 5，均小于 0.01，因此在 1% 的显著性水平拒绝原假设，应该选择固定效应模型。

7.2.4.2　混合回归模型和随机效应模型的选择

对于面板数据模型中的混合回归模型和随机效应模型的选择，需要先利用随机效应模型进行估计，然后利用 Stata15 软件中的 xttest 0 命令进行检验个体效应的 LM 检验。模型 1 至模型 4 的 LM 检验结果如表 7-36 所示。

表 7-36　LM 检验结果

模型	1	2	3	4
Chi2bar2（01）	0.00	0.00	0.00	0.00
Prob>Chi2bar2	1.00	1.00	1.00	1.00

从表 7-36 中可以看出，模型 1 至模型 4 的 LM 检验结果均为 0.00，p 值均为 1.00，大于 0.1，因此不能拒绝 LM 检验原假设，说明模型 1 至模型 4 均不存在个体效应，应该选择混合回归模型。

对于模型 1、模型 2、模型 3 和模型 4，选择固定效应模型优于混合回归模型，选择混合回归模型优于随机效应模型，因此，模型 1、模型 2、模型 3 和模型 4 均选择固定效应模型。

7.2.5　集群效率与企业价值关系的计算结果

根据 7.2.4 节对面板数据模型的选择，可知模型 1 至模型 4 均选择固定效应模型，即利用固定效应模型计算中国橡塑产业集群企业价值与综合效率、纯技术效率、规模效率、全要素生产率之间的关系。

7.2.5.1　综合效率与企业价值的关系

本章利用固定效应模型研究中国橡塑产业集群企业价值与综合效率之间的关系，在控制其他变量的条件下，利用 Stata15 软件的 reg 和 avplot 命令画出中国橡塑产业集群企业价值与综合效率之间的偏回归图，如图 7-13 所示。

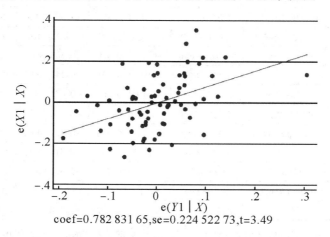

coef=0.782 831 65,se=0.224 522 73,t=3.49

图 7-13　中国橡塑产业集群企业价值与综合效率关系的偏回归图

从图 7-13 中可以发现，在控制其他变量之后，中国橡塑产业集群企业价值与综合效率的偏回归呈现正相关的趋势，说明橡塑产业集群的综合效率的提升能够促进中国橡塑产业集群的企业价值提高。

模型 1 的误差项存在自相关的问题，利用 Stata15 软件的 xtscc 命令进行处理，可以同时解决异方差、自相关、截面相关的问题，得到中国橡塑产业集群企业价值与综合效率之间的关系结果，如表 7-37 所示。

表 7-37　中国橡塑产业集群企业价值与综合效率关系结果

$X1$	Coef.	Drisc/Kraay Std. Err.	t	P>t	[95% Conf. Interval]	
$Y1$	0.782 831 7 ***	0.081 894 8	9.56	0.000	0.589 181 2	0.976 482 1
$Z1$	0.035 935 9	0.236 038 4	0.15	0.883	-0.522 206 3	0.594 078
$Z2$	-0.458 367 6 **	0.189 609 8	-2.42	0.046	-0.906 723 6	-0.010 011 6
$Z3$	0.033 497 3	0.037 818 6	0.89	0.405	-0.055 929 5	0.122 924 1
$Z4$	0.196 601 9 **	0.065 099	3.02	0.019	0.042 667 2	0.350 536 7
$Z5$	-0.073 310 9	0.079 171 3	-0.93	0.385	-0.260 521 3	0.113 899 6
$Z6$	0.372 636 9 **	0.142 391 9	2.62	0.035	0.035 933 5	0.709 340 3
$Z7$	-0.156 397 7	0.126 497 2	-1.24	0.256	-0.455 516	0.142 720 5
year2	0.010 193 1	0.036 747 5	0.28	0.79	-0.076 701	0.097 087 1
year3	-0.040 324 4	0.034 099 9	-1.18	0.276	-0.120 957 7	0.040 309
year4	0.209 512 2 **	0.068 880 5	3.04	0.019	0.046 635 7	0.372 388 6
year5	0.365 908 9 ***	0.079 640 7	4.59	0.003	0.177 588 5	0.554 229 4
year6	0.156 540 5 *	0.075 732 5	2.07	0.078	-0.022 538 4	0.335 619 5
year7	0.249 326 7 ***	0.071 067 1	3.51	0.01	0.081 279 6	0.417 373 8
year8	-0.012 668 9	0.081 344 9	-0.16	0.881	-0.205 019	0.179 681 2
_Icode_2	-0.051 040 6	0.107 426 4	-0.48	0.649	-0.305 063 6	0.202 982 4
_Icode_3	0.115 431 8	0.110 584 8	1.04	0.331	-0.146 059 7	0.376 923 3
_Icode_4	-0.303 473 6 *	0.138 722 3	-2.19	0.065	-0.631 499 7	0.024 552 6
_Icode_5	-0.490 361 4 **	0.156 436 8	-3.13	0.017	-0.860 275 6	-0.120 447 2
_Icode_6	-0.103 907 4	0.136 865 9	-0.76	0.473	-0.427 543 9	0.219 729 1
_Icode_7	-0.212 148 2	0.129 760 9	-1.63	0.146	-0.518 983 8	0.094 687 5
_Icode_8	-0.048 779 2	0.148 516	-0.33	0.752	-0.399 963 6	0.302 405 3
_Icode_9	-0.620 736 7 **	0.199 993	-3.1	0.017	-1.093 645	-0.147 828 4
_cons	0.544 134 1	0.416 237 7	1.31	0.232	-0.440 111 7	1.528 38

注：表格中 *** 表示 0.01 的显著性水平，** 表示 0.05 的显著性水平，* 表示 0.10 的显著性水平，下同。

从表 7-37 中可以发现，橡塑产业集群的综合效率（Y1）在 1% 的显著性水平对中国橡塑产业集群的企业价值（X1）有正向影响，即综合效率越高，中国橡塑产业集群的企业价值越高，综合效率每增加 1 个单位，企业价值将增加 0.783 个单位；控制变量中橡塑产业集群资产集聚度（Z2）在 5% 的显著性水平对中国橡塑产业集群的企业价值有负向影响；橡塑产业集群地区工业化程度（Z4）在 5% 的显著性水平对中国橡塑产业集群的企业价值有正向影响；橡塑产业集群地区的人力资本水平（Z6）在 5% 的显著性水平对中国橡塑产业集群的企业价值有正向影响，即橡塑产业集群地区的人力资本水平促进中国橡塑产业集群的企业价值。

7.2.5.2 纯技术效率与企业价值的关系

本书利用固定效应模型研究中国橡塑产业集群企业价值与纯技术效率之间的关系，在控制其他变量的条件下，利用 Stata15 软件中的 reg 和 avplot 命令画出中国橡塑产业集群的企业价值与纯技术效率之间的偏回归图，如图 7-14 所示。

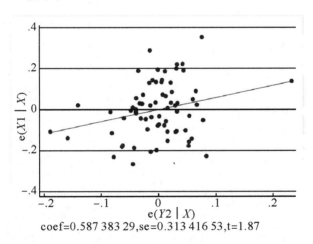

coef=0.587 383 29,se=0.313 416 53,t=1.87

图 7-14　中国橡塑产业集群企业价值与纯技术效率关系的偏回归图

从图 7-14 中可以发现，在控制其他变量之后，中国橡塑产业集群企业价值与纯技术效率的偏回归呈现正相关的趋势，说明橡塑产业集群的纯技术效率的提升能够促进中国橡塑产业集群的企业价值提高。

模型 2 的误差项存在自相关，利用 Stata15 软件中的 xtscc 命令进行处理，可以同时解决误差项的异方差、自相关、截面相关的问题，得到中国橡塑产业集群企业价值与纯技术效率之间的关系，如表 7-38 所示。

表 7-38　中国橡塑产业集群企业价值与纯技术效率关系结果

$X1$	Coef.	Robust Std. Err.	t	P>t	[95% Conf. Interval]	
$Y2$	0.587 383 3 **	0.170 566 8	3.44	0.011	0.184 057	0.990 709 6
$Z1$	−0.010 432 7	0.200 189 5	−0.05	0.96	−0.483 805 6	0.462 940 1
$Z2$	−0.402 824 3	0.216 391 4	−1.86	0.105	−0.914 508 5	0.108 859 9
$Z3$	0.006 844 6	0.039 867 2	0.17	0.869	−0.087 426 3	0.101 115 4
$Z4$	0.259 951 2 *	0.115 124 5	2.26	0.059	−0.012 275 1	0.532 177 5
$Z5$	−0.064 603 3	0.083 853	−0.77	0.466	−0.262 884 1	0.133 677 5
$Z6$	0.307 549 *	0.139 030 1	2.21	0.063	−0.021 204 8	0.636 302 9
$Z7$	−0.201 044 1	0.154 929 8	−1.3	0.236	−0.567 394 8	0.165 306 7
year2	0.004 659 8	0.040 074 6	0.12	0.911	−0.090 101 6	0.099 421 2
year3	−0.025 723 6	0.047 131 4	−0.55	0.602	−0.137 171 6	0.085 724 4
year4	0.207 876 ***	0.053 113	3.91	0.006	0.082 283 8	0.333 468 2
year5	0.382 971 6 ***	0.067 254	5.69	0.001	0.223 941 2	0.542 002
year6	0.175 888 6 *	0.074 701 3	2.35	0.051	−0.000 752	0.352 529 2
year7	0.243 629 9 **	0.079 545 8	3.06	0.018	0.055 534	0.431 725 7
year8	0.021 910 6	0.119 020 2	0.18	0.859	−0.259 527 5	0.303 348 8
_Icode_2	−0.060 738 9	0.126 989 3	−0.48	0.647	−0.361 020 9	0.239 543
_Icode_3	−0.030 836 1	0.127 140 5	−0.24	0.815	−0.331 475 6	0.269 803 4
_Icode_4	−0.184 821 2	0.107 572 6	−1.72	0.129	−0.439 19	0.069 547 6
_Icode_5	−0.253 572 2	0.138 874 9	−1.83	0.111	−0.581 959	0.074 814 7
_Icode_6	−0.111 306 2	0.200 789 3	−0.55	0.597	−0.586 097 4	0.363 484 9
_Icode_7	−0.346 863 4 **	0.135 406 1	−2.56	0.037	−0.667 047 9	−0.026 678 9
_Icode_8	−0.039 068 8	0.195 652 2	−0.2	0.847	−0.501 712 6	0.423 575 1
_Icode_9	−0.397 221 8 *	0.197 028 7	−2.02	0.084	−0.863 120 6	0.068 676 9
_cons	0.525 007 7	0.623 961 8	0.84	0.428	−0.950 427 4	2.000 443

注：表格中 *** 表示 0.01 的显著性水平，** 表示 0.05 的显著性水平，* 表示 0.10 的显著性水平，下同。

从表 7-38 中可以发现，中国橡塑产业集群的纯技术效率（$Y2$）在 5% 的显著性水平对橡塑产业集群的企业价值（$X1$）有正向影响，即中国橡塑产业集群的纯技术效率越高，企业价值越高，纯技术效率每增加 1 个单位，企业价值将增加 0.587 个单位；控制变量中橡塑产业集群地区工业化程度

（Z4）在10%的显著性水平对橡塑产业集群的企业价值（X1）有正向影响；橡塑产业集群地区人力资本水平（Z6）在10%的显著性水平对橡塑产业集群的企业价值（X1）有正向影响。

7.2.5.3 规模效率与企业价值的关系

本章利用固定效应模型研究中国橡塑产业集群企业价值与规模效率之间的关系，在控制其他变量的条件下，利用 Stata15 软件中的 reg 和 avplot 命令画出中国橡塑产业集群企业价值与规模效率之间的偏回归图，如图 7-15 所示。

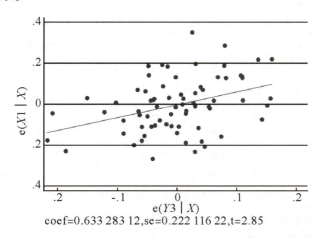

coef=0.633 283 12,se=0.222 116 22,t=2.85

图 7-15　中国橡塑产业集群企业价值与规模效率关系的偏回归图

从图 7-15 中可以发现，在控制其他变量之后，中国橡塑产业集群企业价值与规模效率的偏回归呈现正相关趋势，说明橡塑产业集群规模效率的提升能够促进中国橡塑产业集群企业价值的提高。

模型 3 的误差项存在截面相关和自相关等问题，利用 Stata15 软件中的 xtscc 命令进行处理，可以获得 Driscoll-Kraay 标准误，同时解决了误差项的截面相关、异方差和自相关等问题，得到中国橡塑产业集群企业价值与规模效率之间的关系，如表 7-39 所示。

表 7-39　中国橡塑产业集群企业价值与规模效率关系结果

X1	Coef.	Drisc/Kraay Std. Err.	t	P>t	[95% Conf. Interval]	
Y3	0.633 283 1***	0.142 037 8	4.46	0.003	0.297 417 1	0.969 149 1
Z1	0.279 654 7	0.252 157 6	1.11	0.304	−0.316 603 1	0.875 912 6

表7-39(续)

X1	Coef.	Drisc/Kraay Std. Err.	t	P>t	[95% Conf. Interval]	
Z2	−0.451 913 9 **	0.172 289	−2.62	0.034	−0.859 312 5	−0.044 515 3
Z3	0.088 633 5 *	0.039 247 5	2.26	0.058	−0.004 172	0.181 438 9
Z4	0.148 030 3	0.100 693 8	1.47	0.185	−0.090 072 7	0.386 133 4
Z5	−0.060 007 9	0.073 173 8	−0.82	0.439	−0.233 036 3	0.113 020 6
Z6	0.249 481 7 **	0.094 515 1	2.64	0.033	0.025 989	0.472 974 4
Z7	−0.174 521 6	0.137 899 8	−1.27	0.246	−0.500 602 9	0.151 559 7
year2	0.017 041	0.039 667 8	0.43	0.68	−0.076 758 5	0.110 840 4
year3	−0.007 636 3	0.029 183 8	−0.26	0.801	−0.076 645	0.061 372 5
year4	0.159 107 8 *	0.070 420 4	2.26	0.058	−0.007 410 1	0.325 625 7
year5	0.315 017 9 **	0.091 039 2	3.46	0.011	0.099 744 3	0.530 291 5
year6	0.099 165 8	0.095 274 9	1.04	0.333	−0.126 123 7	0.324 455 2
year7	0.213 758 1 *	0.091 529 9	2.34	0.052	−0.002 675 6	0.430 191 9
year8	0.059 407	0.078 621 5	0.76	0.475	−0.126 503 2	0.245 317 2
_Icode_2	0.184 094 2	0.100 637 6	1.83	0.11	−0.053 875 9	0.422 064 3
_Icode_3	0.099 836	0.137 669 8	0.73	0.492	−0.225 701 5	0.425 373 5
_Icode_4	−0.095 336 2	0.120 017 9	−0.79	0.453	−0.379 133 3	0.188 461
_Icode_5	−0.420 695 5 **	0.162 123 4	−2.59	0.036	−0.804 056 4	−0.037 334 6
_Icode_6	−0.151 871 3	0.115 633 9	−1.31	0.23	−0.425 302	0.121 559 4
_Icode_7	−0.105 727 9	0.115 064 5	−0.92	0.389	−0.377 812 2	0.166 356 4
_Icode_8	0.003 395 7	0.124 012 4	0.03	0.979	−0.289 847	0.296 638 4
_Icode_9	−0.421 973 9 **	0.131 603 9	−3.21	0.015	−0.733 167 7	−0.110 78
_cons	0.254 889 6	0.431 898 1	0.59	0.574	−0.766 387	1.276 166

从表7-39中可以发现, 橡塑产业集群的规模效率 (Y3) 在1%的显著性水平对中国橡塑产业集群的企业价值 (X1) 有正向影响, 即中国橡塑产业集群的规模效率越高, 企业价值越高, 规模效率每增加1个单位, 企业价值将增加0.633个单位; 控制变量中橡塑产业集群资产集聚度 (Z2) 在5%的显著性水平对中国橡塑产业集群的企业价值有负向影响; 橡塑产业集群地区人力资本水平 (Z6) 在5%的水平对中国橡塑产业集群的企业价值起到正向促进作用。

7.2.5.4　全要素生产率与企业价值的关系

本章利用面板数据固定效应模型研究中国橡塑产业集群企业价值与全要素生产率之间的关系，在控制其他变量的条件下，利用 Stata15 软件中的 reg 和 avplot 命令画出中国橡塑产业集群企业价值与全要素生产率之间的偏回归图，如图 7-16 所示。

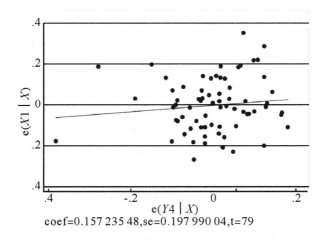

coef=0.157 235 48,se=0.197 990 04,t=79

图 7-16　中国橡塑产业集群企业价值与全要素生产率关系的偏回归图

从图 7-16 中可以发现，在控制其他变量之后，中国橡塑产业集群企业价值与全要素生产率的偏回归呈现正相关的趋势。

利用面板数据固定效应模型得到中国橡塑产业集群企业价值与全要素生产率之间的关系结果，如表 7-40 所示。

表 7-40　中国橡塑产业集群企业价值与全要素生产率关系结果

$X1$	Coef.	Drisc/Kraay Std. Err.	t	$P>t$	[95% Conf. Interval]	
$Y4$	0. 157 235 5	0. 247 746	0. 63	0. 546	−0. 428 590 8	0. 743 061 7
$Z1$	0. 320 443	0. 281 929 6	1. 14	0. 293	−0. 346 214 6	0. 987 100 5
$Z2$	−0. 402 891 6*	0. 210 834	−1. 91	0. 098	−0. 901 434 9	0. 095 651 6
$Z3$	0. 051 732 7	0. 052 901 6	0. 98	0. 361	−0. 073 359 7	0. 176 825 2
$Z4$	0. 268 216**	0. 106 527	2. 52	0. 04	0. 016 319 7	0. 520 112 2
$Z5$	−0. 028 372 2	0. 071 802 7	−0. 4	0. 705	−0. 198 158 7	0. 141 414 3
$Z6$	0. 185 087 2	0. 107 181 3	1. 73	0. 128	−0. 068 356 2	0. 438 530 7
$Z7$	−0. 219 706 4	0. 176 831 8	−1. 24	0. 254	−0. 637 847 2	0. 198 434 4

表7-40(续)

X1	Coef.	Drisc/Kraay Std. Err.	t	P>t	[95% Conf. Interval]	
year2	0.019 288 3	0.037 665 7	0.51	0.624	−0.069 777	0.108 353 7
year3	0.011 234	0.038 435 8	0.29	0.779	−0.079 652 2	0.102 120 2
year4	0.190 091 7 ***	0.044 726 8	4.25	0.004	0.084 329 5	0.295 853 9
year5	0.353 494 2 ***	0.059 742 5	5.92	0.001	0.212 225 8	0.494 762 7
year6	0.148 136 6 **	0.061 407 3	2.41	0.047	0.002 931 5	0.293 341 7
year7	0.247 533 8 ***	0.064 877 1	3.82	0.007	0.094 123 9	0.400 943 7
year8	0.136 993 8	0.080 982 4	1.69	0.135	−0.054 499	0.328 486 6
_Icode_2	0.190 670 6	0.117 875 4	1.62	0.15	−0.088 060 6	0.469 401 7
_Icode_3	−0.076 022 9	0.198 464 7	−0.38	0.713	−0.545 317 4	0.393 271 5
_Icode_4	0.015 662 5	0.087 054 1	0.18	0.862	−0.190 187 8	0.221 512 8
_Icode_5	−0.278 368 5	0.200 070 3	−1.39	0.207	−0.751 459 7	0.194 722 7
_Icode_6	−0.161 032	0.190 318 9	−0.85	0.425	−0.611 064 7	0.289 000 6
_Icode_7	−0.232 655 5 *	0.109 851 8	−2.12	0.072	−0.492 412 8	0.027 101 8
_Icode_8	0.044 598 4	0.159 503 1	0.28	0.788	−0.332 566 4	0.421 763 2
_Icode_9	−0.254 266 5	0.157 850 9	−1.61	0.151	−0.627 524 6	0.118 991 6
_cons	0.411 213 8	0.776 550 9	0.53	0.613	−1.425 037	2.247 465

注：表格中 *** 表示 0.01 的显著性水平, ** 表示 0.05 的显著性水平, * 表示 0.10 的显著性水平。

从表7-40中可以发现，中国橡塑产业集群的全要素生产率（Y4）对橡塑产业集群的企业价值（X1）并没有显著的影响；控制变量中橡塑产业集群资产集聚度（Z2）在10%的显著性水平对中国橡塑产业集群的企业价值有负向影响；橡塑产业集群地区工业化程度（Z4）在5%的水平对中国橡塑产业集群的企业价值有正向影响，即橡塑产业集群地区的工业化程度的提高能促进中国橡塑产业集群企业价值的提升。

综上，利用固定效应模型计算中国橡塑产业集群企业价值与综合效率、纯技术效率、规模效率、全要素生产率之间的关系，发现中国橡塑产业集群的综合效率、纯技术效率、规模效率分别在1%、5%、1%的显著性水平对橡塑产业集群的企业价值有着显著的促进作用，中国橡塑产业集群全要素生产率对企业价值没有显著的影响关系。中国橡塑产业集群综合效率、纯技术效率、规模效率每增加1个单位，企业价值将分别增加0.783、

0.587、0.633 个单位。

7.2.6 面板数据模型的内生性分析

关于内生性问题的来源与处理办法已在 7.1.6 中进行了详细阐述，此处不再赘述。

7.2.6.1 工具变量法

企业价值能够促进橡塑产业集群效率的提高，而反过来橡塑产业集群效率的提高也会促进企业价值的提升，两者之间存在着双向因果关系，因此存在着内生性问题。

针对橡塑产业集群效率这一内生变量，为其选择的工具变量是橡塑产业集群中规模以上的橡塑企业数，如果一个集群内部橡塑企业数越多，说明该橡塑产业集群的竞争力越高，抗风险能力越强，集群协作更加顺畅，集群企业的效率越高，两者之间具有相关性。同时，集群内部橡塑企业数与误差项不相关，因此，本章确定采用橡塑产业集群中规模以上的橡塑企业数作为工具变量进行内生性问题的处理。

两阶段最小二乘回归分析（2SLS）是工具变量法中常用的解决内生性问题的方法。首先，把橡塑产业集群综合效率这一内生变量作为被解释变量，以工具变量和其他外生变量作为解释变量，进行第一阶段的回归分析，从而得到企业价值这一内生变量的预测值。其次，利用橡塑产业集群综合效率这一内生变量的预测值替换内生变量重新进行回归分析，即为第二阶段的回归分析。

本章利用 Stata15 软件中的 xtivreg2 命令对固定效应模型进行内生性、相关性和外生性检验，结果如表 7-41 所示。

表 7-41 工具变量弱识别检验和内生性检验

弱识别检验	Cragg-Donald Wald F statistic	7.728
Stock-Yogo weak ID test critical values	10% maximal IV size	16.38
	15% maximal IV size	8.96
	20% maximal IV size	6.66
	25% maximal IV size	5.53
内生性检验	Chi-sq（1）	8.495
	p-val	0.003 6

从表 7-41 中可以看出，第一个检验是弱识别检验，即相关性检验，它可以检验工具变量是否为弱工具变量，可以发现最小特征统计量为 7.728，小于 Stock-Yogo 15% 的临界值 8.96，接受原假设，说明工具变量是弱工具变量。第二个检验是内生性检验，可以发现 p 值为 0.003 6，小于 0.1，拒绝原假设，表明该模型中的确存在着内生性的问题，因此采用工具变量法对内生性问题进行处理是非常必要的。

工具变量的个数与内生变量个数相同，因此只能定性分析工具变量的外生性。橡塑产业集群中规模以上橡塑企业数这一工具变量并没有与因变量企业价值有显著的关系，与误差项不相关，因此认为该工具变量的选择满足与误差项不相关的外生性检验。

本章在利用工具变量法处理了个体异质性、双向因果关系等产生的内生性问题之后，得到中国橡塑产业集群综合效率与企业价值之间的关系结果，如表 7-42 所示。

表 7-42　工具变量法计算的中国橡塑产业集群企业价值与综合效率关系结果

Y1	Coef.	Std. Err.	z	P>z	[95% Conf. Interval]	
Y1	2.206 349 ***	0.713 371 3	3.09	0.002	0.808 167 1	3.604 531
Z1	−0.434 906 8	0.446 889	−0.97	0.33	−1.310 793	0.440 979 6
Z2	−0.539 700 3 **	0.224 996 2	−2.4	0.016	−0.980 684 8	−0.098 715 7
Z3	−0.015 487 5	0.080 854 7	−0.19	0.848	−0.173 959 7	0.142 984 8
Z4	0.065 660 6	0.228 661	0.29	0.774	−0.382 506 8	0.513 828
Z5	−0.151 221 2 *	0.091 321 7	−1.66	0.098	−0.330 208 6	0.027 766 1
Z6	0.683 227 8 ***	0.241 121 2	2.83	0.005	0.210 639	1.155 817
Z7	−0.031 156 6	0.163 501 7	−0.19	0.849	−0.351 614	0.289 300 8
year2	−0.003 991 3	0.091 831 9	−0.04	0.965	−0.183 978 4	0.175 995 9
year3	−0.145 391 5	0.119 258 4	−1.22	0.223	−0.379 133 7	0.088 350 8
year4	0.239 004	0.153 404 1	1.56	0.119	−0.061 662 5	0.539 670 4
year5	0.372 483 *	0.190 493 3	1.96	0.051	−0.000 877 1	0.745 843
year6	0.168 445 4	0.206 151 5	0.82	0.414	−0.235 604 2	0.572 494 9
year7	0.259 566 7	0.219 925 1	1.18	0.238	−0.171 478 5	0.690 611 9
year8	−0.277 829 9	0.302 421 7	−0.92	0.358	−0.870 565 5	0.314 905 8

从表 7-42 中可以看出，中国橡塑产业集群综合效率在 1% 的水平对企业价值显著正向影响，这与 7.2.5.1 节在处理了个体异质性内生性问题所

获得的结论相同。

同样，本章采用橡塑产业集群规模以上企业数这一工具变量去处理中国橡塑产业集群企业价值与纯技术效率、规模效率、全要素生产率之间的关系，发现弱识别检验的最小特征统计量分别为 2.687、9.406、0.097，均小于 Stock-Yogo 15% 的临界值 8.96，接受原假设，说明工具变量是弱工具变量。

橡塑产业集群规模以上企业数这一工具变量不具备强相关性，因此不能用这一工具变量去处理它们的内生性问题。接下来，采用内生变量的滞后一期处理中国橡塑产业集群企业价值与综合效率、纯技术效率、规模效率、全要素生产率之间的内生性问题。

7.2.6.2　内生变量的滞后一期

一般情况下，当期的误差项不会通过当期的被解释变量让上期的内生变量发生变化。因此，用内生变量滞后一期替换当期内生变量，重新代入模型中进行计算，就可以消去解释变量与被解释变量之间的双向因果关系所产生的内生性问题。

根据 7.2.4 节面板数据模型的选择，本章采用固定效应模型计算中国橡塑产业集群企业价值与综合效率、纯技术效率、规模效率、全要素生产率之间的关系，将内生变量的滞后一期替换当期内生变量，代入固定效应模型中，结果如表 7-43 所示。

表 7-43　内生变量滞后一期计算的中国橡塑产业集群企业价值与效率关系结果

变量	固定效应模型			
	$X1$	$X1$	$X1$	$X1$
$Y1\_1$	0.441 047 7***			
$Y2\_1$		0.422 698 7**		
$Y3\_1$			0.310 952*	
$Y4\_1$				0.104 167 5
$Z1$	0.046 139 9	0.221 599 8**	0.121 881	0.355 536 7
$Z2$	−0.540 617 3**	−0.527 824 5**	−0.473 098 5*	−0.462 882 2*
$Z3$	0.047 126 9	0.067 361 3	0.062 681 6	0.065 624 9
$Z4$	0.190 655 9	0.216 476	0.233 934	0.247 832 1

表7-43(续)

变量	固定效应模型			
	X1	X1	X1	X1
Z5	-0.022 753 8	-0.036 785	-0.022 311 8	-0.023 680 4
Z6	0.464 020 5 **	0.360 790 2 *	0.337 792 2 **	0.233 320 2
Z7	-0.186 612 5	-0.218 254 6	-0.205 335 8	-0.201 620 9
year2	-0.041 215 3 *	0.043 053 5	-0.036 176	0.031 401 7
year3	-0.109 401 2 **	-0.015 100 9	-0.062 636 8 *	0.020 633 8
year4	0.191 430 3 **	0.230 870 3 ***	0.182 992 2 **	0.199 147 4 *
year5	0.337 374 4 ***	0.386 638 9 ***	0.340 753 4 ***	0.363 208 3 ***
year6	0.096 852 7	0.158 781 3 *	0.121 189	0.139 001 3
year7	0.163 363 3	0.243 986 **	0.197 118 1 *	0.234 632 4 **
year8	-0.168 509	-0.012 066 8	-0.021 045 9	0.097 315 6
_Icode_2	0.027 780 6	0.080 323 3	0.135 852 3	0.218 101 3 *
_Icode_3	0.078 488 5	-0.093 424 5	0.096 292 6	-0.075 584 1
_Icode_4	-0.194 288 5	-0.076 524 5	-0.083 752 9	0.038 685
_Icode_5	-0.345 469 4 **	-0.334 680 9 *	-0.246 893 6	-0.290 299 2 *
_Icode_6	-0.236 948 3	-0.172 068 6	-0.223 173 1	-0.166 915 7
_Icode_7	-0.270 381 2 **	-0.358 588 4 **	-0.188 956 5 *	-0.254 391 9 *
_Icode_8	-0.085 175 6	-0.023 208 3	-0.029 675 7	0.038 398 1
_Icode_9	-0.498 460 8 **	-0.419 689 9 *	-0.345 962 2 *	-0.275 830 7
_cons	0.871 752 7	0.520 801 3	0.672 717 6	0.480 392 5
N	71	71	71	71

从表7-43中可以看出,在利用内生滞后变量一期方法处理了由解释变量和被解释变量双向因果关系产生的内生性问题之后,中国橡塑产业集群的综合效率、纯技术效率、规模效率分别在1%、5%、10%的显著性水平上对企业价值产生显著的正向影响,全要素生产率对企业价值没有显著的影响关系,中国橡塑产业集群的综合效率、纯技术效率、规模效率每增加1个单位,企业价值将分别增加0.441、0.423、0.311个单位,这与前

文在处理个体异质性这一内生性问题之后所得的结论一致。所以，中国橡塑产业集群综合效率、纯技术效率和规模效率的提升确实能够促进橡塑产业集群企业价值的提升。

7.2.7　面板数据模型的稳健性分析

本章在利用面板数据模型计算分析中国橡塑产业集群效率对企业价值的影响及其作用机制分析的基础上，对面板数据模型进行稳健性分析，主要通过改变控制变量的方法进行稳健性分析。

本节把第 9 章中的控制变量 $Z1$、$Z2$ 删除，增加控制变量橡塑产业集群地区经济发展水平（$Z8$），即采用控制变量 $Z3 \sim Z8$ 重新进行面板数据模型计算和分析。

本章利用面板数据模型研究集群效率与企业价值之间的关系。考虑到不同橡塑产业集群的个体性以及不同年份的差异性都有可能与解释变量相关，即产生内生性问题，因此需要对具体橡塑产业集群的个体性和时间差异性因素进行控制，模型设定形式如下：

$$X_{1it} = \partial_0 \cdot Y_{ijt} + \beta_k \cdot Z_{kit} + v_i + v_t + \varepsilon_{it} \qquad (7-21)$$

在式（7-21）中，Y_{ijt} 表示集群效率；$j = 1$，2，3，4 分别表示集群综合效率、纯技术效率、规模效率和全要素生产率；i 表示各个具体的集群；t 表示年份；X_{1it} 表示第 i 个橡塑产业集群第 t 年的企业价值，Z_{kit} 表示控制变量，当 $k = 3$，4，5，6，7，8 时，分别表示第 i 个橡塑产业集群第 t 年的研发水平、工业化程度、基础建设水平、人力资本水平、城镇化水平、经济发展水平，v_i 表示各个具体集群的个体性；v_t 表示时间的差异性；ε_{it} 表示误差项。

本章利用面板数据固定效应模型计算中国橡塑产业集群企业价值与集群效率的关系，结果如表 7-44 所示。

表 7-44　核心解释变量为 $Y1 \sim Y4$ 时的面板数模型稳健性分析

因变量	$X1$	$X1$	$X1$	$X1$
模型序号	模型 1	模型 2	模型 3	模型 4
$Y1$	0. 568 066 5 **			
$Y2$		0. 323 914 4		
$Y3$			0. 461 977 4 **	
$Y4$				0. 145 588

表7-44（续）

因变量	X1	X1	X1	X1
模型序号	模型1	模型2	模型3	模型4
Z3	0.058 690 1	0.049 494 4	0.093 780 2	0.066 217 6
Z4	0.063 434 9	0.045 081 8	0.026 47	0.031 567 1
Z5	−0.062 779 4	−0.071 902 3	−0.047 893	−0.049 963 3
Z6	0.320 356 2*	0.241 498 2	0.243 126 5**	0.177 428 9
Z7	−0.195 907 9	−0.219 782 7	−0.221 587	−0.239 136 3
Z8	0.090 405 4	0.218 386 5**	0.088 690 3	0.244 815 9***
year2	−0.018 711 2	−0.046 736 5	−0.000 700 9	−0.030 520 2
year3	−0.067 229 8**	−0.099 524 1*	−0.041 699 2	−0.090 729**
year4	0.111 139 2	0.013 347 2	0.086 864 8	−0.005 873 6
year5	0.260 722 4**	0.165 564 4*	0.241 610 7***	0.141 409 7**
year6	0.031 634 7	−0.089 218 5	0.006 994 4	−0.116 512
year7	0.085 264 2	−0.075 356 7	0.067 369 5	−0.098 862 4
year8	−0.174 437 9*	−0.300 799**	−0.124 666 4	−0.277 532 7**
_Icode_2	0.041 943 2	0.064 605 5	0.151 259 2**	0.138 036 3**
_Icode_3	0.195 106 3*	0.094 521 9	0.254 887**	0.138 125 6
_Icode_4	−0.153 783 3**	−0.033 947 2	−0.070 373 1	0.004 831 9
_Icode_5	−0.188 097 5	−0.025 929 1	−0.064 467 4	0.029 344
_Icode_6	0.075 807 5	0.024 445 4	−0.004 892	−0.048 316 6
_Icode_7	0.155 254 7	0.061 544 2	0.222 777 7*	0.116 724 4
_Icode_8	0.250 301*	0.225 148	0.226 621 6	0.203 703 7
_Icode_9	−0.089 184 6*	0.073 799 9	0.035 588 6	0.136 336 4**
_cons	0.027 962 4	0.187 907 7	0.042 214 9	0.313 588 5

根据模型1可以发现，橡塑产业集群综合效率（Y1）在5%的水平上对集群企业价值（X1）显著正相关，即橡塑产业集群综合效率的提高有助于提升企业价值。控制变量中，橡塑产业集群地区人力资本水平（Z6）在10%的水平上对集群企业价值（X1）正相关，即集群地区人力资本水平的

提高对中国橡塑产业集群企业价值的提高起到一定的促进作用。

根据模型 2 可以看出，集群纯技术效率（$Y2$）对企业价值（$X1$）没有显著的影响关系，即中国橡塑产业集群纯技术效率对企业价值的促进作用不显著。控制变量中橡塑产业集群经济发展水平（$Z8$）在 5% 的水平上对纯技术效率（$Y2$）正向影响，即集群经济发展水平的提高有利于提高企业价值。

根据模型 3 可以看出，集群规模效率（$Y3$）对企业价值（$X1$）在 5% 水平显著正向影响，即中国橡塑产业集群规模效率对企业价值有显著正向促进作用。控制变量中集群地区人力资本水平（$Z6$）在 5% 的水平上对企业价值（$X1$）正向促进作用，即集群地区人力资本水平的提高有利于提高中国橡塑产业集群的企业价值。

根据模型 4 可以看出，全要素生产率（$Y4$）对企业价值（$X1$）没有显著影响，即全要素生产率对企业价值的促进作用不显著。控制变量中集群经济发展水平（$Z8$）在 1% 的水平上对企业价值（$X1$）有显著正向促进作用。

根据模型 1 至模型 4 可以发现，中国橡塑产业集群综合效率（$Y1$）、规模效率（$Y3$）均在 5% 水平显著促进橡塑产业集群的企业价值，但是橡塑产业集群纯技术效率（$Y2$）、全要素生产率（$Y4$）对塑产业集群的企业价值没有显著的影响作用。这与 7.2.1 节的面板数据模型在中国橡塑产业集群企业价值与综合效率、规模效率之间关系的结论相同，但是对于企业价值与中国橡塑产业集群纯技术效率、全要素生产率之间的关系并不相同，这说明面板数据模型具有一定的稳健性，同时也说明采用不同的控制变量也会对结论产生一定程度的影响。

7.3 本章小结

本章采用面板数据模型研究中国橡塑产业集群效率与企业价值之间的关系，探索企业价值对中国橡塑产业集群效率的影响，主要包括面板数据模型的设定、误差项检验，固定效应模型、随机效应模型、混合回归模型选择，模型的计算和内生性问题的处理等，发现企业价值能够显著正向促进中国橡塑产业集群的综合效率、纯技术效率和规模效率的提高，但是对全要素生产率没有显著的影响。本章通过改变控制变量、采用其他模型以及从橡塑产业集群个体层面等角度对面板数据模型进行稳健性分析；利用固定效应模型对橡塑产业集群效率与橡塑产业集群规模集聚度的关系进行拓展性分析。

另外，本章利用面板数据模型研究中国橡塑产业集群企业价值与效率之间的关系，探索中国橡塑产业集群效率对企业价值的影响，主要包括面板数据模型的设定、误差项检验，固定效应模型、随机效应模型、混合回归模型选择，模型的计算和内生性问题的处理等，发现中国橡塑产业集群的综合效率、纯技术效率和规模效率分别能够在1%、5%、1%的水平显著正向促进企业价值的提高，综合效率、纯技术效率、规模效率每增加1个单位，企业价值将分别增加0.783、0.587、0.633个单位，但是对全要素生产率没有显著的影响。当完成内生性处理之后，发现中国橡塑产业集群的综合效率、纯技术效率和规模效率分别能够在1%、5%、10%的水平显著正向促进企业价值的提高，综合效率、纯技术效率、规模效率每增加1个单位，企业价值将分别增加0.441、0.423、0.311个单位，但是对全要素生产率没有显著的影响；通过改变控制变量对面板数据模型进行稳健性分析。

第8章　中国橡塑产业集群效率与企业价值关系机制分析

第7章的研究发现，企业价值对中国橡塑产业集群的综合效率、纯技术效率和规模效率具有显著的正向作用，对全要素生产率没有显著的影响关系。本章将进一步探索企业价值对中国橡塑产业集群综合效率、纯技术效率和规模效率的影响机制。

根据第2章的研究结论可知，企业价值可能通过规模效应、创新驱动效应、信息溢出效应、结构调整效应等来提高橡塑产业集群的效率，因此橡塑产业集群的资本水平（G1）、研发水平（G2）、规模（G3）等因素可能是企业价值影响中国橡塑产业集群效率的机制。同时，集群是由许多相关联的企业空间集聚形成的，产业集群有利于提高集群效率和企业价值，产业集群的规模集聚度（Z1）也可能会对集群效率和企业价值之间的关系产生影响。因此，产业集群的集聚度也可能是集群效率与企业价值关系的重要影响因素。

因此本章重点对橡塑产业集群资本水平、橡塑产业集群研发水平、橡塑产业集群规模、橡塑产业集群规模集聚度等因素对中国橡塑产业集群综合效率、纯技术效率、规模效率与企业价值之间的关系进行分析。

8.1　企业价值对中国橡塑产业集群效率的影响机制分析

8.1.1　资本的影响机制分析

本小节构建联立方程模型来解释企业价值是否能够通过橡塑产业集群资本水平来影响中国橡塑产业集群的效率。联立方程模型见式（8-1）、式

（8-2）。

$$Y_{jit} = \alpha_0 \cdot G_{1it} + \alpha_1 \cdot X_{1it} + \beta_k \cdot Z_{kit} + v_i + v_t + \varepsilon_{it} \tag{8-1}$$

$$G_{1it} = \beta_0 \cdot X_{1it} + \beta_k \cdot Z_{kit} + v_i + v_t + \varepsilon_{it} \tag{8-2}$$

其中，G_{1it} 表示第 i 个橡塑产业集群在第 t 年的资本，采用橡塑产业集群的规模以上橡塑企业资产表示橡塑产业集群资本，α_1 和 $\alpha_0 \cdot \beta_0$ 分别表示企业价值对中国橡塑产业集群效率的直接效应、间接效应，其他符号解释与7.1 节式（7-1）中的说明一致。

考虑到不同方程之间可能存在着误差项的联系，如果采用单一方程进行计算，容易忽略不同方程之间的联系，因此本章采用联立方程方法进行机制分析，利用 Stata15 软件中的 reg 3 命令和 sure 选项对联立方程进行计算，结果如表 8-1 所示。

表 8-1 中国橡塑产业集群效率与企业价值关系的资本机制结果

变量	企业价值→综合效率		企业价值→纯技术效率		企业价值→规模效率	
	G1	Y1	G1	Y2	G1	Y3
G1		0.140 8**		−0.058 0		0.313 1***
X1	0.470 9***	0.191 8***	0.470 9***	0.143 4***	0.470 9***	0.081 2
Z1	0.952 7***	0.120 5	0.952 7***	0.540 8***	0.952 7***	−0.341 7**
Z2	0.785 1***	0.053 4	0.785 1***	0.075 2	0.785 1***	−0.090 8
Z3	0.328 0***	−0.027 4	0.328 0***	0.103 3***	0.328 0***	−0.161 0***
Z4	0.543 5***	−0.053 9	0.543 5***	0.015 1	0.543 5***	−0.041 2
Z5	0.162 5**	0.039 7	0.162 5**	0.071 1**	0.162 5**	0.002 7
Z6	−0.342 5**	−0.222 1***	−0.342 5**	−0.223 3***	−0.342 5**	−0.014 2
Z7	−0.401 4***	0.026 7	−0.401 4***	−0.038 4	−0.401 4***	0.097 1*
_Icode_2	0.446 6	0.192 6	0.446 6	0.425 5	0.446 6	−0.178 4
_Icode_3	−0.473 2	−0.131 4	−0.473 2	−0.053 6	−0.473 2	−0.076 4
_Icode_4	0.521 0	0.335 4	0.521 0	0.377 8	0.521 0	0.015 4
_Icode_5	−0.009 7	0.374 1	−0.009 7	0.036 3	−0.009 7	0.331 3
_Icode_6	0.528 3	−0.122 8	0.528 3	−0.061 7	0.528 3	−0.165 5
_Icode_7	0.711 3	−0.063 6	0.711 3	0.267 0	0.711 3	−0.366 3
_Icode_8	0.806 0	−0.008 9	0.806 0	0.179 1	0.806 0	−0.201 7
_Icode_9	0.791 7	0.422 2	0.791 7	0.318 7	0.791 7	0.074 9

表8-1(续)

变量	企业价值→综合效率		企业价值→纯技术效率		企业价值→规模效率	
	$G1$	$Y1$	$G1$	$Y2$	$G1$	$Y3$
_Iyear_2013	0.294 0	−0.036 1	0.294 0	0.037 7	0.294 0	−0.094 7
_Iyear_2014	0.709 9	−0.030 7	0.709 9	0.112 7	0.709 9	−0.186 7
_Iyear_2015	0.812 7	−0.185 1	0.812 7	−0.000 1	0.812 7	−0.244 7
_Iyear_2016	0.918 1	−0.227 4	0.918 1	−0.024 0	0.918 1	−0.295 7
_Iyear_2017	1.135 4	−0.207 0	1.135 4	0.004 4	1.135 4	−0.309 6
_Iyear_2018	1.145 8	−0.231 4	1.145 8	0.038 3	1.145 8	−0.367 2
_Iyear_2019	1.736 5	−0.092 6	1.736 5	0.274 7	1.736 5	−0.457 8
_cons	−3.361 4***	0.391 8	−3.361 4***	−0.134 0	−3.361 4***	1.462 9***

从表8-1中可以发现：

（1）资本在企业价值→橡塑产业集群综合效率的中介作用。

企业价值（$X1$）在1%的水平对资本（$G1$）具有显著的正向作用，资本和企业价值分别在5%、1%的水平对中国橡塑产业集群综合效率有显著的正向作用，说明资本对橡塑产业集群企业价值与综合效率之间的关系中具有部分中介作用。企业价值对橡塑产业集群综合效率的直接效应是0.191 8，企业价值通过资本对橡塑产业集群综合效率的间接效应是0.470 9×0.140 8＝0.066 3。

（2）资本在企业价值→橡塑产业集群纯技术效率的中介作用。

企业价值（$X1$）在1%的水平对资本（$G1$）有显著的正向作用。企业价值在1%的水平对纯技术效率（$Y2$）具有显著的正向作用，资本对纯技术效率没有显著的影响作用，因此，说明资本对橡塑产业集群企业价值与纯技术效率之间的关系没有显著的中介作用。

（3）资本在企业价值→橡塑产业集群规模效率的中介作用。

企业价值（$X1$）在1%的水平对资本（$G1$）具有显著的正向作用。资本在1%的水平对橡塑产业集群规模效率（$Y3$）具有显著的正向作用，企业价值对橡塑产业集群规模效率没有显著的影响作用，说明资本对橡塑产业集群企业价值与规模效率之间的关系具有完全中介作用，间接效应是0.313 1×0.470 9＝0.147 4。

综上，资本对于中国橡塑产业集群企业价值与综合效率、纯技术效率、规模效率之间的关系分别起到部分中介效应、没有显著的中介效应、完全中介效应。

8.1.2 研发投入的机制分析

本小节构建联立方程模型来研究企业价值是否通过影响橡塑产业集群研发水平来影响中国橡塑产业集群的效率，联立方程见式（8-3）和式（8-4）。

$$Y_{jit} = \alpha_0 \cdot G_{2it} + \alpha_1 \cdot X_{1it} + \beta_k \cdot Z_{kit} + v_i + v_t + \varepsilon_{it} \tag{8-3}$$

$$G_{7it} = \beta_0 \cdot X_{1it} + \beta_k \cdot Z_{kit} + v_i + v_t + \varepsilon_{it} \tag{8-4}$$

其中，G_{2it} 表示第 i 个橡塑产业集群第 t 年的研发投入，其他变量的解释与 7.1 节中的公式（7-1）说明相同。由于在统计年鉴中没有统计橡塑产业集群的研发经费投入状况，因此本小节中橡塑产业集群的研发投入数据主要是根据橡塑产业集群地区规模以上工业企业 R&D 经费获得，具体计算方法见式（8-5）。

$$G_{2it} = \frac{w_{1it}}{w_{2it}} \cdot G_{0it} \tag{8-5}$$

其中，w_{1it} 表示橡塑产业集群规模以上橡塑企业的总资产，w_{2it} 和 G_{0it} 分别表示橡塑产业集群地区规模以上工业企业的总资产和 R&D 经费。

考虑到不同方程之间可能存在着联系，用单一方程进行计算，容易忽略不同方程之间的联系，因此本章采用联立方程方法进行机制分析，利用 Stata15 软件中的 reg 3 命令和 sure 选项可以计算出中国橡塑产业企业价值与集群效率关系的研发机制联立方程的结果，如表 8-2 所示。

表 8-2　中国橡塑产业集群效率与企业价值关系的研发机制结果

变量	企业价值→综合效率		企业价值→纯技术效率		企业价值→规模效率	
	$G2$	$Y1$	$G2$	$Y2$	$G2$	$Y3$
$G2$		0.163 3 ***		−0.057 4		0.340 1 ***
$X1$	0.505 7 ***	0.175 6 ***	0.505 7 ***	0.145 1 **	0.505 7 ***	0.056 7
$Z1$	0.438 8	0.183 0	0.438 8	0.510 7 ***	0.438 8	−0.192 7
$Z2$	0.579 2 ***	0.069 3	0.579 2 ***	0.062 8	0.579 2 ***	−0.042 0
$Z3$	0.662 3 ***	−0.089 3 *	0.662 3 ***	0.122 2 ***	0.662 3 ***	−0.283 6 ***
$Z4$	0.586 9 ***	−0.073 2	0.586 9 ***	0.017 2	0.586 9 ***	−0.070 7

表8-2（续）

变量	企业价值→综合效率		企业价值→纯技术效率		企业价值→规模效率	
	G2	Y1	G2	Y2	G2	Y3
Z5	0.250 5***	0.021 7	0.250 5***	0.076 0**	0.250 5***	−0.031 6
Z6	−0.180 9	−0.240 8***	−0.180 9	−0.213 8***	−0.180 9	−0.059 9
Z7	−0.654 1***	0.077 0	−0.654 1***	−0.052 6	−0.654 1***	0.193 9***
_Icode_2	0.264 7	0.212 3	0.264 7	0.414 8	0.264 7	−0.128 6
_Icode_3	−0.275 2	−0.153 1	−0.275 2	−0.041 9	−0.275 2	−0.131 0
_Icode_4	0.202 3	0.375 8	0.202 3	0.359 1	0.202 3	0.109 7
_Icode_5	0.197 8	0.340 4	0.197 8	0.048 2	0.197 8	0.260 9
_Icode_6	0.213 4	−0.083 2	0.213 4	−0.080 1	0.213 4	−0.072 7
_Icode_7	0.331 1	−0.017 5	0.331 1	0.244 7	0.331 1	−0.256 2
_Icode_8	0.483 5	0.025 6	0.483 5	0.160 0	0.483 5	−0.113 8
_Icode_9	0.491 5	0.453 4	0.491 5	0.300 9	0.491 5	0.155 6
_Iyear_2013	0.238 9	−0.033 7	0.238 9	0.034 3	0.238 9	−0.083 9
_Iyear_2014	0.515 6	−0.014 9	0.515 6	0.101 1	0.515 6	−0.139 7
_Iyear_2015	0.713 9	−0.187 2	0.713 9	−0.006 3	0.713 9	−0.233 1
_Iyear_2016	0.877 2	−0.241 4	0.877 2	−0.026 9	0.877 2	−0.306 6
_Iyear_2017	1.180 0	−0.239 8	1.180 0	0.006 2	1.180 0	−0.355 4
_Iyear_2018	1.297 5	−0.282 0	1.297 5	0.046 2	1.297 5	−0.449 8
_Iyear_2019	1.657 3	−0.118 7	1.657 3	0.269 0	1.657 3	−0.477 7
_cons	−2.520 6***	0.330 1	−2.520 6***	−0.083 4	−2.520 6***	1.267 7***

从表8-2中可以发现：

（1）研发投入在企业价值→橡塑产业集群综合效率的中介效应。

企业价值（X1）在1%的水平对橡塑产业集群企业研发投入（G2）具有显著的作用。橡塑产业集群企业研发投入、企业价值均在1%的水平对中国橡塑产业集群的综合效率具有显著的正向作用，这说明橡塑产业集群研发投入对于中国橡塑产业集群企业价值与综合效率之间的关系具有部分中介作用。企业价值对于中国橡塑产业集群综合效率的直接效应是0.175 6，企业价值通过橡塑产业集群研发投入对中国橡塑产业集群综合效率的间接效应是0.505 7×0.163 3＝0.082 6。

（2）研发投入在企业价值→橡塑产业集群纯技术效率的中介效应。

企业价值（$X1$）在 1% 的水平对中国橡塑产业集群企业研发投入（$G2$）具有显著的正向影响。橡塑产业集群企业研发投入对中国橡塑产业集群纯技术效率（$Y2$）没有显著的正向影响，企业价值在 5% 的水平对中国橡塑产业集群纯技术效率具有显著的正向影响，因此说明橡塑产业集群研发投入对于中国橡塑产业集群企业价值与纯技术效率之间的关系没有显著的中介作用。

（3）研发投入在企业价值→橡塑产业集群规模效率的中介效应要。

企业价值（$X1$）在 1% 的水平对橡塑产业集群研发投入（$G2$）具有显著的正向作用。橡塑产业集群研发投入对中国橡塑产业集群规模效率（$Y3$）产生显著的正向作用，企业价值对中国橡塑产业集群规模效率没有显著的影响，说明中国橡塑产业集群研发投入对中国橡塑产业集群企业价值与规模效率之间的关系具有完全中介作用，其间接效应是：0.505 7×0.340 1 = 0.172。

综上，橡塑产业集群研发投入对于中国橡塑产业集群企业价值与综合效率、纯技术效率、规模效率之间的关系分别具有部分中介、没有显著中介效应、完全中介效应的影响。橡塑产业集群研发投入之所以对中国橡塑产业集群企业价值与纯技术效率之间没有显著的中介效应，这可能是由于中国橡塑产业属于传统化工产业，在技术方面已经比较成熟和稳定，因此企业价值通过集群研发投入来进一步提高橡塑产业集群纯技术效率的中介效应不显著。

8.1.3　集群规模的机制分析

本小节构建联立方程模型来研究企业价值是否通过影响橡塑产业集群规模来影响中国橡塑产业集群的效率，联立方程见式（8-6）和（8-7）。

$$Y_{jit} = \alpha_0 \cdot G_{3it} + \alpha_1 \cdot X_{1it} + \beta_k \cdot Z_{kit} + v_i + v_t + \varepsilon_{it} \qquad (8-6)$$

$$G_{2it} = \beta_0 \cdot X_{1it} + \beta_k \cdot Z_{kit} + v_i + v_t + \varepsilon_{it} \qquad (8-7)$$

其中，G_{3it} 表示第 i 个橡塑产业集群第 t 年的规模，用该橡塑产业集群规模以上企业数表示，其他变量的解释与 7.1 节中式（7-1）说明相同。

考虑到不同方程之间可能存在着联系，如果采用单一方程进行求解，容易忽略不同方程之间的联系，所以本章采用联立方程法对式（8-6）和式（8-7）进行系统求解，利用 Stata15 软件的 reg 3 命令和 sure 选项进行联立方程系统求解，结果见表8-3。

表8-3 中国橡塑产业集群效率与企业价值关系的规模机制结果

变量	企业价值→综合效率		企业价值→纯技术效率		企业价值→规模效率	
	$G3$	$Y1$	$G3$	$Y2$	$G3$	$Y3$
$G3$		0.087 7 *		0.035 3		0.129 0 **
$X1$	0.636 8 ***	0.202 3 ***	0.636 8 ***	0.093 6	0.636 8 ***	0.146 5 **
$Z1$	2.000 4 ***	0.079 1	2.000 4 ***	0.414 9 ***	2.000 4 ***	−0.301 5
$Z2$	−0.005 6 *	0.164 4 *	−0.005 6	0.029 8	−0.005 6	0.155 8
$Z3$	0.600 3 ***	−0.033 9	0.600 3 ***	0.063 0 *	0.600 3 ***	−0.135 8 ***
$Z4$	0.364 2 *	−0.009 3	0.364 2 *	−0.029 3	0.364 2 *	0.082 0
$Z5$	0.076 9	0.055 9 *	0.076 9	0.058 9 **	0.076 9	0.043 7
$Z6$	0.072 5	−0.276 7 ***	0.072 5	−0.206 0 ***	0.072 5	−0.130 8 *
$Z7$	0.605 2 ***	−0.082 9	0.605 2 ***	−0.036 5	0.605 2 ***	−0.106 7
_Icode_2	0.754 6	0.189 3	0.754 6	0.373 0	0.754 6	−0.135 9
_Icode_3	−1.039 0	−0.106 8	−1.039 0	0.010 5	−1.039 0	−0.090 6
_Icode_4	0.741 9	0.343 7	0.741 9	0.321 3	0.741 9	0.082 8
_Icode_5	−0.864 8	0.448 6	−0.864 8	0.067 4	−0.864 8	0.439 8
_Icode_6	0.471 4	−0.089 7	0.471 4	−0.109 0	0.471 4	−0.060 9
_Icode_7	0.016 4	0.035 2	0.016 4	0.225 1	0.016 4	−0.145 7
_Icode_8	0.553 3	0.056 0	0.553 3	0.112 8	0.553 3	−0.020 7
_Icode_9	0.165 2	0.519 2	0.165 2	0.266 9	0.165 2	0.301 5
_Iyear_2013	−0.170 0	0.020 2	−0.170 0	0.026 6	−0.170 0	0.019 3
_Iyear_2014	0.001 4	0.069 2	0.001 4	0.071 4	0.001 4	0.035 5
_Iyear_2015	0.037 2	−0.073 9	0.037 2	−0.048 6	0.037 2	0.005 0
_Iyear_2016	−0.240 4	−0.077 1	−0.240 4	−0.068 8	−0.240 4	0.022 8
_Iyear_2017	−0.213 3	−0.028 4	−0.213 3	−0.054 0	−0.213 3	0.073 5
_Iyear_2018	−0.274 1	−0.046 1	−0.274 1	−0.018 5	−0.274 1	0.026 9
_Iyear_2019	−0.170 9	0.166 9	−0.170 9	0.180 0	−0.170 9	0.108 0
_cons	−3.091 1 ***	0.189 7	−3.091 1 ***	0.170 2	−3.091 1	0.809 1 ***

从表 8-3 中可以看出：

（1）集群规模对企业价值→橡塑产业集群综合效率的中介效应。

企业价值（$X1$）在 1% 的水平对橡塑产业集群规模（$G3$）具有显著正向影响。橡塑产业集群规模、企业价值分别在 10%、1% 的水平对中国橡塑产业集群综合效率（$Y1$）具有显著的正向影响，因此说明集群规模对中国橡塑产业集群企业价值与综合效率之间的关系具有部分中介效应。企业价值对中国橡塑产业集群综合效率的直接效应是 0.202 3，企业价值通过集群规模对中国橡塑产业集群综合效率的间接效应是 0.636 8×0.087 7 = 0.055 8。

（2）集群规模对企业价值→橡塑产业集群纯技术效率的中介效应。

企业价值（$X1$）在 1% 的水平对橡塑产业集群规模（$G3$）产生显著正向影响。橡塑产业集群规模、企业价值对中国橡塑产业集群纯技术效率（$Y2$）均没有显著的影响，说明橡塑产业集群规模对中国橡塑产业集群企业价值与纯技术效率之间的关系没有显著的中介效应。

（3）集群规模对企业价值→橡塑产业集群规模效率的中介效应。

企业价值（$X1$）在 1% 的水平对橡塑产业集群规模（$G3$）产生显著正向影响。橡塑产业集群规模、企业价值均在 5% 的显著性水平对中国橡塑产业集群规模效率（$Y3$）产生正向影响，说明集群规模对中国橡塑产业集群企业价值与规模效率之间的关系具有显著的部分中介效应。企业价值对中国橡塑产业集群规模效率的直接效应是 0.146 5，企业价值通过扩大集群规模对中国橡塑产业集群规模效率的间接效应是 0.636 8×0.129 0 = 0.082 1。

综上，集群规模对中国橡塑产业集群企业价值与综合效率、纯技术效率、规模效率之间的关系分别起部分中介效应、没有显著中介效应和部分中介效应。

8.1.4　集聚度的机制分析

调节效应是指自变量（X）对因变量（Y）的影响过程中，调节变量（Z）取不同值时，自变量对因变量的影响程度是否有明显差异，如果 Z 取不同值时，X 对 Y 的影响幅度并不一致，则说明具有调节效应（周俊，2018）。

为了研究中国橡塑产业企业价值与集群效率关系之间可能存在的调节效应，引入橡塑产业集群规模集聚度（$Z1$）这一调节变量，探索橡塑产业集群规模集聚度对中国橡塑产业企业价值与集群效率关系的调节效应，模型见式（8-8）。

$$Y_{ijt} = \partial_0 \cdot X_{1it} + \partial_1 \cdot Z_{1it} + \partial_2 \cdot X_{1it} \cdot Z_{1it} + \beta_k \cdot Z_{kit} + v_i + v_t + \varepsilon_{it}$$

$$(8-8)$$

在式（8-8）中，当 $k=8$ 时，Z_{8it} 表示集群地区经济发展水平，$X_{1it} \cdot Z_{1it}$ 表示企业价值与橡塑产业集群规模集聚度的交互项，∂_2 表示橡塑产业集群规模集聚度对企业价值与橡塑产业集群效率的调节效应。其他变量说明与 7.1 节中的公式（7-1）说明一致。

把相关指标数据代入面板数据模型中，利用 EViews10 软件进行计算，结果如表 8-4 所示。

表 8-4　因变量为 Y1~Y3 时的面板数据模型调节效应分析结果

因变量	Y1	Y2	Y3
C	0. 275 312	−0. 212 584	0. 839 039 **
$X1$	0. 369 624	−0. 140 904	0. 507 194 **
$Z1$	0. 191 548	0. 319 653 **	−0. 027 413
$X1 * Z1$	−0. 241 801	0. 092 128	−0. 345 045 *
$Z3$	−5. 155 155	8. 593 455 **	−14. 271 86 ***
$Z4$	0. 012 862 ***	0. 007 412 **	0. 015 108 ***
$Z5$	0. 007 532	0. 044 904	−0. 018 509
$Z6$	−0. 051 991 **	−0. 002 775	0. 057 071 **
$Z8$	2.32E−06 **	2.37E−06 ***	1.59E−06
个体效应	控制	控制	控制
时点效应			
固定效应	控制	控制	控制
随机效应			
R−squared	0. 904 225	0. 849 904	0. 860 344
Adjusted R−squared	0. 876 363	0. 806 239	0. 819 717
F−statistic	32. 453 95	19. 464 46	21. 176 63
Prob（F−statistic）	0. 000 000	0. 000 000	0. 000 000

根据表 8-4 可以发现，企业价值与橡塑产业集群规模集聚度的交互项

（$X1 * Z1$）对中国橡塑产业集群的综合效率（$Y1$）、纯技术效率（$Y2$）均没有显著的影响关系，即橡塑产业集群规模集聚度对中国橡塑产业集群企业价值与综合效率、纯技术效率之间的关系没有调节作用。

企业价值与橡塑产业集群规模集聚度的交互项在1%的水平对橡塑产业集群规模效率（$Y3$）有显著负向影响，说明橡塑产业集群规模集聚度对中国橡塑产业集群企业价值与规模效率之间的关系具有一定程度的调节作用。

综上，经过对中国橡塑产业集群效率与企业价值关系的机制分析，得到橡塑产业集群规模、橡塑产业集群研发水平、集群资本水平对中国橡塑产业集群企业价值与综合效之间的关系均具有部分中介效应；橡塑产业集群规模对中国橡塑产业集群企业价值与规模效率之间的关系具有部分中介效应，橡塑产业集群企业研发投入、集群资本对中国橡塑产业集群企业价值与规模效率之间的关系具有完全中介效应；橡塑产业集群规模集聚度对中国橡塑产业集群企业价值与规模效率之间的关系具有调节效应。

8.2 中国橡塑产业集群效率对企业价值的影响机制分析

根据7.2节的研究发现，中国橡塑产业集群的综合效率、纯技术效率和规模效率对企业价值具有显著的正向作用，全要素生产率对企业价值没有显著的影响关系。本章将进一步探索中国橡塑产业集群综合效率、纯技术效率和规模效率对企业价值的影响机制。

根据2.4节的研究结果可知，企业价值可能通过规模效应、创新驱动效应、信息溢出效应、结构调整效应等来提高橡塑产业集群的效率，因此橡塑产业集群的资本水平（$G1$）、研发水平（$G2$）、规模（$G3$）等因素可能是企业价值影响中国橡塑产业集群效率的机制。因此本章重点对橡塑产业集群资本水平、橡塑产业集群研发水平、橡塑产业集群规模等因素对中国橡塑产业集群综合效率、纯技术效率、规模效率对企业价值的影响关系进行机制分析。

8.2.1 资本的影响机制分析

本小节构建联立方程模型来解释中国橡塑产业集群的效率是否通过影

响橡塑产业集群资本水平来影响企业价值，联立方程模型见式（8-9）、式（8-10）。

$$X_{1it} = \alpha_0 \cdot G_{1it} + \alpha_1 \cdot Y_{jit} + \beta_k \cdot Z_{kit} + v_i + v_t + \varepsilon_{it} \qquad (8\text{-}9)$$

$$G_{1it} = \beta_0 \cdot Y_{jit} + \beta_k \cdot Z_{kit} + v_i + v_t + \varepsilon_{it} \qquad (8\text{-}10)$$

其中，G_{1it} 表示第 i 个橡塑产业集群在第 t 年的资本，采用橡塑产业集群的规模以上橡塑企业资产表示橡塑产业集群资本，α_1 和 $\alpha_0 \cdot \beta_0$ 分别表示中国橡塑产业集群效率对企业价值的直接效应、间接效应，其他符号解释与 8.1 节公式（8-1）中的说明一致。

考虑到不同方程之间可能存在着误差项的联系，如果采用单一方程进行计算，容易忽略不同方程之间的联系，因此本章采用联立方程方法进行机制分析，利用 Stata15 软件中的 reg 3 命令和 sure 选项对联立方程进行计算，结果如表 8-5 所示。

表 8-5 中国橡塑产业集群企业价值与效率关系的资本机制结果

变量	综合效率→企业价值		纯技术效率→企业价值		规模效率→企业价值	
	G1	X1	G1	X1	G1	X1
G1		0.265 7***		0.299 6***		0.277 7***
Y1	1.660 9***	0.341 6**				
Y2			1.695 2***	0.079 6		
Y3					1.211 7***	0.296 7**
Z1	1.110 8*	−0.259 2	0.779 1	−0.243 8	1.631 1***	−0.173 4
Z2	−0.676 0**	−0.278 8**	−0.549 9	−0.238 1*	−0.654 4*	−0.270 2**
Z3	0.258 3**	−0.035 1	0.160 8	−0.041 3	0.369 4***	−0.014 0
Z4	0.802 6**	−0.016 6	0.930 4***	−0.018 7	0.724 7**	−0.053 2
Z5	−0.101 9	−0.046 2	−0.109 5	−0.031 8	−0.067 5	−0.041 2
Z6	0.143 4	0.334 5***	0.086 1	0.281 7**	−0.127 8	0.285 0***
Z7	−0.237 2	−0.093 4	−0.313 4	−0.107 2	−0.286 2	−0.095 0
_Icode_2	0.103 8	−0.078 6	−0.105 9	−0.029 0	0.603 3**	0.016 5
_Icode_3	−0.326 0	0.202 0*	−0.622 0**	0.155 5	−0.390 2	0.208 2*
_Icode_4	−0.155 7	−0.262 1**	−0.061 1	−0.166 2	0.310 1	−0.181 5*
_Icode_5	−1.481 5***	−0.096 8	−0.982 7***	0.040 8	−1.297 9***	−0.060 2

表8-5(续)

变量	综合效率→企业价值		纯技术效率→企业价值		规模效率→企业价值	
	$G1$	$X1$	$G1$	$X1$	$G1$	$X1$
_Icode_6	0.176 7	-0.150 8 *	0.211 7	-0.174 7 **	0.069 5	-0.171 2 **
_Icode_7	-0.512 1 *	-0.076 1	-0.887 2 ***	-0.081 1	-0.312 2	-0.019 0
_Icode_8	0.056 1	-0.063 7	0.015 2	-0.043 6	0.174 8	-0.045 1
_Icode_9	-1.245 7 ***	-0.289 8 *	-0.880 7 **	-0.133 4	-0.789 1 **	-0.202 8
_Iyear_2013	0.191 1	-0.040 6	0.169 2	-0.046 0	0.205 8	-0.040 1
_Iyear_2014	0.518 2 ***	-0.178 0 ***	0.516 2 ***	-0.180 4 **	0.592 8 ***	-0.172 3 ***
_Iyear_2015	0.752 7 ***	0.009 5	0.760 4 ***	-0.019 9	0.652 9 ***	-0.022 2
_Iyear_2016	0.984 7 ***	0.104 3	1.036 7 ***	0.072 4	0.886 6 ***	0.068 8
_Iyear_2017	1.039 8 ***	-0.119 7	1.100 6 ***	-0.153 8	0.928 6 ***	-0.158 8
_Iyear_2018	1.083 4 ***	-0.038 5	1.071 3 ***	-0.077 3	1.014 2 ***	-0.067 9
_Iyear_2019	1.249 9 ***	-0.344 7 **	1.238 3 ***	-0.349 0 **	1.418 2 ***	-0.334 5 **
_cons	-1.837 3 **	1.032 2 ***	-1.936 7 **	1.105 1 ***	-2.378 7 ***	0.915 6 ***

从表 8-5 中可以发现：

（1）资本在橡塑产业集群综合效率→企业价值的中介作用。

中国橡塑产业集群综合效率（$Y1$）在 1% 的水平对资本（$G1$）具有显著的正向作用，资本和集群综合效率分别在 1%、5% 的水平对企业价值（$X1$）有显著的正向作用，说明资本对橡塑产业集群综合效率与企业价值之间的关系中具有部分中介作用。橡塑产业集群综合效率对企业价值的直接效应是 0.341 6，橡塑产业集群综合效率通过资本对企业价值的间接效应是 0.265 7×1.660 9＝0.441 3。

（2）资本在橡塑产业集群纯技术效率→企业价值的中介作用。

中国橡塑产业集群纯技术效率（$Y2$）在 1% 的水平对资本（$G1$）具有显著的正向作用。资本（$G1$）在 1% 的水平对企业价值（$X1$）具有显著的正向作用，集群纯技术效率（$Y2$）对企业价值（$X1$）没有显著的影响作用，因此，说明资本对橡塑产业集群纯技术效率与企业价值之间的关系有显著的完全中介作用。

（3）资本在橡塑产业集群规模效率→企业价值的中介作用。

橡塑产业集群规模效率（$Y3$）在 1% 的水平对资本（$G1$）具有显著的

正向作用。资本（$G1$）、橡塑产业集群规模效率（$Y3$）分别在 1%、5% 的水平对企业价值（$X1$）具有显著的正向作用，说明资本对橡塑产业集群企业价值与规模效率之间的关系具有部分中介作用。橡塑产业集群规模效率对企业价值的直接效应是 0.296 7，橡塑产业集群规模效率通过资本对企业价值的间接效应是 1.211 7×0.277 7＝0.336 5。

综上，资本对于中国橡塑产业集群企业价值与综合效率、纯技术效率、规模效率之间的关系分别起到部分中介效应、完全中介效应、部分中介效应。

8.2.2　研发投入的影响机制分析

本小节构建联立方程模型来研究中国橡塑产业集群的效率是否通过影响橡塑产业集群研发水平来影响企业价值，联立方程见式（8-11）和式（8-12）。

$$X_{1it} = \alpha_0 \cdot G_{2it} + \alpha_1 \cdot Y_{jit} + \beta_k \cdot Z_{kit} + v_i + v_t + \varepsilon_{it} \qquad (8-11)$$

$$G_{2it} = \beta_0 \cdot Y_{jit} + \beta_k \cdot Z_{kit} + v_i + v_t + \varepsilon_{it} \qquad (8-12)$$

其中，G_{2it} 表示第 i 个橡塑产业集群第 t 年的研发投入，其他变量的解释与 8.2 节中的公式（8-9）说明相同。由于在统计年鉴中没有统计橡塑产业集群的研发经费投入状况，因此本小节中橡塑产业集群的研发投入数据主要是根据橡塑产业集群地区规模以上工业企业 R&D 经费获得，具体计算方法见式（8-13）。

$$G_{2it} = \frac{w_{1it}}{w_{2it}} \cdot G_{0it} \qquad (8-13)$$

其中，w_{1it} 表示橡塑产业集群规模以上橡塑企业的总资产，w_{2it} 和 G_{0it} 分别表示橡塑产业集群地区规模以上工业企业的总资产和 R&D 经费。

考虑到不同方程之间可能存在着联系，用单一方程进行计算，容易忽略不同方程之间的联系，因此本章采用联立方程方法进行机制分析，利用 Stata15 软件中的 reg 3 命令和 sure 选项可以计算出中国橡塑产业集群效率与企业价值关系的研发机制联立方程的结果，如表 8-6 所示。

表 8-6　中国橡塑产业集群企业价值与效率关系的研发机制结果

变量	综合效率→企业价值		纯技术效率→企业价值		规模效率→企业价值	
	$G2$	$X1$	$G2$	$X1$	$G2$	$X1$
$G2$		0.261 9***		0.323 4***		0.281 6***
$Y1$	0.875 3***	0.553 6***				
$Y2$			0.627 0*	0.384 6		
$Y3$					0.909 1***	0.377 3**
$Z1$	1.898 6***	-0.461 2	1.862 3***	-0.612 7*	2.166 3***	-0.330 3
$Z2$	-0.319 0	-0.374 8**	-0.257 4	-0.319 6**	-0.323 9	-0.360 7**
$Z3$	0.608 7***	-0.125 9*	0.581 6***	-0.181 3**	0.679 3***	-0.102 6
$Z4$	0.454 7**	0.077 5	0.526 0**	0.089 8	0.362 1*	0.046 1
$Z5$	0.009 5	-0.075 8	0.021 0	-0.071 4	0.015 0	-0.064 2
$Z6$	0.392 0**	0.270 0**	0.313 9	0.206 0	0.269 5	0.173 6
$Z7$	0.538 7***	-0.297 5***	0.487 6***	-0.358 7***	0.534 6***	-0.325 1***
Icode_2	0.607 7***	-0.210 2*	0.609 3***	-0.257 8*	0.869 7***	-0.060 8
Icode_3	-0.886 1***	0.347 5**	-1.050 6***	0.308 9**	-0.856 1***	0.340 9**
Icode_4	0.392 6**	-0.406 3***	0.535 7***	-0.358 1**	0.588 5***	-0.261 0**
Icode_5	-1.293 2***	-0.151 7	-1.028 3***	0.079 0	-1.269 9***	-0.063 1
Icode_6	0.440 7***	-0.219 3**	0.429 1***	-0.250 1**	0.395 3***	-0.263 2***
Icode_7	-0.110 1	-0.183 3	-0.254 8	-0.264 5*	0.048 3	-0.119 3
Icode_8	0.478 8***	-0.174 2	0.493 7***	-0.198 8	0.525 0***	-0.144 4
Icode_9	-0.406 4*	-0.514 3***	-0.149 3	-0.348 9**	-0.237 4	-0.355 1**
Iyear_2013	-0.167 3*	0.054 0	-0.172 8*	0.060 5	-0.159 9*	0.062 1
Iyear_2014	-0.052 1	-0.026 7	-0.033 6	-0.014 9	-0.023 5	-0.001 0
Iyear_2015	0.178 5	0.162 8	0.175 9	0.151 0	0.111 2	0.127 8
Iyear_2016	-0.005 6	0.367 4***	0.012 4	0.379 0***	-0.077 5	0.336 9***
Iyear_2017	-0.110 5	0.185 5	-0.090 2	0.205 1	-0.190 8	0.152 9
Iyear_2018	-0.112 6	0.278 8**	-0.119 0	0.282 1*	-0.161 9	0.259 3*
Iyear_2019	-0.249 2	0.052 6	-0.204 9	0.088 2	-0.192 0	0.113 5
_cons	-2.772 4***	1.270 1***	-2.789 9***	1.427 3***	-3.206 0***	1.157 6***

从表 8-6 中可以发现：

（1）研发投入在橡塑产业集群综合效率→企业价值的中介效应。

中国橡塑产业集群的综合效率（$Y1$）在 1% 的水平对橡塑产业集群企业研发投入（$G2$）具有显著的正向促进作用。橡塑产业集群企业研发投入（$G2$）、综合效率（$Y1$）均在 1% 的水平对中国橡塑产业集群的企业价值（$X1$）具有显著的正向作用，这说明橡塑产业集群研发投入对于中国橡塑产业集群综合效率与企业价值之间的关系具有部分中介作用。中国橡塑产业集群综合效率对于企业价值的直接效应是 0.553 6，中国橡塑产业集群综合效率通过橡塑产业集群研发投入对企业价值的间接效应是 0.261 9×0.875 3 = 0.229 2。

（2）研发投入在橡塑产业集群纯技术效率→企业价值的中介效应。

中国橡塑产业集群纯技术效率（$Y2$）在 10% 的水平对中国橡塑产业集群企业研发投入（$G2$）具有显著的正向影响。橡塑产业集群企业研发投入（$G2$）在 1% 的水平对中国橡塑产业集群企业价值（$X1$）具有显著的正向影响，纯技术效率（$Y2$）对中国橡塑产业集群企业价值（$X1$）没有显著的影响，因此说明橡塑产业集群研发投入对于中国橡塑产业集群纯技术效率与企业价值之间的关系具有显著的完全中介作用。

（3）研发投入在橡塑产业集群规模效率→企业价值的中介效应。

中国橡塑产业集群规模效率（$Y3$）在 1% 的水平对橡塑产业集群研发投入（$G2$）具有显著的正向作用。橡塑产业集群研发投入（$G2$）、规模效率（$Y3$）分别在 1%、5% 的水平对企业价值（$X1$）产生显著的正向作用，说明中国橡塑产业集群研发投入对中国橡塑产业集群规模效率与企业价值之间的关系具有部分中介作用。中国橡塑产业集群规模效率对于企业价值的直接效应是 0.377 3，中国橡塑产业集群规模效率通过橡塑产业集群研发投入对企业价值的间接效应是 0.281 6×0.909 1 = 0.256 0。

综上，橡塑产业集群研发投入对于中国橡塑产业集群综合效率、纯技术效率、规模效率与企业价值之间的关系分别具有部分中介、完全中介效应、部分中介效应的影响。

8.2.3　集群规模的影响机制分析

本小节构建联立方程模型来研究中国橡塑产业集群的效率是否通过影响橡塑产业集群规模来影响企业价值，联立方程见式（8-14）和式（8-

15）。

$$X_{1it} = \alpha_0 \cdot G_{3it} + \alpha_1 \cdot Y_{jit} + \beta_k \cdot Z_{kit} + v_i + v_t + \varepsilon_{it} \qquad (8-14)$$

$$G_{2it} = \beta_0 \cdot Y_{jit} + \beta_k \cdot Z_{kit} + v_i + v_t + \varepsilon_{it} \qquad (8-15)$$

其中，G_{3it} 表示第 i 个橡塑产业集群第 t 年的规模，用该橡塑产业集群规模以上企业数表示，其他变量的解释与 8.2 节中式（8-9）说明相同。

考虑到不同方程之间可能存在着联系，如果采用单一方程进行求解，容易忽略不同方程之间的联系，所以本章采用联立方程法对式（8-14）和式（8-15）进行系统求解，利用 Stata15 软件的 reg 3 命令和 sure 选项进行联立方程系统求解，结果见表 8-7。

表 8-7　中国橡塑产业集群企业价值与效率关系的规模机制结果

变量	综合效率→企业价值		纯技术效率→企业价值		规模效率→企业价值	
	G3	X1	G3	X1	G3	X1
G3		0.243 0**		0.369 3***		0.256 2**
Y1	0.823 4***	0.582 7***				
Y2			−0.036 1	0.600 7***		
Y3					1.221 6***	0.320 3
Z1	0.819 2***	−0.163 2	1.110 3***	−0.420 5	1.062 2***	0.007 5
Z2	0.543 2***	−0.590 4***	0.589 6***	−0.620 6***	0.516 5***	−0.584 2***
Z3	0.328 1***	−0.046 2	0.359 7***	−0.126 0*	0.410 8***	−0.016 6
Z4	0.594 3***	0.052 2	0.670 6***	0.012 3	0.437 4***	0.036 0
Z5	0.103 1	−0.098 4*	0.150 3**	−0.120 1**	0.091 2	−0.083 4
Z6	−0.067 8	0.389 1***	−0.253 9	0.401 3***	−0.155 5	0.289 3**
Z7	−0.435 0***	−0.050 7	−0.508 9***	−0.013 1	−0.409 5***	−0.069 6
_Icode_2	0.284 5**	−0.120 2	0.549 8***	−0.263 8*	0.529 5***	0.048 4
_Icode_3	−0.323 0**	0.193 9	−0.497 7***	0.153 0	−0.208 3	0.153 2
_Icode_4	0.189 8	−0.349 6***	0.543 4***	−0.385 5***	0.306 9***	−0.174 0
_Icode_5	−0.380 9*	−0.397 8**	−0.126 6	−0.206 8	−0.458 3***	−0.303 3*
_Icode_6	0.522 2***	−0.230 8**	0.440 6***	−0.274 0**	0.494 4***	−0.278 5**
_Icode_7	0.621 8***	−0.363 3**	0.610 2***	−0.572 2***	0.842 7***	−0.321 6*
_Icode_8	0.730 6***	−0.226 4*	0.830 5***	−0.345 8**	0.752 1***	−0.189 3

表8-7(续)

变量	综合效率→企业价值		纯技术效率→企业价值		规模效率→企业价值	
	$G3$	$X1$	$G3$	$X1$	$G3$	$X1$
_Icode_9	0.286 6	−0.690 4***	0.680 7***	−0.648 6***	0.348 6**	−0.511 3***
Iyear_2013	0.294 3***	−0.061 3	0.303 3***	−0.107 4	0.300 6***	−0.060 0
Iyear_2014	0.657 3***	−0.200 1**	0.720 8***	−0.291 9***	0.669 7***	−0.179 2
Iyear_2015	0.920 8***	−0.014 3	0.902 9***	−0.125 6	0.837 8***	−0.055 5
Iyear_2016	1.092 5***	0.100 4	1.087 4***	−0.018 7	0.997 5***	0.059 5
Iyear_2017	1.212 9***	−0.138 3	1.204 4***	−0.269 0	1.108 0***	−0.184 7
Iyear_2018	1.266 5***	−0.058 5	1.260 6***	−0.221 9	1.202 8***	−0.094 4
Iyear_2019	1.645 8***	−0.412 7*	1.806 0***	−0.645 1***	1.657 0***	−0.365 1
_cons	−3.138 7***	1.307 0***	−3.073 2***	1.660 1***	−3.747 4***	1.214 9**

从表8-7中可以看出:

(1)集群规模对橡塑产业集群综合效率→企业价值的中介效应。

中国橡塑产业集群综合效率($Y1$)在1%的水平对橡塑产业集群规模($G3$)具有显著正向影响。橡塑产业集群规模($G3$)、综合效率($Y1$)分别在5%、1%的水平对企业价值($X1$)具有显著的正向影响,因此说明集群规模对中国橡塑产业集群综合效率与企业价值之间的关系具有部分中介效应。中国橡塑产业集群综合效率对企业价值的直接效应是0.582 7,中国橡塑产业集群综合效率通过集群规模对企业价值的间接效应是0.823 4×0.243 0 = 0.200 1。

(2)集群规模对橡塑产业集群纯技术效率→企业价值的中介效应。

橡塑产业集群规模($G3$)、纯技术效率($Y2$)均在1%的水平对企业价值($X1$)具有显著的正向影响。但是由于中国橡塑产业集群纯技术效率($Y2$)对橡塑产业集群规模($G3$)没有显著影响,因此说明橡塑产业集群规模对中国橡塑产业集群纯技术效率与企业价值之间的关系没有显著的中介效应。

(3)集群规模对橡塑产业集群规模效率→企业价值的中介效应。

中国橡塑产业集群规模效率($Y3$)在1%的水平对橡塑产业集群规模($G3$)产生显著正向影响。橡塑产业集群规模($G3$)在5%的显著性水平对企业价值产生显著正向影响,规模效率($Y3$)对企业价值没有显著的影响。因此，集群规模对中国橡塑产业集群规模效率与企业价值之间的关系具有完全中介效应。

综上，集群规模对中国橡塑产业集群综合效率、纯技术效率、规模效率与企业价值之间的关系分别起部分中介效应、没有显著中介效应和完全中介效应。

8.3　本章小结

本章采用联立方程方法研究企业价值对中国橡塑产业集群效率的影响机制，发现资本、研发投入、集群规模在企业价值对中国橡塑产业集群综合效率、规模效率的影响机制中起到部分中介或者全部中介效应的功能，集群规模、集聚度在企业价值对中国橡塑产业集群规模效率的影响机制中具有调节作用。

第 9 章　结论、建议与展望

9.1　结论

本书主要利用 DEA 方法和熵值法对中国橡塑产业集群的综合效率、纯技术效率、规模效率、全要素生产率、企业价值进行测算，对橡塑产业集群效率进行时空分析和效率要素分析。本书利用面板数据模型对中国橡塑产业集群效率与企业价值进行影响程度分析、影响机制分析和内生性分析，并且进行多角度的稳健性分析。

第一，根据区位熵法对 31 个省（自治区、直辖市）的橡塑产业集聚度进行测算，发现中国橡塑产业主要集中在东部沿海地区。结合产业集聚度和地理位置，本书确定辽宁、河北、天津、山东、江苏、上海、浙江、福建、广东 9 个省（自治区、直辖市）的橡塑产业作为中国橡塑产业集群效率及其与企业价值关系研究这一课题的研究样本。

第二，利用 DEA 方法中的 CCR 模型、BCC 模型和 Malmquist 指数法对中国橡塑产业集群的综合效率、纯技术效率、规模效率、全要素生产率进行测算和效率时空分析并得出以下结论：

（1）在时间变化方面，中国橡塑产业集群综合效率、规模效率较低，呈现下降的趋势；纯技术效率比较高，相对稳定，全要素生产率处于一般水平，相对稳定。对于具体的橡塑产业集群，其效率时间变化趋势不同。其中，浙江、辽宁等橡塑产业集群在综合效率、纯技术效率、规模效率呈下降趋势；山东橡塑产业集群在综合效率、规模效率呈下降趋势；江苏橡塑产业集群在纯技术效率方面呈现逐渐上升的趋势。

（2）在空间变化方面，中国橡塑产业集群综合效率呈现出北方地区高于南方地区的特点；纯技术效率呈现出由北方地区高于南方地区逐渐转向整体均衡的特点；规模效率呈现出以河北、上海、福建等橡塑产业集群为核心区的辐射圈；全要素生产率内部空间分异特征较为显著，由南部优于北部的分布格局逐渐向北部优于南部的分布格局转变。

第三，对中国橡塑产业集群效率要素进行分析，结论如下：

（1）利用索洛方程计算中国橡塑产业集群的要素贡献度，发现资本要素在橡塑产业集群发展的贡献度中占比最大，说明中国橡塑产业集群的经济增长主要依赖资本要素投入，是一种典型的投资驱动型增长方式，需要由资本投入为主转变为注重技术要素或人力资本要素投入，通过效率的提升来进一步促进产业的发展。

（2）利用 DEA 方法计算效率投入要素改进率，2012—2019 年中国橡塑产业集群整体上在固定资产和从业人员投入要素方面存在着非常大的改进空间，而且改进率呈现增大的趋势。不同橡塑产业集群的要素改进率状况不同，上海、河北、福建等橡塑产业集群的投入要素改进率相对小一些，辽宁、广东、天津、江苏等橡塑产业集群的投入要素改进率超过44%，在投入要素方面存在着较大的改进空间。

第四，利用熵值法评价中国橡塑产业集群的企业价值，结论如下：总体上，2012—2019 年中国橡塑产业集群整体的企业价值呈现逐渐下降的趋势。对于不同的橡塑产业集群，企业价值各不相同，浙江、山东、辽宁等橡塑产业集群的企业价值呈现逐渐下降的趋势；广东、天津、江苏、河北等橡塑产业集群的企业价值呈现先上升后下降的趋势；福建橡塑产业集群的企业价值相对稳定；上海橡塑产业集群的企业价值呈现逐步上升的趋势。根据橡塑产业集群的企业价值均值进行排序，企业价值从高到低的集群依次为：江苏、山东、广东、河北、天津、上海、浙江、辽宁等橡塑产业集群。

第五，利用面板数据模型分析中国橡塑产业集群效率与企业价值之间的关系，结论如下：

（1）将橡塑产业集群的个体异质性利用固定效应变换法进行控制，对面板数据模型的具体形式进行选择，经过 F 检验和 Hausman 检验，选择双向固定效应模型研究中国橡塑产业集群综合效率、纯技术效率、规模效率与企业价值之间的关系，选择混合回归模型研究中国橡塑产业集群全要素生产率与企业价值之间的关系。中国橡塑产业集群企业价值分别在 1%、10%、1%的水平对集群的综合效率、纯技术效率和规模效率具有显著的正向促进作用；企业价值对集群的全要素生产率并没有显著的影响作用。企业价值每增加 1 个单位，集群的综合效率、纯技术效率和规模效率分别增加 0.258 1、0.116 1、0.228 7 个单位。

中国橡塑产业集群综合效率、纯技术效率和规模效率分别在 1%、5%、1%的水平对中国橡塑产业集群的企业价值具有显著的正向促进作用；全要素生产率对中国橡塑产业集群的企业价值并没有显著的影响作用。橡塑产业集群综合效率、纯技术效率和规模效率每增加 1 个单位，中国橡塑产业集群的企业价值分别增加 0.783、0.587、0.633 个单位。

（2）进一步利用工具变量法和解释变量滞后一期对因中国橡塑产业集群效率与企业价值之间的双向因果关系产生的内生性问题进行处理。研究发现，在对内生性问题进行处理之后，企业价值分别在 1%、10%、5%的水平对集群的综合效率、纯技术效率、规模效率具有显著的正向促进作用，对全要素生产率没有显著的影响作用。企业价值每增加 1 个单位，集群的综合效率、纯技术效率和规模效率分别增加 0.183、0.089、0.197 个单位。

在对内生性问题进行处理之后，中国橡塑产业集群的综合效率、纯技术效率、规模效率分别在 1%、5%、10%的水平对企业价值具有显著的正向促进作用，全要素生产率对企业价值没有显著的影响作用。中国橡塑产业集群的综合效率、纯技术效率、规模效率每增加 1 个单位，中国橡塑产业集群的企业价值分别增加 0.441、0.423、0.311 个单位。

（3）利用双向固定效应模型和联立方程方法对中国橡塑产业集群综合效率、纯技术效率、规模效率与企业价值之间的影响关系进行机制分析，结论如下：①橡塑产业集群规模对集群综合效率、规模效率与企业价值之间的关系均具有部分中介效应；②橡塑产业集群研发投入水平对集群综合效率、规模效率与企业价值之间的关系分别具有部分中介效应和完全中介效应；③橡塑产业集群资本水平对集群综合效率、规模效率与企业价值之间的关系分别具有部分中介效应和完全中介效应；④橡塑产业集群规模集聚度对集群规模效率与企业价值之间的关系具有显著的调节效应。

橡塑产业集群规模对企业价值与综合效率、纯技术效率、规模效率之间的关系具有部分中介效应、没有显著的中介效应、完全中介效应；橡塑产业集群企业研发投入对企业价值与综合效率、纯技术效率、规模效率之间的关系具有部分中介效应、完全中介效应、部分中介效应；橡塑产业集群资本对企业价值与综合效率、纯技术效率、规模效率之间的关系具有部分中介效应、完全中介效应、部分中介效应。

9.2　建议

（1）合理配置要素，提高资源利用率。

根据对不同橡塑产业集群的要素分析，本书发现各橡塑产业集群在投入要素改进率方面不同，山东、辽宁、上海等橡塑产业集群改进率接近0，其他橡塑产业集群改进率仍然有待进一步减小，不同橡塑产业集群之间可以通过加强协作和资源技术经验交流，不断提升集群自身的资源利用率，提高橡塑产业集群的效率。橡塑企业需要科学合理地配置要素投入，减少要素浪费，提高资源利用率。

（2）加大技术研发投入力度。

根据橡塑产业集群整体综合效率、纯技术效率、规模效率之间的关系，可以发现三者之间是同向的。纯技术效率、规模效率越高，综合效率越高，而且纯技术效率比规模效率对于综合效率的提升影响更大，因此在资源投入方面可以适度增加技术研发方面的投入，增强技术创新能力，通过提高橡塑产业技术水平，从而带动整个行业生产技术水平的提高，节约资源，提高产出效率，促进橡塑产业集群综合效率的提升，进而推动橡塑产业转型升级。

根据中国橡塑产业集群全要素生产率分析可知，技术进步是驱动全要素生产率的主要动力，需要在技术方面继续加强投入，保持技术的领先优势，驱动橡塑产业集群全要素生产率的提升。进一步加强橡塑产业技术研发投入力度，推动行业技术进步，引导橡塑产业由要素驱动向创新驱动发展，推动橡塑产业转型升级，实现橡塑产业高质量发展。

（3）因地制宜，科学发展橡塑产业。

根据中国橡塑产业集群效率分析可知，不同橡塑产业集群在综合效率、纯技术效率、规模效率方面存在着较大差异。各地区在发展橡塑产业时，应该根据自身实际状况，合理发展橡塑产业。对于综合效率较高的橡塑产业集群，可以向着环保节能方向转型；对于纯技术效率较高的橡塑产业集群，可以发挥技术领先优势，积极开发技术含量高、附加值高的橡塑产品，尤其是开发环保节能产品；对于规模效率较高的橡塑产业集群，可以加大创新投入，巩固规模优势。

由于橡塑产业效率存在着区域的差异性，针对不同的区域需要采取不同的措施，对于河北、上海等高效率区域，可以继续在要素投入方面进行提升和科学配置，引入先进智能制造设备，提升人员的素养，保持行业领先优势。对于辽宁、广东等效率相对低的集群，可以在政策方面给予一定程度的倾斜，促进区域之间的知识、技术共享，提高资源配置效率，从而提升橡塑产业整体的效率。

（4）政府支持橡塑产业转型升级。

从整体上看，中国橡塑产业集群效率处于下降趋势，橡塑产业属于传统的化工产业，如何进行转型升级与科学合理发展，需要政府在政策方面给予支持，如在绿色产品研发和市场销售等方面给予税收优惠，在原材料采购运输等方面给予税费减免，引导橡塑产业转型升级。

（5）提高橡塑产业规模效率。

2012—2019年中国橡塑产业集群规模效率呈现下降的趋势，不同区域趋势有所不同，需要在整体上合理控制橡塑产业的规模。而上海、河北等规模效率较高的区域可以结合自身的实际情况适度增加研发创新投入，进一步提升规模效率、巩固集群优势，进一步促进橡塑产业的集约化发展。

（6）提高创新驱动能力。

根据中国橡塑产业集群投入要素贡献度分析可知，资本要素是当前橡塑产业发展的主要驱动力，而且要素的进一步投入对橡塑产业发展的推动作用有限。因此，需要改变单纯依赖要素投入促进产业发展的模式，以创新驱动促进橡塑产业的转型升级，推动橡塑产业高质量发展。

（7）提高橡塑产业集群企业价值。

根据橡塑产业集群企业价值评估结果可知，中国橡塑产业集群企业价值整体水平较低并且呈现下降趋势。因此，需要通过提高管理水平来提高橡塑企业价值。由于橡塑产业集群企业价值与橡塑产业集群的综合效率、纯技术效率、规模效率显著正向影响，因此，可以通过提高橡塑产业集群企业价值进而提高橡塑产业集群的规模效率和综合效率。

（8）加快橡塑产业产品结构调整。

推进橡塑产品结构转型，减少高能耗、附加值低的产品生产，提高橡塑产品技术含量，由主要生产中低端产品转向生产中高端产品，由生产污染性、难降解、难回收利用的产品转向生产环保、绿色、可回收利用的产品，促进橡塑产业的绿色发展。

（9）提高橡塑产业集群管理水平。

随着橡塑产业的发展，许多标准已经不能满足生产需求，橡塑企业需要积极制定行业新标准，促进橡塑产业的发展；需要提高橡塑产业的管理水平和创新水平，积极更新企业生产设备、技术管理经验，积极应对客户个性化、环保性的需求，促进橡塑产业转型升级，实现产品更新换代，带动橡塑产业向着高新技术方向发展。

9.3 展望

（1）进一步分析橡塑产业集群效率对集群企业价值的影响。

本书是在对橡塑产业集群效率进行测算的基础上，对橡塑产业集群效率进行时空分析、效率要素分析；基于企业价值角度，探索企业价值对橡塑产业集群效率的影响及其作用机制。而实际上，橡塑产业集群效率的提高也会促进企业价值的提升，后续将探索橡塑产业集群效率对企业价值的影响及其作用机制，从而使本书的研究更加全面。

（2）细分集群企业价值，从多个角度探索企业价值对集群效率的影响。

本书的研究把橡塑产业集群效率分为综合效率、纯技术效率、规模效率、全要素生产率，分别探讨橡塑产业集群企业价值对这 4 种效率的影响及其作用机制，而实际上集群企业价值也可以进一步细分，可以分为有形价值、无形价值等。限于橡塑企业数据的缺乏，本书的研究重点是集群效率，主要对橡塑产业集群效率进行时空分析、效率要素分析、效率影响因素以及如何进一步提升集群效率等。接下来笔者将探索把集群企业价值细分，从多个角度研究企业价值对橡塑产业集群效率的影响及其作用机制。

参考文献

［1］ AWAD J, JUNG C. Extracting the planning elements for sustainable urban regeneration in dubai with AHP (analytic hierarchy process) ［J］. Sustainable Cities and Society, 2022 (76): 103496.

［2］ BANKER R D, CHARNES A, COOPER W W. Some models for estimating technical and scale inefficiencies in data envelopment analysis ［J］. Management science, 1984, 30 (9): 1078-1092.

［3］ BESSLER W, CONLON T, HUAN X. Does corporate hedging enhance shareholder value? a meta-analysis ［J］. International Review of Financial Analysis, 2019 (61): 222-232.

［4］ BUTHELEZI T, MTANI T, MNCUBE L. The extent of market concentration in South Africa's product markets ［J］. Journal of Antitrust Enforcement, 2019, 7 (3): 352-364.

［5］ CAINELLI G, FRACASSO A, VITTUCCI MARZETTI G. Spatial agglomeration and productivity in Italy: a panel smooth transition regression approach ［J］. Papers in Regional Science, 2015 (94): 39-67.

［6］ CAINELLI G, GANAU R, GIUNTA A. Spatial agglomeration, global value chains, and productivity. micro-evidence from Italy and Spain ［J］. Economics Letters, 2018 (169): 43-46.

［7］ CAINELLI G, GANAU R. Distance-based agglomeration externalities and neighbouring firms' characteristics ［J］. Regional Studies, 2018, 52 (7): 922-933.

［8］ CAINELLI G, IACOBUCCI D, MORGANTI E. Spatial agglomeration and business groups: new evidence from Italian industrial districts ［J］. Regional Studies, 2006, 40 (5): 507-518.

［9］ CAINELLI G, IACOBUCCI D. Do agglomeration and technology affect vertical integration? evidence from Italian business groups [J]. International Journal of the Economics of Business, 2009, 16 (3): 305-322.

[10] CAINELLI G, MONTRESOR S, VITTUCCI MARZETTI G. Spatial agglomeration and firm exit: a spatial dynamic analysis for Italian provinces [J]. Small Business Economics, 2014, 43 (1): 213-228.

[11] CAO G, SHI Q, LIU T. An integrated model of urban spatial structure: insights from the distribution of floor area ratio in a Chinese city [J]. Applied Geography, 2016 (75): 116-126.

[12] CASELLI S, NEGRI G. Private equity and venture capital in Europe: markets, techniques, and deals [M]. Pittsburgh: Academic Press, 2021.

[13] CATINI R, KARAMSHUK D, PENNER O, et al. Identifying geographic clusters: a network analytic approach [J]. Research policy, 2015, 44 (9): 1749-1762.

[14] CHARNES A, COOPER W W, RHODES E. Measuring the efficiency of decision making units [J]. European Journal of Operational Research, 1978, 2 (6): 429-444.

[15] CHEN C T, CHIEN C F, LIN M H, et al. Using DEA to evaluate R&D performance of the computers and peripherals firms in Taiwan [J]. Available at SSRN 588023, 2004.

[16] CHEN H, WANG S, SONG M. Global environmental value chain embeddedness and enterprise production efficiency improvement [J]. Structural Change and Economic Dynamics, 2021 (58): 278-290.

[17] CHEN Q, GUAN X, HUAN T C. The spatial agglomeration productivity premium of hotel and catering enterprises [J]. Cities, 2021 (112): 103-113.

[18] CHEN Q, GUAN X, HUAN T C. The spatial agglomeration productivity premium of hotel and catering enterprises [J]. Cities, 2021 (112): 103-113.

[19] CHEN Y S, LIN M J J, CHANG C H, et al. Technological innovations and industry clustering in the bicycle industry in Taiwan [J]. Technology in Society, 2009, 31 (3): 207-217.

［20］ CHEN Y, NI L, LIU K. Does China's new energy vehicle industry innovate efficiently? a three-stage dynamic network slacks-based measure approach ［J］. Technological Forecasting and Social Change, 2021 (173): 121-161.

［21］ CHEN Z, BARROS C P, BORGES M R. A Bayesian stochastic frontier analysis of Chinese fossil-fuel electricity generation companies ［J］. Energy Economics, 2015 (48): 136-144.

［22］ CLOGG C C, PETKOVA E, SHIHADEH E S. Statistical methods for analyzing collapsibility in regression models ［J］. Journal of Educational Statistics, 1992, 17 (1): 51-74.

［23］ COMBES P P, DURANTON G, GOBILLON L, et al. The productivity advantages of large cities: distinguishing agglomeration from firm selection ［J］. Econometrica, 2012, 80 (6): 2543-2594.

［24］ CRESPO R, HERNANDEZ I. On the spatially explicit Gini coefficient: the case study of Chile—a high-income developing country ［J］. Letters in Spatial and Resource Sciences, 2020, 13 (1): 37-47.

［25］ DELGADO M, PORTER M E, STERN S. Defining clusters of related industries ［J］. Journal of Economic Geography, 2016, 16 (1): 1-38.

［26］ DONG F, ZHANG S, LI Y, et al. Examining environmental regulation efficiency of haze control and driving mechanism: evidence from China ［J］. Environmental Science and Pollution Research, 2020, 27 (23): 29171 - 29190.

［27］ ELLISON G, GLAESER E L. Geographic concentration in US manufacturing industries: a dartboard approach ［J］. Journal of political economy, 1997, 105 (5): 889-927.

［28］ FANG G, WANG Q, TIAN L. Green development of Yangtze River Delta in China under population-resources-environment-development-satisfaction perspective ［J］. Science of The Total Environment, 2020 (727): 138.

［29］ FARRELL M J. The measurement of productive efficiency ［J］. Journal of the Royal Statistical Society: Series A (General), 1957, 120 (3): 253-281.

［30］ FENG Y, ZOU L, YUAN H, et al. The spatial spillover effects and impact paths of financial agglomeration on green development: Evidence from

285 prefecture-level cities in China [J]. Journal of Cleaner Production, 2022 (340): 130-816.

[31] FREEDMAN L S, SCHATZKIN A. Sample size for studying intermediate endpoints within intervention trials or observational studies [J]. American Journal of Epidemiology, 1992, 136 (9): 1148-1159.

[32] GREENSTONE M, HORNBECK R, MORETTI E. Identifying agglomeration spillovers: evidence from winners and losers of large plant openings [J]. Journal of Political Economy, 2010, 118 (3): 536-598.

[33] GRILLITSCH M, NILSSON M. Knowledge externalities and firm heterogeneity: effects on high and low growth firms [J]. Papers in Regional Science, 2019, 98 (1): 93-114.

[34] GUO Y, LIU W, TIAN J, et al. Eco-efficiency assessment of coal-fired combined heat and power plants in Chinese eco-industrial parks [J]. Journal of Cleaner Production, 2017 (168): 963-972.

[35] HAN F, XIE R, FANG J, et al. The effects of urban agglomeration economies on carbon emissions: evidence from Chinese cities [J]. Journal of Cleaner Production, 2018 (172): 1096-1110.

[36] HAN H, DING T, NIE L, et al. Agricultural eco-efficiency loss under technology heterogeneity given regional differences in China [J]. Journal of Cleaner Production, 2020 (250): 119-511.

[37] HE Y, GUANG F, WANG M. The efficiency of electricity-use of China and its influencing factors [J]. Energy, 2018 (163): 258-269.

[38] HENNING S L, LEWIS B L, SHAW W H. Valuation of the components of purchased goodwill [J]. Journal of accounting research, 2000, 38 (2): 375-386.

[39] HONG J, FENG B, WU Y, et al. Do government grants promote innovation efficiency in China's high-tech industries? [J]. Technovation, 2016 (57): 4-13.

[40] HU C, XU Z, YASHIRO N. Agglomeration and productivity in China: firm level evidence [J]. China Economic Review, 2015, 33: 50-66.

[41] HU C, XU Z, YASHIRO N. Agglomeration and productivity in China: Firm level evidence [J]. China Economic Review, 2015 (33): 50-66.

[42] HUANG H J, XIA T, TIAN Q, et al. Transportation issues in developing China's urban agglomerations [J]. Transport Policy, 2020 (85): 1-22.

[43] HUANG Y, LI L, YU Y. Does urban cluster promote the increase of urban eco-efficiency? evidence from Chinese cities [J]. Journal of Cleaner Production, 2018 (197): 957-971.

[44] HUANG Z, ZHANG X, YUNWEI Z. The role of clustering in rural industrialization: a case study of the footwear industry in Wenzhou [J]. China Economic Review, 2008, 19 (3): 409-420.

[45] JANG S, KIM J, VON ZEDTWITZ M. The importance of spatial agglomeration in product innovation: a microgeography perspective [J]. Journal of Business Research, 2017 (78): 143-154.

[46] JENNINGS R, ROBINSON J, THOMPSON R B, et al. The relation between accounting goodwill numbers and equity values [J]. Journal of Business Finance & Accounting, 1996, 23 (4): 513-533.

[47] JIANG J, YING M A. Total-factor energy efficiency of service industry in China: measurement and influencing factors [J]. Beijing Technol Business Univ, 2018, 33 (5): 23-32.

[48] JONEK-KOWALSKA I. How do turbulent sectoral conditions sector influence the value of coal mining enterprises? perspectives from the Central-Eastern Europe coal mining industry [J]. Resources Policy, 2018 (55): 103-112.

[49] KAIHARA T, NISHINO N, UEDA K, et al. Value creation in production: reconsideration from interdisciplinary approaches [J]. CIRP Annals, 2018, 67 (2): 791-813.

[50] KIM Y R, WILLIAMS A M, PARK S, et al. Spatial spillovers of agglomeration economies and productivity in the tourism industry: the case of the UK [J]. Tourism Management, 2021 (82): 104-201.

[51] Kumar R. Valuation: theories and concepts [M]. Pittsburgh: Academic Press, 2015.

[52] LI H, HE H, SHAN J, et al. Innovation efficiency of semiconductor industry in China: a new framework based on generalized three-stage DEA analysis [J]. Socio-Economic Planning Sciences, 2019, 66: 136-148.

[53] LI K, CHU C, HUNG D, et al. Industrial cluster, network and production value chain: a new framework for industrial development based on specialization and division of labour [J]. Pacific Economic Review, 2010, 15 (5): 596-619.

[54] LIN B, LUAN R. Are government subsidies effective in improving innovation efficiency? based on the research of China's wind power industry [J]. Science of the Total Environment, 2020a (710): 136-339.

[55] LIN B, LUAN R. Do government subsidies promote efficiency in technological innovation of China's photovoltaic enterprises? [J]. Journal of Cleaner Production, 2020b (254): 108-120.

[56] LIU W, SHEN J, WEI Y D, et al. Environmental justice perspective on the distribution and determinants of polluting enterprises in Guangdong, China [J]. Journal of Cleaner Production, 2021 (317): 128-334.

[57] LIU X, ZHANG C. Corporate governance, social responsibility information disclosure, and enterprise value in China [J]. Journal of Cleaner Production, 2017 (142): 1075-1084.

[58] LIU Z, MU R, HU S, et al. Intellectual property protection, technological innovation and enterprise value—an empirical study on panel data of 80 advanced manufacturing SMEs [J]. Cognitive Systems Research, 2018 (52): 741-746.

[59] LOU X, QIAN A, ZHANG C. Do CEO's political promotion incentives influence the value of cash holdings: evidence from state-owned enterprises in China [J]. Pacific-Basin Finance Journal, 2021 (68): 101617.

[60] MALMBERG A, MALMBERG B, LUNDEQUIST P. Agglomeration and firm performance: economies of scale, localisation, and urbanisation among Swedish export firms [J]. Environment and Planning a, 2000, 32 (2): 305-321.

[61] MIN S, KIM J, SAWNG Y W. The effect of innovation network size and public R&D investment on regional innovation efficiency [J]. Technological Forecasting and Social Change, 2020 (155): 119-998.

[62] NIELSEN B B, ASMUSSEN C G, WEATHERALL C D, et al. Marshall vs Jacobs agglomeration and the micro-location of foreign and domestic

firms [J]. Cities, 2021 (117): 103-322.

[63] QIAO S, CHEN H H, ZHANG R R. Examining the impact of factor price distortions and social welfare on innovation efficiency from the microdata of Chinese renewable energy industry [J]. Renewable and Sustainable Energy Reviews, 2021 (143): 110-901.

[64] QU C, SHAO J, SHI Z. Does financial agglomeration promote the increase of energy efficiency in China? [J]. Energy Policy, 2020 (146): 111-810.

[65] RUSSO M V, EARLE A G, LAHNEMAN B A, et al. Taking root in fertile ground: community context and the agglomeration of hybrid companies [J]. Journal of Business Venturing, 2022, 37 (2): 106-184.

[66] SAITO H, GOPINATH M. Plants'self-selection, agglomeration economies and regional productivity in Chile [J]. Journal of Economic Geography, 2009, 9 (4): 539-558.

[67] SENG J L, LAI J T. An Intelligent information segmentation approach to extract financial data for business valuation [J]. Expert Systems with Applications, 2010, 37 (9): 6515-6530.

[68] SHAO S, HU B, FU Z, et al. Source identification and apportionment of trace elements in soils in the Yangtze River Delta, China [J]. International Journal of Environmental Research and Public Health, 2018, 15 (6): 1240.

[69] SHEN N, LIAO H, DENG R, et al. Different types of environmental regulations and the heterogeneous influence on the environmental total factor productivity: empirical analysis of China's industry [J]. Journal of Cleaner Production, 2019 (211): 171-184.

[70] SHEN N, PENG H. Can industrial agglomeration achieve the emission-reduction effect? [J]. Socio-Economic Planning Sciences, 2021 (75): 100-867.

[71] SOBEL M E. Direct and indirect effects in linear structural equation models [J]. Sociological Methods & Research, 1987, 16 (1): 155-176.

[72] SOLOW R M. Technical change and the aggregate production function [J]. The review of Economics and Statistics, 1957: 312-320.

［73］Song X, Kuang X M. Is the Development of Service Sector is Beneficial to Improve Resource Utilization and Environmental Protection? −Based on the Perspective of Energy Efficiency ［J］. Reform of Economic System, 2018 (3): 179.

［74］SONG Y C, LIE H Y. Does heterogeneity matter to the direct effect of FDI on firm performance? the case of Indian firms ［J］. International Journal of Emerging Markets, 2018 (15): 103-105.

［75］SUN P, YUAN Y. Industrial agglomeration and environmental degradation: empirical evidence in Chinese cities ［J］. Pacific Economic Review, 2015, 20 (4): 544-568.

［76］TRUSCULESCU A, DRAGHICI A, ALBULESCU C T. Key metrics and key drivers in the valuation of public enterprise resource planning companies ［J］. Procedia Computer Science, 2015 (64): 917-923.

［77］VAN GRINSVEN H J M, VAN DAM J D, LESSCHEN J P, et al. Reducing external costs of nitrogen pollution by relocation of pig production between regions in the European Union ［J］. Regional Environmental Change, 2018, 18 (8): 2403-2415.

［78］WANG J M, SHI Y F, ZHANG J. Energy efficiency and influencing factors analysis on Beijing industrial sectors ［J］. Journal of Cleaner Production, 2017, 167: 653-664.

［79］WANG N, ZHU Y, YANG T. The impact of transportation infrastructure and industrial agglomeration on energy efficiency: evidence from China's industrial sectors ［J］. Clean Prod, 2022a (244): 118-708.

［80］WANG X, ZHANG Q, CHANG W Y. Does economic agglomeration affect haze pollution? evidence from China's Yellow River basin ［J］. Journal of Cleaner Production, 2022 (335): 130-271.

［81］WANG Y, PAN J, PEI R, et al. Assessing the technological innovation efficiency of China's high-tech industries with a two-stage network DEA approach ［J］. Socio-Economic Planning Sciences, 2020 (71): 100-810.

［82］WANG Y, YIN S, FANG X, et al. Interaction of economic agglomeration, energy conservation and emission reduction: evidence from three major urban agglomerations in China ［J］. Energy, 2022 (241): 122-519.

[83] WANG Y, YIN S, FANG X, et al. Interaction of economic agglomeration, energy conservation and emission reduction: evidence from three major urban agglomerations in China [J]. Energy, 2022 (241): 122-519.

[84] WANG Y, YIN S, FANG X, et al. Interaction of economic agglomeration, energy conservation and emission reduction: evidence from three major urban agglomerations in China [J]. Energy, 2022 (241): 122-519.

[85] WU J, LU W, LI M. A DEA-based improvement of China's green development from the perspective of resource reallocation [J]. Science of The Total Environment, 2020, 717: 137106.

[86] WU X, HUANG Y, GAO J. Impact of industrial agglomeration on new-type urbanization: evidence from Pearl River Delta urban agglomeration of China [J]. International Review of Economics & Finance, 2022 (77): 312-325.

[87] XIN-GANG Z, ZHEN W. The technical efficiency of China's wind power list enterprises: an estimation based on DEA method and micro-data [J]. Renewable Energy, 2019 (133): 470-479.

[88] XIONG L, NING J, DONG Y. Pollution reduction effect of the digital transformation of heavy metal enterprises under the agglomeration effect [J]. Journal of Cleaner Production, 2022 (330): 129-864.

[89] XIONG L, NING J, WANG J, et al. Coupling degree evaluation of heavy metal ecological capacity and enterprise digital transformation in river basins [J]. Ecological Indicators, 2021 (133): 108-358.

[90] XU L, ZENG D. When does the diverse partnership of R&D alliances promote new product development? the contingent effect of the knowledge base [J]. Technology in Society, 2021 (65): 101-590.

[91] XU X L, CHEN H H. Exploring the innovation efficiency of new energy vehicle enterprises in China [J]. Clean Technologies and Environmental Policy, 2020, 22 (8): 1671-1685.

[92] XU X L, CHEN H H. Exploring the innovation efficiency of new energy vehicle enterprises in China [J]. Clean Technologies and Environmental Policy, 2020, 22 (8): 1671-1685.

[93] YANG C H, HUANG C H. Agglomeration, ownership, and R&D ac-

tivity: firm-level evidence from China's electronics industry [J]. Empirical E-conomics, 2018, 54 (4): 1673-1696.

[94] YANG C H, LIN H L, LI H Y. Influences of production and R&D agglomeration on productivity: evidence from Chinese electronics firms [J]. China Economic Review, 2013 (27): 162-178.

[95] YE J, WAN Q, LI R, et al. How do R&D agglomeration and eco-nomic policy uncertainty affect the innovative performance of Chinese high-tech industry? [J]. Technology in Society, 2022 (69): 101957.

[96] YING L, LI M, YANG J. Agglomeration and driving factors of re-gional innovation space based on intelligent manufacturing and green economy [J]. Environmental Technology & Innovation, 2021 (22): 101-398.

[97] YU A, YOU J, ZHANG H, et al. Estimation of industrial energy ef-ficiency and corresponding spatial clustering in urban China by a meta-frontier model [J]. Sustainable Cities and Society, 2018, 43: 290-304.

[98] YUAN H, ZHANG T, HU K, et al. Influences and transmission mechanisms of financial agglomeration on environmental pollution [J]. Journal of Environmental Management, 2022 (303): 114-136.

[99] YUAN H, ZHANG T, HU K, et al. Influences and transmission mechanisms of financial agglomeration on environmental pollution [J]. Journal of Environmental Management, 2022 (303): 114-136.

[100] ZHANG C, CAI X, XIA Z, et al. Contamination characteristics of heavy metals in a small-scale tanning area of southern China and their source a-nalysis [J]. Environmental Geochemistry and Health, 2020: 1-14.

[101] ZHONG M, HUANG G, HE R. The technological innovation effi-ciency of China's lithium-ion battery listed enterprises: evidence from a three-stage DEA model and micro-data [J]. Energy, 2022 (246): 123-331.

[102] Zhou J, Li Y. Research on threshold characteristics and spatial effects of the agglomeration of electric power and thermal power industries on haze pollution [J]. Energy Reports, 2021 (7): 440-457.

[103] ZHU B, ZHANG M, ZHOU Y, et al. Exploring the effect of indus-trial structure adjustment on interprovincial green development efficiency in Chi-na: a novel integrated approach [J]. Energy Policy, 2019 (134): 110.

［104］ZHU K, GUO X, ZHANG Z. Reevaluation of the carbon emissions embodied in global value chains based on an inter-country input-output model with multinational enterprises ［J］. Applied Energy, 2022 (307)：118-220.

［105］ZHU Y, SUN Y, XIANG X. Economic policy uncertainty and enterprise value：evidence from Chinese listed enterprises ［J］. Economic Systems, 2020, 44 (4)：100831.

［106］曹丽莉. 产业集群网络结构的比较研究 ［J］. 中国工业经济, 2008 (8)：143-152.

［107］曹文婷. 风险投资对新三板企业价值的影响及溢出效应研究 ［D］. 成都：四川大学, 2021.

［108］陈建军, 杨书林. 城市群生产网络与企业效率变革：以长三角为例 ［J］. 西南民族大学学报（人文社科版）, 2019, 40 (12)：129-136.

［109］陈璟菁. 顾客参与影响新服务开发绩效的机制研究：以组织学习为中介变量 ［D］. 南京：南京理工大学, 2013.

［110］陈良振. CFO 财务执行力、非效率投资与企业价值的实证研究 ［D］. 济南：山东大学, 2016.

［111］陈柳钦. 产业集群的效应分析 ［J］. 石家庄经济学院学报, 2008 (1)：56-60.

［112］陈美华, 陈伟良. 中国电子信息产业技术效率测度及影响因素分析 ［J］. 江西社会科学, 2018, 38 (12)：57-66.

［113］陈晓卫. 开放经济条件下我国上市银行效率评价与影响因素研究 ［J］. 预测, 2011, 30 (1)：40-44.

［114］陈瑶, 王生龙, 徐丹丹. 企业价值评估结论确定方法探讨 ［J］. 中国资产评估, 2018 (9)：44-47.

［115］陈玉琳. B2C 电子商务企业价值评估方法选择研究 ［D］. 重庆：重庆理工大学, 2017.

［116］程慧, 徐琼, 赵梦亚. 中国旅游生态效率的空间关联网络结构及其影响因素研究 ［J］. 生态科学, 2020, 39 (5)：169-178.

［117］程钰, 李晓彤, 孙艺璇, 等. 我国沿海地区产业生态化演变与影响因素 ［J］. 经济地理, 2020, 40 (9)：133-144.

［118］仇保兴. 小企业集群研究 ［M］. 上海：复旦大学出版社, 1999.

［119］崔劲，贺晓棠. 企业价值评估中市场法的改进［J］. 中国资产评估，2018（9）：39-43，57.

［120］邓丹. 铁岭橡塑产业集群发展建议［J］. 辽宁经济，2016（4）：68-69.

［121］丁必广. 河北衡水工程橡胶产业集群的发展探析［D］. 济南：山东师范大学，2012.

［122］东利超. 论橡胶、塑料制品的基本特性及检验过程［J］. 中小企业管理与科技（下旬刊），2012（7）：323-325.

［123］杜军，王许兵. 基于产业生命周期理论的海洋产业集群式创新发展研究［J］. 科技进步与对策，2015，32（24）：56-61.

［124］方清. 创意产业园区服务能力对产业集群效率的影响研究［D］. 上海：东华大学，2016.

［125］冯俊华，臧倩文. 工业企业生态效率与科技创新耦合协调及影响因素研究［J］. 技术经济，2020，39（7）：35-42.

［126］冯钰. 壳资源价值的评估方法及其适用性［J］. 河北工程大学学报（社会科学版），2018，35（3）：30-32.

［127］高春玲，刘永前. 浅析生物医药企业估值问题［J］. 中国乡镇企业会计，2018（10）：23-25.

［128］高虹，袁志刚. 产业集群的规模与效率影响［J］. 财贸经济，2021，42（2）：119-133.

［129］高建. 国内外塑料食品包装材料安全性问题与包装标准差异的对比研究［D］. 无锡：江南大学，2009.

［130］高鸣，宋洪远，MICHAEL CARTER. 补贴减少了粮食生产效率损失吗?：基于动态资产贫困理论的分析［J］. 管理世界，2017（9）：85-100.

［131］高新惠. 西双版纳橡胶产业集群发展研究［J］. 时代金融，2015（23）：51，53.

［132］郭崇. 周期性行业企业价值评估方法研究：以海螺水泥为例［J］. 财会通讯，2018（29）：7-11.

［133］韩东林，吴东峰. 安徽省动漫产业投入产出效率及影响因素研究［J］. 铜陵学院学报，2021，20（4）：12-17，44.

［134］韩海彬，王云凤. 中国文化产业效率与全要素生产率分析：基

于 MinDS 模型和 Malmquist 生产率指数的实证研究 [J]. 资源开发与市场, 2022, 38 (4): 391-398, 419.

[135] 何雄浪. 劳动分工、交易效率与产业集群演进 [J]. 财经研究, 2006 (4): 68-79.

[136] 侯琴. 西部两大城市群生态经济效率分析 [J]. 统计与管理, 2020, 35 (12): 45-49.

[137] 胡佳澍, 黄海燕. 要素视角下区域体育产业效率及其影响因素: 基于上海市各辖区 2014—2018 年数据的实证分析 [J]. 体育学刊, 2021, 28 (2): 48-53.

[138] 皇甫天琦, 牛桂草, 周绩宏, 等. 河北省葡萄产业集群竞争力区域比较 [J]. 北方园艺, 2022 (4): 133-137.

[139] 黄辰洋, 吕洪渠, 程文思. 产业集聚与环境依赖对文化产业效率的影响 [J]. 华东经济管理, 2022, 36 (1): 99-107.

[140] 黄日雄. 基于考虑非财务指标的企业价值评估分析 [J]. 财会学习, 2018 (20): 167, 169.

[141] 惠宁. 分工深化促使产业集群成长的机理研究 [J]. 经济学家, 2006 (1): 108-114.

[142] 纪玉俊. 产业集群的网络组织分析 [D]. 济南: 山东大学, 2009.

[143] 贾海发, 邵磊, 罗珊. 基于熵值法与耦合协调度模型的青海省生态文明综合评价 [J]. 生态经济, 2020, 36 (11): 215-220.

[144] 贾乐鹏. 基于两阶段网络 DEA 模型的中国工业经济与环境效率评价研究 [J]. 温州大学学报 (自然科学版), 2021, 42 (4): 36-44.

[145] 简晓彬, 车冰清, 仇方道. 装备制造业集群式创新效率及影响因素: 以江苏为例 [J]. 经济地理, 2018, 38 (7): 100-109.

[146] 蒋伟, 张丽琼. 流通产业效率对经济发展的影响及其空间效应研究 [J]. 商业经济研究, 2021 (7): 5-8.

[147] 李墀欣. 基于主成分分析的塑料制品价格影响因素 [J]. 塑料科技, 2020, 48 (6): 132-135.

[148] 李丹. 产业集群与品牌效应关系研究 [D]. 天津: 河北工业大学, 2011.

[149] 李根红. 并购商誉、投资效率与企业价值 [J]. 财会通讯,

2019（36）：74-77.

[150] 李锦宏，肖林. 区域生态效率与旅游产业效率的耦合协调及时空分异：以贵州省9个市（州）为考察样本 [J]. 生态经济，2022，38（4）：121-127.

[151] 李晶. 基于自由现金流量法的企业价值评估 [D]. 西安：西安工业大学，2018.

[152] 李军训，朱繁星. 中西部承接纺织产业转移后的集群经营效率评价研究 [J]. 重庆理工大学学报（社会科学），2015，29（12）：54-61.

[153] 李凯，李世杰. 产业集群的组织分析 [M]. 北京：经济管理出版社，2007.

[154] 李清，马泽汉. 会计信息质量指数构建、评价和预警研究 [J]. 数理统计与管理，2022，41（4）：749-760.

[155] 李汝资，刘耀彬，王文刚，等. 长江经济带城市绿色全要素生产率时空分异及区域问题识别 [J]. 地理科学，2018，38（9）：1475-1482.

[156] 李瑞娟. 基于生命周期理论的企业价值评估方法的探讨 [J]. 现代商业，2018（28）：96-97.

[157] 李巍. 产业集群跨地区创新网络及创新效率 [D]. 南宁：广西大学，2016.

[158] 李文静. 基于剩余收益模型的橡胶与塑料制品行业企业价值评估研究 [D]. 昆明：云南财经大学，2020.

[159] 李雪艳. 橡胶和塑料制品业营运资金管理问题研究 [D]. 郑州：河南大学，2019.

[160] 李烨，王延章，崔强. 基于三阶段仁慈型DEA的产业集群研发效率评价 [J]. 科研管理，2017，38（7）：54-61.

[161] 李昱，牟仁洁. 中国东方航空企业价值评估 [J]. 西部皮革，2018，40（18）：81-82.

[162] 李子奈，叶阿忠. 高级应用计量经济学 [M]. 北京：清华大学出版社，2012. 02.

[163] 梁永福，曾子欣，杨露. 集群企业的并购行为与生产效率 [J]. 产经评论，2021，12（3）：22-37.

[164] 廖名岩，曹兴，屈静晓. 环境因素对软件产业集群效率的地区

差异研究 [J]. 科研管理, 2018, 39 (4): 74-82.

[165] 林拥军, 肖恬煦, 张曾鹏, 等. 基于层次分析法-隶属度理论的混凝土框架结构安全性模糊综合评价方法 [J]. 工业建筑, 2022, 52 (10): 28-38, 45.

[166] 凌志鹏. 基于技术生态位角度的产业集群协同创新效率影响研究 [J]. 企业改革与管理, 2016 (7): 190.

[167] 刘津, 李平. 智慧城市建设对工业生态效率影响的实证研究: 以中国地级市为例 [J]. 生态经济, 2020, 36 (10): 92-97.

[168] 刘绍辰. 基于实物期权的我国氟化工行业上市公司价值分析 [D]. 杭州: 浙江大学, 2016.

[169] 刘树艳, 马贵凤. 商誉对橡胶与塑料制品业上市公司收益的影响研究 [J]. 青岛科技大学学报 (社会科学版), 2018, 34 (3): 24-29.

[170] 刘晓莉. 农业龙头企业带动周边经营主体效率评价研究: 基于BCC 模型和 Malmquist 指数 [J]. 农村经济与科技, 2021, 32 (17): 131-133.

[171] 龙开元. 产业集群集体效率及其指标体系: 基于企业视角的实证研究 [J]. 中国科技论坛, 2010 (7): 37-40.

[172] 龙振来, 刘应宗. 产业集群的概念综述及辨析 [J]. 科技管理研究, 2008 (10): 262-264.

[173] 娄策群, 王方. 信息产业集群结构形态及其运行效率分析 [J]. 情报科学, 2008 (5): 657-661.

[174] 陆红娟, 何程, 黄俦睿. 基于三阶段 DEA 的省域创新型产业集群效率测度 [J]. 科技与经济, 2021, 34 (5): 21-25.

[175] 马瑞阳. 保险科技对保险企业效率的影响研究 [D]. 北京: 对外经济贸易大学, 2020.

[176] 马媛迪. 化工企业价值评估与定价研究 [D]. 深圳: 深圳大学, 2017.

[177] 莫凌云, 邱慧, 张鲜艳, 等. 我国橡胶制品产业集群化发展现状、影响因素及对策分析 [J]. 企业科技与发展, 2015 (18): 1-4.

[178] 宁靓, 茹雅倩, 王刚, 等. 环境规制何以影响海洋产业效率?: 基于科技创新与 FDI 的联合调节效应 [J]. 科技管理研究, 2022, 42 (3): 214-223.

[179] 宁军明. 产业集群的结构、治理与绩效 [J]. 企业经济, 2008 (4)：115-118.

[180] 潘小炜. 基于 DEA 的我国高新区的产业集群效率研究 [J]. 经济论坛, 2011 (10)：31-32.

[181] 钱富灵, 张诗卿, 方瑜. 橡胶与塑料行业的发展趋势与市场前景解析 [J]. 中国新技术新产品, 2016 (13)：168-169.

[182] 任国升, 张藏云, 张伟佳. 保定市博鑫橡胶机带产业集群的发展现状分析 [J]. 商业文化 (下半月), 2011 (4)：292-293.

[183] 沙德春, 胡鑫慧, 赵翠萍. 中国创新型产业集群创新效率研究 [J]. 技术经济, 2021, 40 (2)：18-27.

[184] 申瑞芳. CFO 财务执行力、投资效率与企业市场价值 [J]. 财会通讯, 2017 (21)：45-48.

[185] 沈伟腾, 胡求光, 李加林, 等. 中国区域生态效率的时空演变及空间互动特征 [J]. 自然资源学报, 2020, 35 (9)：2149-2162.

[186] 施纯志. 福建省中小体育用品企业产业集群效率缺失分析 [J]. 成都体育学院学报, 2008 (11)：29-33.

[187] 施晓亮, 吴高强, 郑磊, 等. 橡胶制品生产过程中废气污染物的排放系数 [J]. 橡胶工业, 2016, 63 (2)：123-127.

[188] 苏江明. 产业集群生态相研究 [D]. 复旦大学, 2004.

[189] 孙洛平, 孙海琳. 产业集聚的交易费用理论 [M]. 北京：中国社会科学出版社, 2006.

[190] 孙启猛. 催化燃烧处理丁苯橡胶有机废气技术研究 [D]. 青岛：中国石油大学 (华东), 2014.

[191] 孙晴. 滇企境外橡胶替代产业的发展路径研究 [D]. 昆明：云南财经大学, 2016.

[192] 孙秀弘. 通信企业资产价值评估方法选择研究 [J]. 齐鲁珠坛, 2018 (5)：25-27.

[193] 孙艺珊. 上海文化创意产业效率评价研究 [D]. 大连：大连海事大学, 2014.

[194] 谭建伟, 吕茂宇, 惠红. 基于 DEA 模型的重庆市旅游产业效率及其影响因素 [J]. 重庆理工大学学报 (社会科学), 2021, 35 (11)：58-66.

［195］檀雅静.基于不确定理论的互联网企业价值评估研究［J］.中国物价，2018（8）：80-82.

［196］唐建荣，田雨.中国区域物流产业的效率分析及高质量发展路径研究［J］.物流科技，2022，45（1）：108-115.

［197］唐琦.在线教育商业模式的企业价值评估方法探究［J］.中国商论，2018（21）：159-160.

［198］田颖，田增瑞，韩阳，等.国家创新型产业集群建立是否促进区域创新？［J］.科学研究，2019，37（5）：817-825，844.

［199］田羽.我国橡胶制品（轮胎）业清洁生产水平评估体系及实证研究［D］.呼和浩特：内蒙古大学，2021.

［200］童红霞.财务柔性、非效率投资与上市公司企业价值关系研究［J］.预测，2021，40（1）：31-37.

［201］王成东，徐建中.GVC嵌入、无形资产要素与装备制造企业价值创造效率［J］.科技进步与对策，2019，36（11）：92-99.

［202］王春晖.产业集聚、要素积累与地区产业升级：区域开放视角的机理与实证［D］.杭州：浙江大学，2015.

［203］王海林，辛国兴，朱立敏，等.典型橡胶制品业VOCs排放特征及对周边环境影响［J］.环境科学，2021，42（11）：5193-5200.

［204］王欢，张玲.中国创新型产业集群投入产出效率动态演进及区域差异：基于省际面板数据的分析［J］.科技进步与对策，2022，39（6）：62-71.

［205］王缉慈.创新的空间 企业集群与区域发展［M］.北京：北京大学出版社，2001.

［206］王家庭，梁栋.中国文化产业效率的时空分异与影响因素［J］.经济地理，2021，41（4）：82-92.

［207］王丽明.产业集群视角下农业龙头企业技术效率研究［D］.北京：中国农业大学，2017.

［208］王清源.山东省广饶县橡胶轮胎产业集群的金融视角［J］.金融经济，2012（22）：25-27.

［209］王松，聂菁菁.区域产业集群创新效率与路径：基于模糊集定性比较分析［J］.科技管理研究，2022，42（4）：163-172.

［210］王旭，续静宣，刘洁.城市化水平、生态效率与经济发展协调

性测度研究：以哈长城市群为例 [J]. 价格理论与实践，2020（6）：84-87，180.

[211] 王学军. 甘肃省区域文化产业效率及影响因素分析 [J]. 甘肃社会科学，2015（3）：169-172.

[212] 王娅斐. 小微电商企业价值评估研究 [J]. 商业会计，2018（14）：84-86.

[213] 王永龙. 论产业集群的社会资本治理 [J]. 中国经济问题，2008（3）：6.

[214] 王宇菲. 企业环境责任对企业可持续发展的影响研究 [D]. 长春：吉林大学，2021.

[215] 王兆峰，赵松松. 基于 DEA-Malmquist 模型的湖南省旅游产业效率时空动态演化及影响因素 [J]. 长江流域资源与环境，2019，28（8）：1886-1897.

[216] 王赵亮，杨慧洁，孟宏. 企业投资价值评估模型文献综述 [J]. 现代经济信息，2018（14）：79.

[217] 王梓瑛，王兆峰. 碳排放约束下长江经济带旅游产业效率的时空演化及影响因素研究 [J]. 长江流域资源与环境，2021，30（2）：280-289.

[218] 温忠麟. 张雷，侯杰泰，等. 中介效应检验程序及其应用 [J]. 心理学报，2004（5）：614-620.

[219] 吴东晟. 我国企业价值评估方法比较及其发展趋势研究 [J]. 科学咨询（科技·管理），2018（10）：12-13.

[220] 吴聘奇，税伟，范冰雄，等. 专业化茶区产业集群集体效率评价研究：以福建省安溪县专业化茶区为例 [J]. 林业经济问题，2018，38（3）：80-85，110.

[221] 吴意云，刘晔，朱希伟. 产业集群发展与企业生产效率：基于拓展 DO 指数的分析 [J]. 浙江学刊，2020（5）：115-123.

[222] 吴中伦. 西部地区产业集群技术创新效率研究 [J]. 经济研究导刊，2020（5）：46-47.

[223] 夏继晨. 基于三阶段 DEA 模型的南京都市圈物流产业效率评价 [J]. 太原城市职业技术学院学报，2022（1）：34-36.

[224] 夏兰. 基于网络视角的产业集群发展实证研究 [J]. 江西农业学报，2008，20（2）：144-148.

［225］肖挺. 公共基础设施建设对城市产业效率的影响：以地铁为例
［J］. 中国经济问题，2022（1）：107-122.

［226］谢赤，樊明雪，胡扬斌. 创新型企业成长性、企业价值及其关
系研究［J］. 湖南大学学报（社会科学版），2018，32（5）：58-64.

［227］邢会，朱欢，高素英，等. 基于集群式产业链的京津冀高技术
产业创新能力提升研究［J］. 河北工业大学学报（社会科学版），2018，
10（3）：1-9.

［228］徐萌. 产业集群对区域经济效率差异影响的实证分析：基于对
东部各省制造业发展的研究［J］. 中国物价，2016（6）：79-81.

［229］徐霞，陆雨婷. 上市公司社会责任对财务绩效影响的实证分析：
基于石油化工、塑胶塑料行业的研究［J］. 中国市场，2014（44）：113-
115，133.

［230］徐银娜，赵国浩. 工业企业生产效率、创新效率与生态效率：
基于耦合协调视角的研究［J］. 统计学报，2020，1（5）：13-24.

［231］闫鑫，王俭平. 基于DEA模型的京津冀汽车产业集群效率分析
［J］. 中国市场，2016（24）：44-45.

［232］阎晓，田钰，李子鑫. 工业结构变动对生态效率影响的时间滞后
效应及空间异质特征［J］. 忻州师范学院学报，2020，36（2）：65-71，76.

［233］杨俊生，杨玉梅. 替代种植产业集群形成条件及政策选择［J］.
中国集体经济，2009（36）：35-36.

［234］杨茜，梁琳琳. 保定市县域产业集群发展研究：以博野县橡胶
机带产业集群为例［J］. 产业与科技论坛，2013，12（12）：38-39.

［235］姚山季，马琳，来尧静. 长江经济带创新型产业集群效率的时
空分异研究［J］. 统计与决策，2021，37（16）：98-101.

［236］姚远. 新型城镇的空间差异及生态效率评价：以辽宁省为例
［J］. 沈阳大学学报（社会科学版），2020，22（5）：577-583.

［237］姚振，赵疏航，余乾. 淮河生态经济带工业节能减排效率评价
［J］. 哈尔滨商业大学学报（自然科学版），2020，36（5）：620-628.

［238］于辉. 沈阳市橡胶企业购并财务评价［D］. 大连：大连理工大
学，2007.

［239］张兵兵，周君婷，闫志俊. 低碳城市试点政策与全要素能源效
率提升：来自三批次试点政策实施的准自然实验［J］. 经济评论，2021

（5）：32-49.

[240] 张焕勇. 企业家能力与企业成长关系研究 [D]. 上海：复旦大学，2007.

[241] 张冀新，李燕红. 创新型产业集群是否提升了国家高新区创新效率？[J]. 技术经济，2019，38（10）：112-117，127.

[242] 张冀新，王怡晖. 创新型产业集群中的战略性新兴产业技术效率 [J]. 科学学研究，2019，37（8）：1385-1393.

[243] 张冀新，张俊龙. 创新型产业集群集聚效应研究 [J]. 技术与创新管理，2021，42（6）：616-621.

[244] 张家铭. 塑胶和塑料制品行业上市公司社会责任对财务绩效的影响研究 [J]. 科技经济市场，2021（2）：45-46，88.

[245] 张令娟. 我国西部地区生态经济效率评价及其发展路径研究 [J]. 工业技术经济，2017，36（5）：156-160.

[246] 张宁宁. 基于价格比率的企业价值评估：以广州白云山医药集团股份有限公司为例 [J]. 纳税，2018，12（27）：148-149.

[247] 张盼盼，张永庆. 基于 DEA 模型的汽车产业集群技术效率评价 [J]. 经济研究导刊，2018（14）：40-41，46.

[248] 张强，蒲勇健，黄森. 基于西部产业空间集聚化发展效率的影响因素 [J]. 系统工程，2013，31（5）：104-110.

[249] 张夏恒. 跨境电子商务：省际产业集聚及产业效率评价 [J]. 中国西部，2021（2）：12-21.

[250] 张新林，仇方道，谭俊涛，等. 中国工业生态效率时空分异特征及其影响因素解析 [J]. 地理科学，2020，40（3）：335-343.

[251] 张延平，郭波武，樊爱国，等. 珠三角三大高新技术产业集群纵向协同创新效率分析：基于人力资本的视角 [J]. 科技和产业，2019，19（7）：1-10.

[252] 张延平，汤萱，樊爱国. 物联网产业集群的人力资本效率分解：对广州经济技术开发区 11 家企业 2008—2015 年间的跟踪调研 [J]. 产经评论，2019，10（1）：127-141.

[253] 张琰飞，朱海英. 西南地区文化演艺与旅游流耦合协调度实证研究 [J]. 经济地理，2014，34（7）：182-187.

[254] 张燕. 人力资本对企业价值的影响及机理研究 [D]. 太原：山

西大学，2020.

［255］张玉芳，畅田颖，胡炜霞. 山西省城市绿色发展效率评价［J］. 陕西理工大学学报（自然科学版），2021，37（6）：84-92.

［256］张元智，马鸣萧著. 产业集群获取竞争优势的空间 the space of gaining a competitive advantage［M］. 北京：华夏出版社，2006.

［257］张云凤，王雨. 物流产业效率评价及影响因素分析［J］. 统计与决策，2018，34（8）：109-112.

［258］张志康，赵明浩. 企业网络关系、网络合法性与企业外部融资效率：以贵阳市大数据产业集群内企业为例［J］. 会计之友，2017（21）：46-50.

［259］章一多. 产业集群的技术创新困境与突破：以三门县橡胶制品产业为例［J］. 中国集体经济，2016（10）：5-6.

［260］赵世芝. 基于 EVA 的 B2C 电子商务企业价值评估：以唯品会为例［J］. 时代金融，2018（23）：179，182.

［261］赵晓明. 产业安全视角下我国橡胶制品贸易摩擦效应及预警机制研究［D］. 青岛：中国海洋大学，2014.

［262］郑小惠，张婷婷，余在洋，等. 基于用户流量的互联网企业价值评估［J］. 现代商业，2018（22）：90-92.

［263］郑玉歆，樊明太，等. 中国 CGE 模型及政策分析［M］. 北京：社会科学文献出版社，1999.

［264］周婵. 基于技术链的战略性新兴产业集群创新效率研究［D］. 北京：北京工业大学，2015.

［265］周俊著. 问卷数据分析 破解 SPSS 的六类分析思路［M］. 北京：电子工业出版社，2017.

［266］周林. 我国橡胶产业集群化成长路径研究［D］. 青岛：青岛科技大学，2014.

［267］周银. 财务报告质量、投资效率与企业价值［J］. 时代金融，2017（29）：218-219.

［268］朱广印，王思敏. 金融集聚对绿色经济效率的非线性影响研究［J］. 金融发展研究，2021（11）：56-65.

［269］朱莲美，徐丹，朱琴慧. 新三板企业成长性与企业价值研究［J］. 山东工商学院学报，2018，32（5）：61-70.

[270] 庄琦. 如何做好橡胶制品供应链的绿色管理 [J]. 中国橡胶, 2016, 32 (21)：26-28.

[271] 曾怡平. 海外并购中目标企业估值方法的比较研究 [D]. 广州：暨南大学, 2018.

附　录

附录1　中国橡塑产业集群企业价值评估及模型控制变量的指标数据

（1）中国橡塑产业集群企业价值评估的指标数据

表1　橡塑产业集群的资产负债率

年份	福建	广东	河北	江苏	辽宁	山东	上海	天津	浙江
2012	0.496 7	0.528 6	0.455 4	0.477 2	0.464 8	0.539 6	0.529 9	0.558 0	0.629 2
2013	0.480 0	0.535 0	0.432 5	0.464 7	0.448 8	0.529 7	0.507 4	0.589 0	0.614 8
2014	0.471 1	0.526 9	0.414 8	0.440 6	0.493 4	0.493 7	0.498 7	0.540 8	0.598 3
2015	0.472 5	0.504 4	0.402 5	0.438 0	0.499 2	0.494 2	0.422 1	0.577 3	0.574 0
2016	0.465 2	0.514 1	0.380 3	0.425 6	0.528 9	0.484 9	0.445 1	0.538 8	0.537 0
2017	0.489 6	0.522 9	0.421 5	0.420 5	0.489 0	0.544 0	0.429 8	0.560 9	0.555 8
2018	0.469 1	0.543 6	0.462 7	0.448 2	0.449 0	0.603 0	0.414 4	0.583 0	0.552 7
2019	0.470 0	0.539 3	0.443 2	0.455 1	0.439 0	0.650 8	0.394 2	0.539 0	0.533 4
均值	0.476 8	0.526 9	0.426 6	0.446 2	0.476 5	0.542 5	0.455 5	0.560 8	0.574 4

表2　橡塑产业集群的成本费用利润率

年份	福建	广东	河北	江苏	辽宁	山东	上海	天津	浙江
2012	0.095 6	0.054 8	0.091 4	0.064 1	0.061 1	0.074 9	0.055 3	0.051 0	0.061 4
2013	0.102 6	0.055 1	0.094 5	0.065 8	0.066 5	0.078 9	0.056 9	0.077 6	0.072 6
2014	0.083 2	0.053 4	0.088 8	0.064 3	0.044 9	0.071 8	0.062 9	0.076 2	0.063 9

年份	福建	广东	河北	江苏	辽宁	山东	上海	天津	浙江
2015	0.072 4	0.052 6	0.089 7	0.070 4	0.042 0	0.071 1	0.073 4	0.074 8	0.065 3
2016	0.071 6	0.059 2	0.082 9	0.073 3	0.053 1	0.067 0	0.083 6	0.077 2	0.059 5
2017	0.061 3	0.054 9	0.063 9	0.069 3	0.048 6	0.051 2	0.077 0	0.048 6	0.054 0
2018	0.073 4	0.047 8	0.044 9	0.068 5	0.044 0	0.035 3	0.070 5	0.019 9	0.048 4
2019	0.063 4	0.056 0	0.054 7	0.054 3	0.030 0	0.038 2	0.076 4	0.046 6	0.055 0
均值	0.077 9	0.054 2	0.076 4	0.066 3	0.048 8	0.061 0	0.069 5	0.059 0	0.060 0

表3 橡塑产业集群的产品销售率

年份	福建	广东	河北	江苏	辽宁	山东	上海	天津	浙江
2012	0.987 8	0.984 3	0.987 0	0.987 9	0.983 8	0.984 7	0.009 2	0.984 0	0.997 9
2013	0.983 6	0.977 2	0.979 2	0.984 9	0.981 9	0.981 0	0.009 1	0.975 1	0.991 5
2014	0.983 8	0.977 3	0.980 5	0.980 6	0.983 2	0.982 0	0.009 1	0.981 6	0.970 4
2015	0.981 7	0.975 0	1.002 8	0.983 5	0.989 7	0.980 4	0.007 3	0.980 8	0.967 5
2016	0.975 1	0.979 8	0.968 5	0.988 3	1.000 2	0.982 2	0.008 0	0.991 3	0.967 6
2017	0.979 3	0.983 8	0.976 8	0.987 4	0.994 1	0.976 9	0.008 2	0.986 0	0.971 0
2018	0.981 7	0.982 4	0.985 1	0.988 4	0.988 0	0.977 1	0.008 3	0.988 7	0.974 4
2019	0.980 5	0.978 6	0.981 0	0.987 9	0.991 1	0.977 0	0.008 0	0.987 4	0.972 7
均值	0.981 7	0.979 8	0.982 6	0.986 1	0.989 0	0.980 2	0.008 4	0.984 4	0.976 6

表4 橡塑产业集群的总资产贡献率

年份	福建	广东	河北	江苏	辽宁	山东	上海	天津	浙江
2012	0.197 2	0.107 5	0.223 9	0.144 5	0.149 5	0.214 6	0.073 3	0.104 0	0.063 7
2013	0.208 8	0.120 9	0.211 7	0.146 7	0.157 5	0.214 0	0.075 0	0.135 0	0.073 4
2014	0.176 9	0.123 7	0.199 0	0.139 1	0.109 0	0.183 1	0.079 8	0.136 4	0.066 4
2015	0.170 3	0.123 7	0.184 0	0.147 1	0.068 0	0.170 0	0.075 0	0.138 7	0.067 2
2016	0.163 6	0.132 5	0.170 4	0.149 9	0.048 1	0.155 3	0.092 1	0.144 4	0.066 0
2017	0.134 9	0.116 0	0.118 1	0.140 0	0.040 8	0.115 8	0.089 8	0.053 4	0.059 6
2018	0.159 8	0.101 2	0.065 8	0.112 3	0.039 0	0.076 4	0.080 9	0.051 0	0.053 2

年份	福建	广东	河北	江苏	辽宁	山东	上海	天津	浙江
2019	0.140 5	0.105 8	0.046 6	0.078 3	0.032 0	0.075 8	0.085 2	0.062 0	0.059 5
均值	0.169 0	0.116 4	0.152 5	0.132 2	0.080 5	0.150 6	0.081 4	0.103 1	0.063 6

表5　橡塑产业集群的流动资产周转次数

年份	福建	广东	河北	江苏	辽宁	山东	上海	天津	浙江
2012	2.68	2.40	3.71	2.43	3.96	3.99	1.51	2.40	1.78
2013	2.68	2.47	3.51	2.49	3.93	3.72	1.53	2.32	1.77
2014	2.77	2.56	3.33	2.49	3.29	3.62	1.50	2.49	1.87
2015	3.10	2.63	3.19	2.49	2.21	3.59	1.36	2.47	1.87
2016	3.13	2.62	3.29	2.50	1.19	3.36	1.34	2.55	1.87
2017	2.77	2.33	2.39	2.37	0.99	2.71	1.40	1.41	1.87
2018	2.98	2.10	1.48	1.82	0.79	1.71	1.45	1.60	1.87
2019	3.08	2.22	1.93	1.58	0.89	1.43	1.42	1.60	1.87
均值	2.90	2.42	2.85	2.27	2.16	3.02	1.44	2.10	1.84

（2）中国橡塑产业集群模型控制变量的指标数据

表6　橡塑产业集群经济发展水平

年份	福建	广东	河北	江苏	辽宁	山东	上海	天津	浙江
2012	54 073	52 308	31 770	66 533	56 731	52 403	90 127	66 517	62 856
2013	59 835	56 029	33 187	72 768	62 068	57 587	96 773	71 345	68 036
2014	65 810	59 909	34 260	78 711	65 164	61 635	104 402	74 960	72 730
2015	70 162	64 516	40 255	89 426	65 092	65 040	111 081	75 868	78 768
2016	76 778	69 671	38 233	92 658	49 990	68 633	123 628	79 647	84 921
2017	86 943	76 218	40 883	102 202	53 527	72 807	136 109	87 280	93 186
2018	98 542	81 625	43 108.2	110 508	58 008	76 267	148 744	95 689	101 813
2019	107 139	86 956	46 347.9	116 650	57 191	70 653	157 279	101 557	107 624
均值	77 410	68 404	38 505	91 182	58 471	65 628	121 017	81 607	83 741

表 7　橡塑产业集群研发水平

年份	福建	广东	河北	江苏	辽宁	山东	上海	天津	浙江
2012	0.012 5	0.019 7	0.009 0	0.020 8	0.012 0	0.018 9	0.019 2	0.029 8	0.018 0
2013	0.013 0	0.020 7	0.010 0	0.021 5	0.012 7	0.019 8	0.019 6	0.031 1	0.019 0
2014	0.013 1	0.020 9	0.010 9	0.022 3	0.011 8	0.020 5	0.019 3	0.031 6	0.019 8
2015	0.013 3	0.021 6	0.011 2	0.021 9	0.008 9	0.021 4	0.019 9	0.034 0	0.020 3
2016	0.013 5	0.022 3	0.011 3	0.022 1	0.011 7	0.021 7	0.018 1	0.032 1	0.020 6
2017	0.013 7	0.022 1	0.011 9	0.022 1	0.012 5	0.022 4	0.018 6	0.020 4	0.020 4
2018	0.014 0	0.023 8	0.012 3	0.022 5	0.012 7	0.019 6	0.017 1	0.019 8	0.020 8
2019	0.014 6	0.023 8	0.013 0	0.023 3	0.013 0	0.017 9	0.017 2	0.016 3	0.021 3
均值	0.013 5	0.021 9	0.011 2	0.022 1	0.011 9	0.020 3	0.018 6	0.026 9	0.020 0

表 8　橡塑产业集群工业化程度

年份	福建	广东	河北	江苏	辽宁	山东	上海	天津	浙江
2012	51.71	48.54	52.69	50.17	53.25	51.46	38.92	51.68	49.95
2013	52.00	47.34	52.16	49.18	52.70	50.15	37.16	50.64	49.10
2014	52.03	46.34	51.03	47.40	50.25	48.44	34.66	49.16	47.73
2015	50.30	44.80	48.30	45.70	45.50	46.80	31.80	46.60	46.00
2016	48.90	43.40	47.60	44.70	38.70	46.10	29.80	42.30	44.90
2017	47.70	42.40	46.60	45.00	39.30	45.40	30.50	40.90	42.90
2018	48.10	41.80	44.50	44.50	39.60	44.00	29.80	40.50	41.80
2019	48.50	40.40	38.70	44.40	38.30	39.80	27.00	35.20	42.60
均值	49.91	44.38	47.70	46.38	44.70	46.52	32.46	44.62	45.62

表 9　橡塑产业集群基础建设水平

年份	福建	广东	河北	江苏	辽宁	山东	上海	天津	浙江
2012	0.510 0	1.103 6	1.146 9	1.505 3	1.311 9	2.024 7	6.897 9	2.978 7	1.118 5
2013	0.592 8	1.499 8	1.032 6	1.034 2	1.307 4	1.586 2	7.030 8	3.054 8	1.061 8
2014	0.693 3	1.481 6	1.090 6	1.127 1	1.407 6	1.584 1	6.844 4	3.343 0	1.150 8
2015	0.666 3	1.469 5	1.024 8	1.106 9	1.274 2	1.564 1	6.485 8	3.253 2	1.198 4

年份	福建	广东	河北	江苏	辽宁	山东	上海	天津	浙江
2016	0.715 2	1.564 6	1.091 8	1.145 1	1.308 1	1.710 9	6.235 6	3.425 5	1.307 2
2017	0.796 6	1.655 4	1.188 8	1.258 1	1.365 0	1.964 2	6.345 1	3.631 5	1.478 6
2018	0.807 2	1.747 3	1.302 8	1.356 5	1.415 1	2.126 9	6.320 8	3.673 6	1.619 6
2019	0.743 2	1.391 2	1.262 1	1.605 2	1.120 0	1.846 7	8.066 1	3.437 8	1.726 4
均值	0.690 6	1.489 1	1.142 6	1.267 3	1.313 6	1.801 0	6.778 3	3.349 8	1.332 7

表10　橡塑产业集群人力资本水平

年份	福建	广东	河北	江苏	辽宁	山东	上海	天津	浙江
2012	9.854	9.980	9.762	9.611	9.795	9.750	11.711	11.196	9.848
2013	9.818	10.093	9.481	10.052	10.030	10.008	11.874	11.441	9.960
2014	9.971	10.290	9.748	10.092	10.128	10.009	12.458	11.625	10.142
2015	9.046	9.387	9.329	9.643	9.630	9.007	11.556	10.396	9.870
2016	9.060	9.532	9.358	9.695	9.613	9.017	11.528	10.308	9.944
2017	9.143	9.564	9.397	9.702	9.732	8.990	11.692	10.416	10.084
2018	9.294	9.702	9.524	9.764	9.675	9.064	11.825	10.512	10.124
2019	10.280	10.983	10.330	10.813	10.690	10.226	12.858	12.372	11.011
均值	9.558	9.941	9.616	9.922	9.912	9.509	11.938	11.033	10.123

表11　橡塑产业集群城镇化水平

年份	福建	广东	河北	江苏	辽宁	山东	上海	天津	浙江
2012	59.32	67.15	46.60	63.01	65.65	52.03	89.30	81.55	62.91
2013	60.80	68.09	48.02	64.39	66.45	53.46	89.60	82.29	63.94
2014	61.99	68.62	49.36	65.70	67.05	54.77	89.30	82.55	64.96
2015	63.22	69.51	51.67	67.49	68.05	56.97	88.53	82.88	66.32
2016	64.39	70.15	53.87	68.93	68.87	59.13	89.00	83.27	67.72
2017	65.78	70.74	55.74	70.18	69.49	60.79	89.10	83.57	68.91
2018	66.98	71.81	57.33	71.19	70.26	61.46	89.13	83.95	70.02
2019	67.87	72.65	58.77	72.47	71.21	61.86	89.22	84.31	71.58
均值	63.79	69.84	52.67	67.92	68.38	57.56	89.15	83.05	67.05

附录 2　面板数据模型设定形式和相关检验方法

（1）面板数据模型设定方法

虽然面板数据模型有多种设定方法，但如果模型设定产生偏误，那么，估计结果就会与真实情况相去甚远。因此，建立面板数据模型的第一步是正确地设定模型形式，究竟是采用混合回归模型、变截距模型还是变系数模型；第二步是确定即固定效应模型还是随机效应模型。

对于模型的设定，常用的检验方法为协变分析检验，该检验建立在以下两个假设的基础上：

$$H1: \beta_1 = \beta_2 = \cdots = \beta_N \tag{B-1}$$

$$H2: \alpha_1 = \alpha_2 = \cdots = \alpha_N \quad \beta_1 = \beta_2 = \cdots = \beta_N \tag{B-2}$$

如果不能拒绝 H2，应该选择混合回归模型，检验到此结束，不需要继续检验。如果拒绝假设 H2，则需要检验 H1。在此基础上，如果不能拒绝 H1，模型为变截距模型；如果拒绝 H1，则为变系数模型。

协变分析检验建立在 F 统计量的基础上，记检验 H2 的 F 统计量为 F2，则有：

$$F_2 = \frac{(S_3 - S_1)/[(N-1)*(k+1)]}{S_1/[N*T - N*(k+1)]} \sim$$
$$F[(N-1)(k+1), N(T-k-1)] \tag{B-3}$$

式中，S_3 表示混合回归模型的残差平方和，S_1 表示变系数模型的残差平方和，N 表示每个时间点的截面个数，T 表示每个截面的时间点个数，k 表示解释变量个数。如果计算出的 F 统计量小于给定显著水平下的 F 分布临界值，则不能拒绝原假设，即认定真实的模型为混合模型；反之，应该继续检验 H1。记检验 H1 的 F 统计量为 F1，则有

$$F_1 = \frac{(S_2 - S_1)/[(N-1)*k]}{S_1/[N*T - N*(k+1)]} \sim F[(N-1)*k, N*(T-k-1)] \tag{B-4}$$

式中，S_2 表示变截距模型的残差平方和，S_1 表示变系数模型的残差平方和，N 表示每个时间点的截面个数，T 表示每个截面的时间点个数。如果计算出的 F 统计量大于给定显著水平下 F 分布的临界值，则拒绝 H1，认为模

型为变系数模型；反之，为变截距模型。

（2）Hausman 检验

协变分析检验可以确定采用混合模型、变截距模型还是变系数模型。然而，变截距模型和变系数模型都有固定效应和随机效应之分。那么，应该如何来确定固定效应还是随机效应，Hausman 检验能够回答这个问题。该检验的原假设是：随机效应模型中个体影响与解释变量之间不相关。

H0：个体影响与解释变量无关。

H1：个体影响与解释变量相关。

该检验统计量如下：

$$H = (\hat{\beta}_{\omega} - \tilde{\beta}_{RE}) \left[Var(\tilde{\beta}_{RE}) - Var(\hat{\beta}_{\omega}) \right]^{-1} (\hat{\beta}_{\omega} - \tilde{\beta}_{RE})' \sim \chi^2(k)$$

$$(B-5)$$

式中，$\hat{\beta}_{\omega}$ 表示 β 的离差 OLS 估计量；$\tilde{\beta}_{RE}$ 表示 β 的随机 GLS 法估计量；k 表示待估参数向量 β 的维数。

在给定的显著水平下，如果计算出的 H 统计量小于卡方分布临界值，则不能拒绝原假设，即认定真实的模型为随机效应模型；反之，如果计算出的 H 统计量大于卡方分布临界值，则拒绝原假设，即认定真实的模型为固定效应模型。

附录3　空间计量模型

（1）一般空间计量模型

空间计量模型包括很多种，如空间误差模型、空间杜宾模型、空间自回归模型等，选择合适的空间计量模型是非常重要的。为了选择最合适的空间计量模型，可以从包含所有空间项的空间计量模型的一般形式出发（GNS 模型），如式（C-1）。

$$\text{IDE}_{it} = \alpha_0 + \rho W\text{IDE}_{it} + \beta_1 \text{CLG}_{it} + \gamma_1 W\text{CLG}_{it} + \beta X + \gamma WX + \mu_{it}$$
$$\mu_{it} = \lambda W\mu_{it} + \varepsilon_{it} \tag{C-1}$$

其中，i 和 t 分别表示省份和年份，IDE 表示产业效率，CLG 表示产业集聚度。向量 X 包含着一系列控制变量，μ_{it} 和 ε_{it} 表示随机误差项。W 表示经济地理距离的空间权重，如式（C-2）。

$$W_{ij} = \begin{cases} \dfrac{1}{e_{ij} \times d_{ij}^2} & i \neq j \\ 0 & \\ i = j \end{cases} \tag{C-2}$$

e_{ij} 表示在样本期 i 省份和 j 省份之间的人均 GDP 之间的差值，d_{ij} 表示样本期 i 省份和 j 省份几何中心之间的距离。

（2）空间自相关模型

如果 $\gamma = 0$，那么 GNS 模型退化为空间自相关模型（SAC），即：

$$\text{IDE}_{it} = \alpha_0 + \rho W\text{IDE}_{it} + \beta_1 \text{CLG}_{it} + \beta X + \mu_{it}$$
$$\mu_{it} = \lambda W\mu_{it} + \varepsilon_{it} \tag{C-3}$$

（3）空间自回归模型

如果 $\gamma = 0$，并且 $\lambda = 0, \rho \neq 0$，那么 GNS 模型退化为空间自回归模型（SAR），即：

$$\text{IDE}_{it} = \alpha_0 + \rho W\text{IDE}_{it} + \beta_1 \text{CLG}_{it} + \beta X + \mu_{it} \tag{C-4}$$

（4）空间误差模型

如果 $\gamma = 0$，并且 $\lambda \neq 0, \rho = 0$，那么 GNS 模型退化为空间误差模型（SEM），即：

$$\text{IDE}_{it} = \alpha_0 + \beta_1 \text{CLG}_{it} + \beta X + \mu_{it}$$

$$\mu_{it} = \lambda W \mu_{it} + \varepsilon_{it} \tag{C-5}$$

（5）普通最小二乘模型

如果 $\gamma = 0$，并且 $\lambda = 0$，$\rho = 0$，那么 GNS 模型退化为普通最小二乘法模型（OLS），即：

$$\text{IDE}_{it} = \alpha_0 + \beta_1 \text{CLG}_{it} + \beta X + \mu_{it} \tag{C-6}$$

（6）空间杜宾模型

如果 $\gamma \neq 0$，并且 $\lambda = 0$，那么 GNS 模型退化为空间杜宾模型（SDM），即：

$$\text{IDE}_{it} = \alpha_0 + \rho \text{WIDE}_{it} + \beta_1 \text{CLG}_{it} + \gamma_1 W \text{CLG}_{it} + \beta X + \gamma W X + \mu_{it} \tag{C-7}$$

$$\mu_{it} = year_{it} + id_{it} + \varepsilon_{it}$$

与空间自回归模型（SAR）和空间误差模型（SEM）相比，空间杜宾模型（SDM）考虑了空间滞后项和误差项对被解释变量的影响，通过 LR 检验和 Wald 检验等，证明空间杜宾模型（SDM）解释能力更强，可更为全面地检验产业集聚强度与产业效率水平的逻辑关系，空间杜宾模型（SDM）如下：

$$\text{IDE}_{it} = c_0 + \rho \sum_{j=1}^{31} W_{it} \text{IDE}_{it} + \beta_1 X_{it} + \beta_2 \sum_{j=1}^{31} W_{it} X_{it} + \theta_i \text{Control}_{it} + year_{it} + id_{it} + \varepsilon_{it} \tag{C-8}$$

公式中，i 表示地区，t 表示时点；W_{it} 为邻接空间权重矩阵（或经济空间权重矩阵 W_{it}^*）。其中，邻接空间权重矩阵元素解释如下：

$$W_{it} = \begin{cases} 0, & \text{当省份 } i \text{ 和省份 } j \text{ 不相邻} \\ 1, & \text{当省份 } i \text{ 和省份 } j \text{ 相邻} \end{cases} (i \neq j) \tag{C-9}$$

由于相邻地区经济上的关系可能不完全相同，特别是关于要素流动，经济相似的相关省份的产业政策关联度更高。利用人均 GDP 差额作为预测地区间经济距离指标，构建经济权重 W_{it}^*，其中，主对角线元素全为 0，非主对角元素为 $W_{it}^* = \dfrac{1}{|\bar{y}_i - \bar{y}_j|}$，$\bar{y}_i$ 为地区 i 在样本区间人均 GDP 的平均值。分析发现，将经济权重矩阵引入模型，能更好地拟合因变量产业发展效率空间互动情况。

$W_{it}^* X$ 为空间滞后解释变量；ρ 表示空间自回归系数，β_2 为空间滞后系数，分别表示对其他地区的空间溢出效应的方向、程度；X_{it} 为核心解释变量，包括橡塑产业集聚度（CLG）指标和主营业务收入（INC）指标；$Control_{it}$ 为控制变量，$year_{it}$ 为时间效应，id_{it} 为个体效应，ε_{it} 为空间扰动项。

在实证分析中，按照 OLS→SEM→SAR→SAC→SDM→GNS 模型的顺序来选择空间计量模型的最合适的形式。

附录 4　橡塑产业集群效率与橡塑产业集群规模集聚度的面板数据模型相关结果

（1）被解释变量：橡塑产业集群综合效率（Y1）、橡塑产业集群纯技术效率（Y2）、橡塑产业集群规模效率（Y3）

（2）解释变量：橡塑产业集群规模集聚度（Z1）（规模以上橡塑企业区位熵）

表 12　橡塑产业集群效率与集群规模集聚度的混合模型估计结果

变量	综合效率	纯技术效率	规模效率
	Y1	Y2	Y3
Z1	0. 109 448	0. 189 64 ***	−0. 029 283
C	0. 560 149 ***	0. 663 52 ***	0. 805 141 ***
R-squared	0. 019 751	0. 125 47	0. 001 897
Adjusted R-squared	0. 005 748	0. 112 97	−0. 012 362
F-statistic	1. 410 450	10. 042 72 ***	0. 133 041
AIC	−0. 074 661	−0. 938 26	−0. 350 546
SC	−0. 011 420	−0. 875 02	−0. 287 305
Durbin-Watson stat	0. 111 624	0. 202 685	0. 174 046

表 13　橡塑产业集群效率与集群规模集聚度的变截距模型估计结果

变量	综合效率 Y1	纯技术效率 Y2	规模效率 Y3
Z1	0. 412 651 **	0. 338 06 **	0. 271 767
ZHEJIANG--C	0. 094 910	0. 372 58 **	0. 422 675 *
SHANDONG--C	0. 379 465 **	0. 692 16 ***	0. 507 754 ***
GUANGDONG--C	−0. 176 138	0. 401 37 *	0. 080 943
FUJIAN--C	0. 493 677 ***	0. 625 81 ***	0. 689 080 ***
SHANGHAI--C	0. 310 418	0. 435 07 *	0. 545 850 *

表13(续)

变量	综合效率 Y1	纯技术效率 Y2	规模效率 Y3
LIAONING--C	-0.006 950	0.241 98*	0.403 498**
TIANJIN--C	0.014 034	0.564 17***	0.198 547
JIANGSU--C	0.170 888	0.445 77***	0.495 513***
HEBEI--C	0.518 450***	0.605 50***	0.682 857***
R-Squared	0.848 902	0.793 82	0.734 627
Adjusted R-squared	0.826 969	0.763 89	0.696 105
F-statistic	38.703 37***	26.523 18***	19.070 39
AIC	-1.722 318	-2.160 98	-1.453 044
SC	-1.406 114	-1.844 77	-1.136 840
Durbin-Watson stat	0.841 469	0.876 09	0.760 620

表14 橡塑产业集群效率与集群规模集聚度的变系数模型的估计结果

变量	综合效率 Y1	纯技术效率 Y2	规模效率 Y3
ZHEJIANG--XZHEJIANG	1.895 974	0.051 13	2.327 829*
SHANDONG--XSHANDONG	0.878 903*	0.00	0.878 903*
GUANGDONG--XGUANGDONG	-0.123 359	-0.534 40	0.213 098
FUJIAN--XFUJIAN	2.301 886	3.238 77***	-0.858 850
SHANGHAI--XSHANGHAI	0.000 000	0.00	0.000 00***
LIAONING--XLIAONING	0.583 667**	0.368 71**	0.630 823**
TIANJIN--XTIANJIN	0.311 474	0.156 74	0.232 369
JIANGSU-XJIANGSU	-0.199 104	1.744 17***	-1.714 870***
HEBEI--XHEBEI	0.000 000	0.00	0.000 000***
ZHEJIANG--C	-1.754 351	0.730 30	-2.140 621
SHANDONG--C	-0.045 103	1.00***	-0.045 103
GUANGDONG--C	0.716 350	1.854 06**	0.178 629
FUJIAN--C	-1.189 005	-1.957 76**	1.696 085
SHANGHAI--C	1.000 000	1.00**	1.000 00

变量	综合效率 Y1	纯技术效率 Y2	规模效率 Y3
LIAONING--C	−0. 178 982	0. 211 15	0. 042 310
TIANJIN--C	0. 137 132	0. 784 78 *	0. 246 480
JIANGSU--C	0. 734 163	−0. 848 91 **	2. 324 715 ***
HEBEI--C	1. 000 000	1. 00	1. 000 000
R−squared	0. 868 159	0. 868 39	0. 805 476
Adjusted R−squared	0. 826 654	0. 827 00	0. 744 237
F−statistic	20. 916 80	20. 958 41 ***	13. 152 97 ***
AIC	−1. 636 429	−2. 387 63	−1. 541 401
SC	−1. 067 263	−1. 818 47	−0. 972 235
Durbin−Watson stat	1. 189 462	1. 470 33	1. 254 838

根据表 14 可以发现，对于综合效率 Y1，根据混合回归模型、变截距模型、变系数模型的估计结果，利用协变分析方法检验 F 统计量。

协变分析检验建立在 F 统计量的基础上，记检验 H2 的 F 统计量为 F2，则有：

$$F_2 = \frac{(S_3 - S_1)/[(N-1)*(k+1)]}{S_1/[N*T-N*(k+1)]} \sim$$
$$F[(N-1)(k+1), N(T-k-1)] \qquad (\text{F-1})$$

式中，S_3 表示混合回归模型的残差平方和，S_1 表示变系数模型的残差平方和，N 表示每个时间点的截面个数，T 表示每个截面的时间点个数，k 表示解释变量个数。如果计算出的 F 统计量小于给定显著水平下的 F 分布临界值，则不能拒绝原假设，即认定真实的模型为混合模型；反之，应该继续检验 H1。记检验 H1 的 F 统计量为 F1，则有

$$F_1 = \frac{(S_2 - S_1)/[(N-1)*k]}{S_1/[N*T-N*(k+1)]} \sim$$
$$F[(N-1)*k, N*(T-k-1)] \qquad (\text{F-2})$$

由于 $s3 = 3. 700\ 886$，$s1 = 0. 497\ 758$，$s2 = 0. 570\ 463$，$N = 9$，$T = 8$，$k = 1$，可得到：

$$F_2 = \frac{(S_3 - S_1)/[(N-1)*(k+1)]}{S_1/[N*T-N*(k+1)]} = 21. 718\ 5$$

$$F_1 = \frac{(S_2 - S_1)/[(N-1)*k]}{S_1/[N*T-N*(k+1)]} = 0.985\,938$$

由于在显著水平为 5% 的条件下，F_2（16，54）的临界值为 2.11 ~ 2.12，表明应该拒绝 H_2；在显著性水平为 5% 的条件下，F_1（8，54）的临界值为 2.97~3.01，表明不能拒绝 H_1，即模型为变截距模型。

根据表格，可以发现对于纯技术效率 Y2，根据混合回归模型、变截距模型、变系数模型的估计结果，利用协变分析方法检验 F 统计量。

根据协变分析方法，可得知：$F2 = 19.058\,8$，$F1 = 3.824\,25$，在显著性水平 5% 的水平下，$F2$ 的临界值介于 1.84 ~ 1.92，表明应该拒绝 H2；在显著性水平 5% 的水平下，$F1$ 的临界值介于 2.10~2.18，表明应该拒绝 H1，认为模型是变系数模型。

根据表格 14，对于规模效率 Y3，根据协变分析检验 F 统计量，$F2 = 13.942\,11$，$F1 = 2.458\,451$。在显著性水平为 5% 的条件下，$F2$ 的临界值介于 1.84~1.92，表明应该拒绝 H2；在显著性水平为 5% 的条件下，$F1$ 的临界值介于 2.10~2.18，表明应该拒绝 H1，认为模型是变系数模型。

表 15　橡塑产业集群效率与集群规模集聚度的个体固定效应模型估计结果

变量	综合效率 Y1	纯技术效率 Y2	规模效率 Y3
C	0.199 862	0.487 16***	0.447 413*
$X2$	0.412 651**	0.338 06**	0.271 767
Fixed Effects（Cross）			
ZHEJIANG--C	−0.104 952	−0.114 58	−0.024 738
SHANDONG--C	0.179 604	0.205 01	0.060 341
GUANGDONG--C	−0.376 000	−0.085 79	−0.366 470
FUJIAN--C	0.293 816	0.138 66	0.241 667
SHANGHAI--C	0.110 556	−0.052 09	0.098 437
LIAONING--C	−0.206 812	−0.245 17	−0.043 915
TIANJIN--C	−0.185 828	0.077 02	−0.248 866
JIANGSU--C	−0.028 974	−0.041 39	0.048 100
HEBEI--C	0.318 589	0.118 34	0.235 445
R-squared	0.848 902	0.793 82	0.734 627

变量	综合效率 $Y1$	纯技术效率 $Y2$	规模效率 $Y3$
Adjusted R-squared	0.826 969	0.763 89	0.696 105
F-statistic	38.703 37	26.523 18***	19.070 39
AIC	−1.722 318	−2.160 98	−1.453 044
SC	−1.406 114	−1.844 77	−1.136 840
Durbin-Watson stat	0.841 469	0.876 09	0.760 620

表16　橡塑产业集群效率与集群规模集聚度的个体随机效应结果

变量	综合效率 $Y1$	纯技术效率 $Y2$	规模效率 $Y3$
C	0.300 658	0.557 57***	0.605 618***
$X2$	0.327 825**	0.278 80***	0.138 628
Random Effects（Cross）			
ZHEJIANG--C	−0.097 916	−0.107 22	−0.016 254
SHANDONG--C	0.152 805	0.181 94	0.022 402
GUANGDONG--C	−0.328 578	−0.055 51	−0.290 403
FUJIAN--C	0.262 986	0.116 78	0.193 650
SHANGHAI--C	0.148 363	−0.022 65	0.155 960
LIAONING--C	−0.217 657	−0.247 00	−0.065 358
TIANJIN--C	−0.179 606	0.075 94	−0.234 905
JIANGSU--C	−0.050 592	−0.055 24	0.011 964
HEBEI--C	0.310 194	0.112 97	0.222 944
R-squared	0.071 667	0.093 37	0.013 119
Adjusted R-squared	0.058 405	0.080 42	−0.000 979
F-statistic	5.403 968**	7.209 15***	0.930 527
Durbin-Watson stat	0.705 569	0.770 616	0.620 639

表17　集群效率与企业集聚的 Hausman 检验结果

因变量	Test Summary	Chi-Sq. Static	Chi-Sq. d. f.	Prob.
综合效率	Cross-section random	1.006 347	1	0.315 8

因变量	Test Summary	Chi-Sq. Static	Chi-Sq. d. f.	Prob.
纯技术效率	Cross-section random	0. 533 655	1	0. 465 1
规模效率	Cross-section random	1. 198 070	1	0. 273 7

对于综合效率，由于 Hausmn 统计量对应的卡方值为 1. 006 347，相伴概率为 0. 315 8 大于 0. 10。因此，没有理由拒绝随机效应模型中个体影响与解释变量之间不相关的原假设，选择随机效应模型。

对于纯技术效率，根据 Hausman 检验的输出结果，Hausman 统计量对应的卡方值为 0. 533 65，相伴概率为 0. 465 1 远大于 0. 05。因此，不能拒绝随机效应模型中个体影响与解释变量之间不相关的原假设，选择随机效应模型。

对于规模效率，由于 Hausman 统计量对应的卡方值为 1. 198 070，相伴概率为 0. 273 7，远大于 0. 05。因此，没有理由拒绝随机效应模型中个体影响与解释变量之间不相关的原假设，选择随机效应模型。

F. 6　个体时点固定效应模型的结果

表 18　橡塑产业集群效率与产业集群规模集聚度的个体时点固定效应模型

变量	综合效率 $Y1$	纯技术效率 $Y2$	规模效率 $Y3$
C	0. 290 570	0. 393 87 **	0. 628 038 ***
$X2$	0. 336 314 *	0. 416 56 ***	0. 119 760
Fixed Effects （Cross）			
ZHEJIANG--C	−0. 100 491	−0. 119 17	−0. 015 856
SHANDONG--C	0. 158 407	0. 226 80	0. 018 133
GUANGDONG--C	−0. 339 603	−0. 123 21	−0. 293 995
FUJIAN--C	0. 271 098	0. 162 02	0. 196 429
SHANGHAI--C	0. 147 414	−0. 089 99	0. 171 831
LIAONING--C	−0. 220 731	−0. 230 86	−0. 071 631
TIANJIN--C	−0. 183 661	0. 074 79	−0. 244 552
JIANGSU--C	−0. 049 395	−0. 020 39	0. 007 435
HEBEI--C	0. 316 962	0. 120 01	0. 232 206

变量	综合效率 $Y1$	纯技术效率 $Y2$	规模效率 $Y3$
Fixed Effects（Period）			0.087 947
2 012--C	0.042 540	-0.030 96	0.087 947
2 013--C	0.009 889	-0.016 57	0.033 368
2 014--C	0.030 779	0.014 98	0.033 089
2 015--C	0.020 574	0.003 95	0.029 350
2 016--C	0.005 504	-0.004 49	-0.004 218
2 017--C	-0.017 056	-0.016 08	-0.017 609
2 018--C	-0.036 079	0.012 08	-0.060 984
2 019--C	-0.056 151	0.037 11	-0.100 942
R-squared		0.809 16	0.811 921
Adjusted R-squared		0.753 65	0.757 207
F-statistic		14.575 21	14.839 39 ***
AIC		-2.043 86	-1.602 873
SC		-1.506 31	-1.065 327
Durbin-Watson stat		0.887 48	0.833 123

表 19　集群效率与企业集聚的个体时点固定效应模型检验结果

因变量	Effects Test	Statistic	d. f.	Prob.
综合 效率	Cross-section F	42.813 623	(8, 55)	0.000 00
	Cross-section Chi-square	142.407 674	8	0.000 00
	Period F	1.107 978	(7, 55)	0.371 3
	Period Chi-square	9.498 138	7	0.218 8
	Cross-Section/Period F	23.475 287	(15, 55)	0.000 0
	Cross-Section/Period Chi-square	144.129 431	15	0.000 0

表19(续)

因变量	Effects Test	Statistic	d. f.	Prob.
纯技术效率	Cross-section F	24. 220 325	(8, 55)	0.000 00
	Cross-section Chi-square	108. 659 951	8	0.000 00
	Period F	0. 631 667	(7, 55)	0.727 6
	Period Chi-square	5. 567 458	7	0.591 1
	Cross-Section/Period F	13. 136 221	(15, 55)	0.000 0
	Cross-Section/Period Chi-square	109. 603 281	15	0.000 0
规模效率	Cross-section F	26. 457 513	(8, 55)	0.000 0
	Cross-section Chi-square	113. 662 197	8	0.000 0
	Period F	3. 229 011	(7, 55)	0.006 1
	Period Chi-square	24. 787 719	7	0.000 8
	Cross-Section/Period F	15. 791 704	(15, 55)	0.000 0
	Cross-Section/Period Chi-square	120. 167 594	15	0.000 0

经过检验，对于综合效率 $Y1$，由于时点固定效应的 F 统计和卡方统计对应的伴随概率分别为 0.371 3 和 0.218 8，均大于 0.10，所以没有理由拒绝原假设时点固定效应不显著的原假设，个体固定效应的 F 统计和卡方统计的伴随概率均小于 0.05，所以拒绝原假设个体固定效应不显著的原假设，所以只存在个体固定效应。

对于纯技术效率 $Y2$ 与橡塑产业集群规模集聚度（$Z1$）之间利用个体时点固定效应模型，F 统计量和卡方统计量均在5%的水平拒绝个体固定效应不显著的原假设，没有理由拒绝时点固定效应不显著的原假设，所以认为存在个体固定效应。

对于规模效率 $Y3$ 与橡塑产业集群规模集聚度（$Z1$）之间的个体时点固定效应模型，由于不管是时点检验还是个体检验，F 统计量还是卡方统计量都在5%的显著性水平下拒绝个体或者时点固定效应不存在的原假设，二者均认为既存在个体固定效应，又存在时点固定效应。

表 20　橡塑产业集群效率与集群规模集聚度的个体时点随机效应模型结果

变量	综合效率 $Y1$	纯技术效率 $Y2$	规模效率 $Y3$
C	0. 306 691	0. 559 446 ***	0. 665 734 ***
$X2$	0. 322 748 **	0. 277 225 ***	0. 088 036
Random Effects（Cross）			
ZHEJIANG--C	−0. 097 650	−0. 106 963	−0. 013 538
SHANDONG--C	0. 151 463	0. 181 232	0. 009 015
GUANGDONG--C	−0. 326 291	−0. 054 702	−0. 269 613
FUJIAN--C	0. 261 574	0. 116 141	0. 180 781
SHANGHAI--C	0. 150 801	−0. 021 886	0. 180 936
LIAONING--C	−0. 218 619	−0. 246 891	−0. 074 846
TIANJIN--C	−0. 179 511	0. 075 862	−0. 235 564
JIANGSU--C	−0. 051 935	−0. 055 56	−0. 001 016
HEBEI--C	0. 310 168	0. 112 761	0. 223 845
Random Effects（Period）			
2 012--C	0. 004 258	0. 000 00	0. 059 196
2 013--C	0. 001 054	0. 000 00	0. 023 505
2 014--C	0. 003 080	0. 000 00	0. 022 150
2 015--C	0. 002 072	0. 000 00	0. 019 911
2 016--C	0. 000 590	0. 000 00	−0. 002 270
2 017--C	−0. 001 682	0. 000 00	−0. 011 401
2 018--C	−0. 003 666	0. 000 00	−0. 041 862
2 019--C	−0. 005 706	0. 000 00	−0. 069 230
R−squared	0. 069 432	0. 093 402	0. 005 680
Adjusted R−squared	0. 056 138	0. 080 450	−0. 008 524
F−statistic	5. 222 868 **	7. 211 691 ***	0. 399 902
Durbin−Watson stat	0. 707 643	0. 766 915	0. 176 808

F. 9 个体时点随机效应模型检验结果

表 21　橡塑产业集群效率与集群规模集聚度的个体时点随机效应模型检验结果

因变量	Test Summary	Chi-Sq. Statistic	Chi-Sq. d. f.	Prob.
纯技术效率	Cross-section random	0. 491 187	1	0. 483 4
	Period random	0. 806 320	1	0. 369 2
	Cross-section and period random	1. 734 753	1	0. 187 8

Hausman 检验发现个体效应、时点效应或者两者的混合效应均没有理由拒绝随机效应模型中个体影响、时点与解释变量之间不相关的原假设，所以应该选择个体时点随机效应模型。

附录5　面板数据模型计算过程的 Stata 命令

G.1 企业价值对集群效率的影响

（1）绘制散点图及回归线的 Stata 命令

```
twoway(scatter y1 x1)(lfit y1 x1 )
twoway(scatter y2 x1)(lfit y2 x1)
twoway(scatter y3 x1)(lfit y3 x1)
twoway(scatter y4 x1)(lfit y4 x1)
```

（2）绘制偏回归图及回归线的 Stata 命令

```
reg y1 x1 z1-z7 i.year i.code
avplot x1
reg y2 x1 z1-z7 i.year i.code
avplot x1
reg y3 x1 z1-z7 i.year i.code
avplot x1
reg y4 x1 z1-z7 i.year i.code
avplot x1
```

（3）误差项截面相关检验命令

```
xtreg y1 x1 z1-z7 year2-year8,fe
xtcsd,fre
xtreg y2 x1 z1-z7 year2-year8,fe
xtcsd,fre
xtreg y3 x1 z1-z7 year2-year8,fe
xtcsd,fre
xtreg y4 x1 z1-z7 year2-year8,fe
xtcsd,fre
```

（4）误差项异方差检验命令

```
xtreg y1 x1 z1-z7 year2-year8,fe
xttest3
```

```
xtreg y2 x1 z1-z7 year2-year8,fe
xttest3
xtreg y3 x1 z1-z7 year2-year8,fe
xttest3
xtreg y4 x1 z1-z7 year2-year8,fe
xttest3
```

（5）误差项自相关检验命令

```
xtserial y1 x1 z1-z7 year2-year8 code2-code9
xtserial y2 x1 z1-z7 year2-year8 code2-code9
xtserial y3 x1 z1-z7 year2-year8 code2-code9
xtserial y4 x1 z1-z7 year2-year8 code2-code9
```

（6）模型选择命令

①固定效应和混合回归模型的选择

xtscc 命令可以同时处理异方差、截面相关、自相关问题。

```
xi:xtscc y1 x1 z1-z7 year2-year8 i.code
testparm _Icode*
xi:xtscc y2 x1 z1-z7 year2-year8 i.code
testparm _Icode*
xi:xtscc y3 x1 z1-z7 year2-year8 i.code
testparm _Icode*
xi:xtscc y4 x1 z1-z7 year2-year8 i.code
testparm _Icode*
```

②固定效应和混合回归模型的选择

```
xtreg y1 x1 z1-z7 year2-year8,re
xttest0
xtreg y2 x1 z1-z7 year2-year8,re
xttest0
xtreg y3 x1 z1-z7 year2-year8,re
xttest0
xtreg y4 x1 z1-z7 year2-year8,re
xttest0
```

（7）模型计算命令

xi：xtscc y1 x1 z1-z7 year2-year8 i.code

xi：xtscc y2 x1 z1-z7 year2-year8 i.code

xi：xtscc y3 x1 z1-z7 year2-year8 i.code

xi：xtscc y4 x1 z1-z7 year2-year8 i.code

（8）模型内生性分析命令

①存在内生变量情况下的模型选择：

双向固定效应两阶段最小二乘估计

xtivreg y1 z1-z7 year2-year8（x1=g2），fe

est store FE2SLS

随机效应两阶段最小二乘估计

xtivreg y2 z1-z7 year2-year8（x1=g2），ec2sls

est store EC2SLS

Hausman 检验来选择模型

hausman FE2SLS EC2SLS

②固定效应内生性检验命令

xtivreg2 y1 z1-z7 year2-year8（x1=g2），fe endog(y1) liml

③内生变量滞后一期命令

gen x1_1 = x1[_n-1]

xi：xtscc y1 x1_1 z1-z7 year2-year8 i.code

xi：xtscc y2 x1_1 z1-z7 year2-year8 i.code

xi：xtscc y3 x1_1 z1-z7 year2-year8 i.code

xi：xtscc y4 x1_1 z1-z7 year2-year8 i.code

（9）稳健性分析命令

控制变量：Z3-Z7 G6

xi：xtscc y1 x1 z3-z7 g6 year2-year8 i.code

xi：xtscc y2 x1 z3-z7 g6 year2-year8 i.code

xi：xtscc y3 x1 z3-z7 g6 year2-year8 i.code

xi：xtscc y4 x1 z3-z7 g6 year2-year8 i.code

（10）效率对企业价值的影响机制命令

控制变量：Z1-Z7

①机制 G1

xi：reg3（y1 g1 x1 z1-z7 i.code i.year）（g1 x1 z1-z7 i.code i.year），sure

xi：reg3（y2 g1 x1 z1-z7 i.code i.year）（g1 x1 z1-z7 i.code i.year），sure

xi：reg3（y3 g1 x1 z1-z7 i.code i.year）（g1 x1 z1-z7 i.code i.year），sure

②机制 G2

xi：reg3（y1 g2 x1 z1-z7 i.code i.year）（g2 x1 z1-z7 i.code i.year），sure

xi：reg3（y2 g2 x1 z1-z7 i.code i.year）（g2 x1 z1-z7 i.code i.year），sure

xi：reg3（y3 g2 x1 z1-z7 i.code i.year）（g2 x1 z1-z7 i.code i.year），sure

③机制 G3

xi：reg3（y1 g3 x1 z1-z7 i.code i.year）（g3 x1 z1-z7 i.code i.year），sure

xi：reg3（y2 g3 x1 z1-z7 i.code i.year）（g3 x1 z1-z7 i.code i.year），sure

xi：reg3（y3 g3 x1 z1-z7 i.code i.year）（g3 x1 z1-z7 i.code i.year），sure

G.2 集群效率对企业价值的影响

（1）绘制散点图及回归线的 Stata 命令

twoway（scatter x1 y1）（lfit x1 y1）

twoway（scatter x1 y2）（lfit x1 y2）

twoway（scatter x1 y3）（lfit x1 y3）

twoway（scatter x1 y4）（lfit x1 y4）

（2）绘制偏回归图及回归线的 Stata 命令

reg x1 y1 z1-z7 i.year i.code

avplot y1

reg x1 y2 z1-z7 i.year i.code

avplot y2

reg x1 y3 z1-z7 i.year i.code

avplot y3

reg x1 y4 z1-z7 i.year i.code

avplot y4

（3）误差项截面相关检验命令

xtreg x1 y1 z1-z7 year2-year8，fe

```
xtcsd,fre
xtreg x1 y2 z1-z7 year2-year8,fe
xtcsd,fre
xtreg x1 y3 z1-z7 year2-year8,fe
xtcsd,fre
xtreg x1 y4 z1-z7 year2-year8,fe
xtcsd,fre
```

(4)误差项异方差检验命令

```
xtreg x1 y1 z1-z7 year2-year8,fe
xttest3
xtreg x1 y2 z1-z7 year2-year8,fe
xttest3
xtreg x1 y3 z1-z7 year2-year8,fe
xttest3
xtreg x1 y4 z1-z7 year2-year8,fe
xttest3
```

(5)误差项自相关检验命令

```
xtserial x1 y1 z1-z7 year2-year8 code2-code9
xtserial x1 y2 z1-z7 year2-year8 code2-code9
xtserial x1 y3 z1-z7 year2-year8 code2-code9
xtserial x1 y4 z1-z7 year2-year8 code2-code9
```

(6)模型选择命令

①固定效应和混合回归模型的选择

xtscc 命令可以同时处理异方差、截面相关、自相关问题。

```
xi:xtscc x1 y1 z1-z7 year2-year8 i.code
testparm _Icode *
xi:xtscc x1 y2 z1-z7 year2-year8 i.code
testparm _Icode *
xi:xtscc x1 y3 z1-z7 year2-year8 i.code
testparm _Icode *
xi:xtscc x1 y4 z1-z7 year2-year8 i.code
testparm _Icode *
```

②固定效应和混合回归模型的选择

```
xtreg x1 y1 z1-z7 year2-year8,re
xttest0
xtreg x1 y2 z1-z7 year2-year8,re
xttest0
xtreg x1 y3 z1-z7 year2-year8,re
xttest0
xtreg x1 y4 z1-z7 year2-year8,re
xttest0
```

（7）模型计算命令

```
xi:xtscc x1 y1 z1-z7 year2-year8 i.code
xi:xtscc x1 y2 z1-z7 year2-year8 i.code
xi:xtscc x1 y3 z1-z7 year2-year8 i.code
xi:xtscc x1 y4 z1-z7 year2-year8 i.code
```

（8）模型内生性分析命令

①存在内生变量情况下的模型选择：

双向固定效应两阶段最小二乘估计

```
xtivreg x1 z1-z7 year2-year8 (y1=g2),fe
est store FE2SLS
```

随机效应两阶段最小二乘估计

```
xtivreg x1 z1-z7 year2-year8 (y1=g2),ec2sls
est store EC2SLS
```

Hausman 检验来选择模型

```
hausman FE2SLS EC2SLS
```

②固定效应内生性检验命令

```
xtivreg2 x1 z1-z7 year2-year8 (y1=g2), fe endog(y1) liml
```

③内生变量滞后一期命令

```
gen y1_1= y1[_n-1]
gen y2_1= y2[_n-1]
gen y3_1= y3[_n-1]
gen y4_1= y4[_n-1]
xi:xtscc x1 y1_1 z1-z7 year2-year8 i.code
```

xi:xtscc x1 y2_1 z1-z7 year2-year8 i.code

xi:xtscc x1 y3_1 z1-z7 year2-year8 i.code

xi:xtscc x1 y4_1 z1-z7 year2-year8 i.code

(9)稳健性分析命令

控制变量:Z3-Z7 G6

xi:xtscc x1 y1 z3-z7 g6 year2-year8 i.code

xi:xtscc x1 y2 z3-z7 g6 year2-year8 i.code

xi:xtscc x1 y3 z3-z7 g6 year2-year8 i.code

xi:xtscc x1 y4 z3-z7 g6 year2-year8 i.code

(10)效率对企业价值的影响机制命令

控制变量:Z1-Z7

1)机制 G1

xi:reg3（x1 g1 y1 z1-z7 i.code i.year）（g1 y1 z1-z7 i.code i.year）,sure

xi:reg3（x1 g1 y2 z1-z7 i.code i.year）（g1 y2 z1-z7 i.code i.year）,sure

xi:reg3（x1 g1 y3 z1-z7 i.code i.year）（g1 y3 z1-z7 i.code i.year）,sure

2)机制 G2

xi:reg3（x1 g2 y1 z1-z7 i.code i.year）（g2 y1 z1-z7 i.code i.year）,sure

xi:reg3（x1 g2 y2 z1-z7 i.code i.year）（g2 y2 z1-z7 i.code i.year）,sure

xi:reg3（x1 g2 y3 z1-z7 i.code i.year）（g2 y3 z1-z7 i.code i.year）,sure

3)机制 G3

xi:reg3（x1 g3 y1 z1-z7 i.code i.year）（g3 y1 z1-z7 i.code i.year）,sure

xi:reg3（x1 g3 y2 z1-z7 i.code i.year）（g3 y2 z1-z7 i.code i.year）,sure

xi:reg3（x1 g3 y3 z1-z7 i.code i.year）（g3 y3 z1-z7 i.code i.year）,sure

后 记

当前，我国经济发展正在从要素驱动向创新驱动转变，橡塑产业属于传统重工业，仍然靠要素驱动发展，且在发展过程中存在产业技术落后、规模收益低、资源消耗大、环境污染严重、创新投入不足等问题，这些问题会严重影响我国橡塑产业的转型升级和高质量发展。

本书通过研究橡塑产业效率的时空分布情况，可以使橡塑企业的资源配置更为合理，减少资源的浪费；通过比较不同橡塑产业集群的效率差异，提出有针对性的措施，促进橡塑产业的发展；通过研究橡塑产业集群效率与企业价值之间的关系，基于企业价值角度，探索企业价值对橡塑产业集群效率的影响及其作用机制，从而进一步提升橡塑产业效率，促进橡塑产业转型升级和高质量发展。

总的来说，本书主要利用DEA方法和熵值法对中国橡塑产业集群的综合效率、纯技术效率、规模效率、全要素生产率和企业价值进行测算，对橡塑产业集群效率进行时空分析和效率要素分析；利用面板数据模型对中国橡塑产业集群效率与企业价值的关系进行影响程度分析、影响机制分析和内生性分析，并且进行多角度的稳健性分析；根据研究结果，提出相关政策建议。

本书是在笔者的博士论文的基础上完成的，本书的完成离不开大家的关心和帮助。一路走来，的确遇到很多不顺利的事情，在此感谢陪伴我共渡难关的老师、同学、朋友、家人们。

首先，感谢青岛科技大学的王兆君导师，感谢他在生活和学习中的帮助和指导，博士论文的完成离不开他的辛勤指导。从论文选题开始到完成论文写作，他不断提出修改意见，帮助我不断完善论文。

再次，感谢同学、朋友们，六年来，他们在生活和学习方面给予我很多的关心和帮助，他们时常提醒我要专心学习，不要分散过多的时间和精力，早点完成论文。

其次，本书能够得以出版，得到了茅台学院的资助。在今后的工作中，我要更加努力，不断学习，不断前进。

　　最后，我要感谢我的家人，不论遇到什么样的困难和挫折，他们都是我最坚强的后盾，谢谢家人的关心和支持。